ちくま新書

# 氏名の誕生

——江戸時代の名前はなぜ消えたのか

尾脇秀和
Owaki Hidekazu

JN042822

1567

# 氏名の誕生——江戸時代の名前はなぜ消えたのか【目次】

## 第三章　古代を夢みる常識　

# プロローグ――人名の常識をめぐって

## †江戸時代の人の「名前」

江戸時代の古文書《こもんじょ》をみると、様々な人名が目に飛び込んでくる。喜三郎《きさぶろう》、源蔵《げんぞう》、庄助《しょうすけ》、文吉《ぶんきち》、新之丞《しんのじょう》……。現代でも通用する名前もあるが、大半を占める甚左衛門《じんざえもん》、久右衛門《きゅうえもん》、九兵衛《くへえ》などをみると、いかにも〝昔の人の名前〟という印象を覚える。人の名前は時代とともに変わっていくものだ――と、そんな感想を抱くかもしれない。

だが江戸時代と近現代との人名の違いは、それをとりまく文化・習慣などによるものであり、もっと根本的なところで多くの差異が見出される。

大岡越前守《おおおかえちぜんのかみ》、遠山左衛門尉《とおやまさえもんのじょう》、西郷頼母《さいごうたのも》――などと、大名・旗本や上級武士などは、一般庶民とは一見して異なる「名前」を名乗っていたし、田沼主殿頭《たぬまとのものかみ》意次（おきつぐ）とか長《は》谷《せ》川《がわ》平蔵《へいぞう》宣以（のぶため）などと、「名前」の下にもう一つ名前っぽいものがついている

――ようにみえたりもする。

また改名にも制限がなく、子供の頃浅吉《あさきち》といった人物が、成人したら源次郎《げんじろう》、当主になったら源左衛門《げんざえもん》と、次第に名前を変えている。幼名《ようみょう》・成人名・当主名などといって、人生の節目に改名するのがあたりまえだったからである。そこでは、親は嘉兵衛《かへえ》で子も嘉兵衛、孫も嘉兵衛で、ひ孫も嘉兵衛――と、当主が代々同じ「名前」を襲名《しゅうめい》していくことも、ごくありふれた習慣であった。

あるいは去年まで八文字屋佐兵衛《はちもんじやさへえ》だった男が、翌年には大坂屋喜兵衛《おおざかやきへえ》と名乗っていたり、三文字屋仁右衛門《さんもんじやにえもん》が、さる筋の御家来《ごけらい》となって中尾嘉内《なかおかない》と名乗るようになったりと、身分や環境が変わる時には、その「名前」も変わってゆく。事情はいろいろあるのだが、こういう「名前」の経時的変化は江戸時代では普通のことであり、一生同じ「名前」を名乗る男など、むしろいない。

こうした江戸時代の「名前」の常識は、現代の「氏名《しめい》」の常識からは、あまりにも懸け離れたところにある。

江戸時代の「名前」は、いつの間に今の「氏名」という形に変わってしまったのか。なぜ江戸時代のままではあり続けられなかったのだろうか――。

江戸時代の「名前」とは何か。それが消えて、現在につながる近代「氏名」がどのように誕生したのか。本書はその経緯を追っていく。明治の「御一新《ごいっしん》」に画期があるのは、恐らく一般的な〝想像〟の通りだが、本書で実証される「氏名」成立の実情は、その〝想像〟とは相当に違っている。キーワードは「王政復古《おうせいふっこ》」。一見、なんの関係もなさそうな「王政復古」が、明治初年、人名をめぐる悲喜交々《こもごも》をも巻き起こしていく――。

だがその事実を知るためには、人名の〝常識〟――それぞれの時代の人々が前提として共有している認識――について、十分理解しておく必要がある。

### †今、氏名と呼んでいるもの

まず現代日本人の「氏名」とは何か。私たちの常識を整理してみよう。

現代日本の人名は「氏名」と呼ばれ、氏と名、二つの要素で構成されている。「氏」は姓《せい》・苗字《みょうじ》（名字《みょうじ》）などとも呼ばれる家の名で、いわゆるファミリーネームである。一方「名」は個人名、いわゆるファーストネームである。これらを上《うえ》の名前と下《した》の名前と表現することもあり、二つ合わせてフルネームともいう。現在では「氏名」のことを「姓名《せいめい》」ともいっている。

私生活では、「山下」とか「太郎」とか、どちらか一方だけを使うのも普通だが、署名を求められる様々な書類では「氏」「名」の記入欄があらかじめ設けてあって、基本的に二つとも記入せねばならない。どちらか一方では人名として不完全な形とみなされ、特に公的な書類の場合、記入の不備として書類そのものを受理されない。つまり、私たちは氏と名の二つの組み合わせを正式な人名として、それを絶対に有していなければならない社会に生きているのである。

現代日本人にとって、戸籍に登録された「氏名」が唯一絶対の「本名《ほんみょう》」である。「氏」は生まれた時点で決まっていて、外国籍の人間が帰化する場合などを除き、全く新しい苗字を創造することは許されない。一方いわゆる下の名前は、本人が物心もつかぬうちに両親などによって命名される。こちらは新しく創造されるが、その変更は容易ではない。

いや、正当な理由があれば変更自体はできる。だが「改名」に対する自他の抵抗感、時には罪悪感すらも生じて、容易ではないという実情がある。その背景には「名前は親が思いを込めて付けてくれた、かけがえのないもので、一生変えないのが当たり前だ」という、近現代に発生した意識が、今や強烈に過ぎるほど定着しているためである。

人名は「氏」と「名」の二種によって構成されねばならず、「氏」は先祖代々の大切な家の名で、「名」は親が付けてくれるもの。氏名の恣意的な改名は、原則としてありえない――。これらが現代日本における人名の常識である。

### †江戸時代を起点に

　こんな常識は、江戸時代には全く存在しない。江戸時代の名前は幼名を除き、「親が名づけるもの」ではないし、改名も適宜行われて「かけがえのないもの」でもない。同じ日本の人名でありながら、江戸時代と現代とでは、人名についての前提認識――すなわち〝常識〟が、まるで違っているのである。

　現代人は、現代社会の文化・習慣に基づく常識をもっている。江戸時代の人々もまた、その時代の文化や習慣によって、現代とは異なる常識のもとに暮らしていた。江戸時代の「名前」をみつめるとき、現代の「氏名」の常識を基準にして、「昔の名前はややこしかった」とか「昔は苗字も名乗れなくてかわいそうだった」などという、事実誤認すらも含んだ珍妙な感想を抱いてしまうと、江戸時代の「名前」の本質は、もう何も理解できなくなってしまう。

　価値観とか、文化とか、常識とかいうものは、それぞれの時代や社会と、そこに生きる人々によって次第に形成される。前提として共有されているけれども、常にその姿は変わってゆく。それは、誰からともなく定着したものもあれば、何か強制された事情によることもある。いずれにしても、人々はその環境に順応して〝その時代の常識〟を作り出している。江戸時代の人名が現代人に「おかしなもの」にみえるのは、前提となる人名についての常識が、昔と今とでは大きく異なるためである。

この常識の違いを理解しなければ、江戸時代から明治初年における人名の変化――なにが、どのように変わったのか――を理解することができない。

本書は日本の人名の歴史を、古代から語り始めることをあえてしない。江戸時代の「名前」を出発点として、その時代における人名の常識がどんなもので、それがいかなる経緯で変化し、どのように今の「氏名」が生まれたか――。それを語りたいのである。そのためには、まず江戸時代の人々が無意識のうちに受容・共有していた、その時代の人名の常識を、おおよそ理解することから始めねばならない。

なお江戸時代といっても、その期間はおよそ二五〇年にも及び、初期と後期とではかなり異なる文化を持っている。本書で扱う江戸時代における人名の常識とは、主に一八世紀後半以降のものである。近世初期はもちろん、ましてや古代や中世の人名の常識とも異なるものとなっているので、その点は誤解なきよう、あらかじめ断っておきたい。

## †本書の構成

以下本書では、江戸時代後期から明治初期にかけての、人名の変化を追っていく。最初に各章の概要を示しておこう。

第一章では、まず江戸時代における一般的な「名前」の常識を扱う。特に「名前」が社会的な立場をも反映していたこと、また「官位《かんい》」と呼ばれるものと密接不可分の関係にあったことを説明する。

第二章では、武家や庶民一般にとっての「姓名」の実態をみる。日常使用される「名前」とは異なる用途で存在した「姓名」と、それに対する江戸時代一般の常識を説明する。

第三章では、江戸時代のいわゆる公家《くげ》の世界——つまり朝廷《ちょうてい》における人名の常識をみる。それは武家を中心とする一般の人名認識とはかなり異なっていた。江戸時代の人名には一般の常識と朝廷の常識という、二つの常識が併存している。この大前提を理解してほしい。

第四章では、一般の人名の常識を非難する江戸時代の有識者たちの指摘をみながら、江戸時代における人名の構造を整理する。そして朝廷側の常識を正しいとする立場が、次第に声を高めていく背景を説明する。

第五章では、朝廷の常識に基づく「王政復古」の実行により、江戸時代の人名の常識が次第に動揺していく姿を描く。主に慶応三年(一八六七)一二月〜明治二年(一八六九)七月までの期間を扱う。

第六章では、明治二年七月の「職員令《しきいんりょう》」以降、明治五年五月の「氏名」誕生までを扱う。

「官位」の根本的改革を画期として、人名をめぐる二つの常識が交錯・混乱し、その結末として、「氏名」への整理を余儀なくされた経緯を描く。

第七章では、一般庶民への苗字使用の強制と「氏名」の改名制限とにより、現代「氏名」の常識がほぼ出来上がるまでを扱う。

※第六章に登場する人物（特に地方出身の官員・府藩県の職員ら）の実名《じつみょう》（名乗《なのり》）のほとんどは、ごく一部を除きその訓（よみかた）が不詳である。一切振り仮名をつけないのが最も適切であるが、本書は一般書としての事情から、やむなく適宜、穏当な振り仮名を参考として付した（嘉永四年〔一八五一〕刊『増補名乗字彙《じい》』などを参考として使用）。

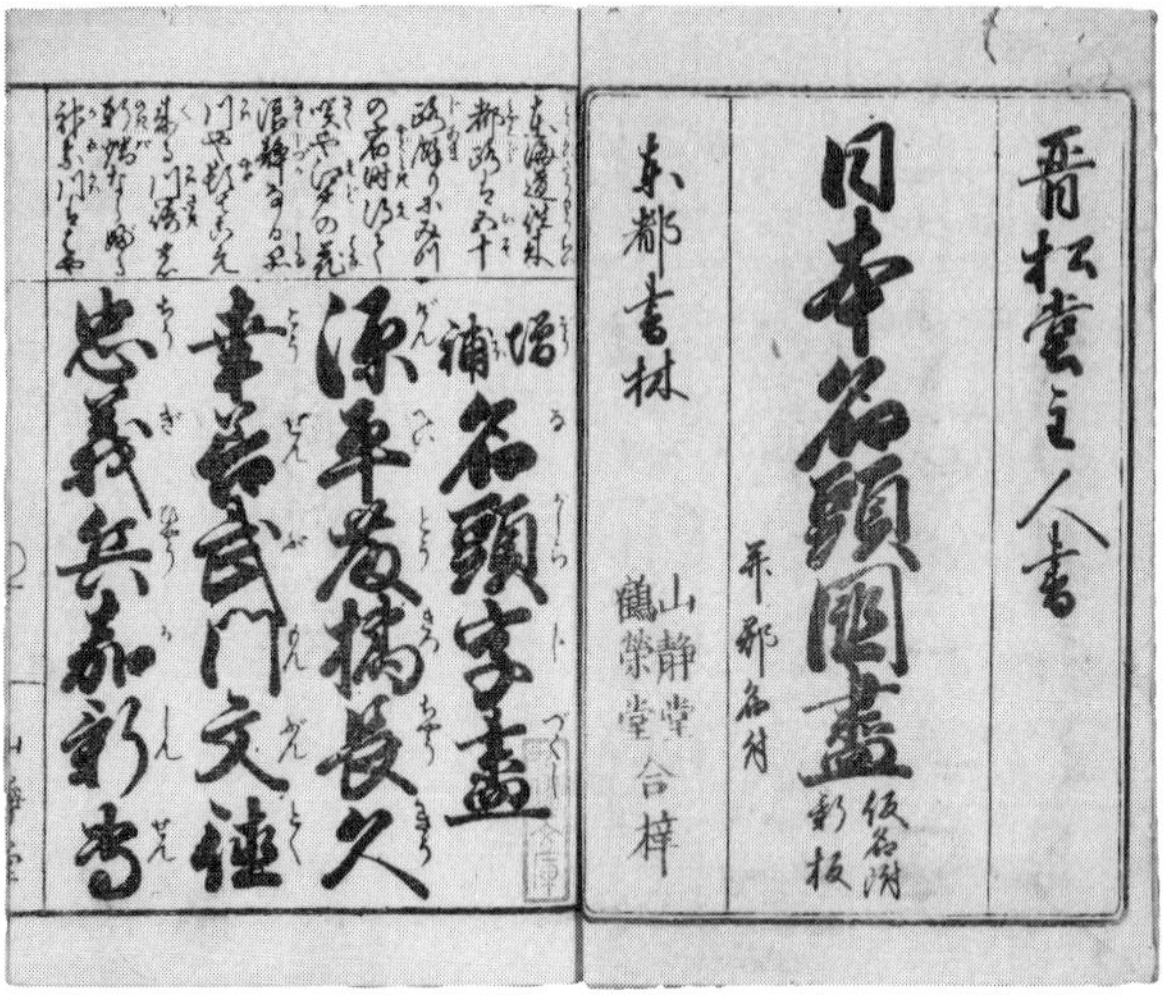


第一章

# 「名前」の一般常識

『名頭国尽』(江戸時代後期刊、早稲田大学図書館所蔵)

## 1　一般通称の世界

### †江戸時代の〝下の名前〟

写真1-1は、文政一二年（一八二九）に刊行された旗本の人名録『国字分名集《こくじぶんめいしゅう》』の一部である。

伊勢平八郎《へいはちろう》、井戸新右衛門《しんえもん》、伊東主膳《しゅぜん》、伊丹大和守《いたみやまとのかみ》……。彼らは他人からそう呼ばれ、自分でもそう名乗る。公的書面での記名はもちろん、私的な金銭の借用証文《しゃくようしょうもん》、手紙で名前を書く場合など、あらゆる日常世界の公私全般において、これを名前として用いた。彼らの名前は一族共通の苗字と、いわば個人名に該当する〝下の名前〟との組み合わせであるから、見た目は現代の「氏《し》+名《めい》」と大変よく似た姿をしている。

江戸時代の〝下の名前〟は、単に「名《な》」とか「名前」というのが普通だが、「通称《つうしょう》」とも呼ばれた（現代語の「通称」とは意味が全く異なる）。通称は「大和守」のような①正式な官《かん》名《めい》、「主膳《しゅぜん》」のような②擬似《ぎじ》官名、「平八郎」「新右衛門」などの③一般通称という、大きく三つの種類に分類できる。

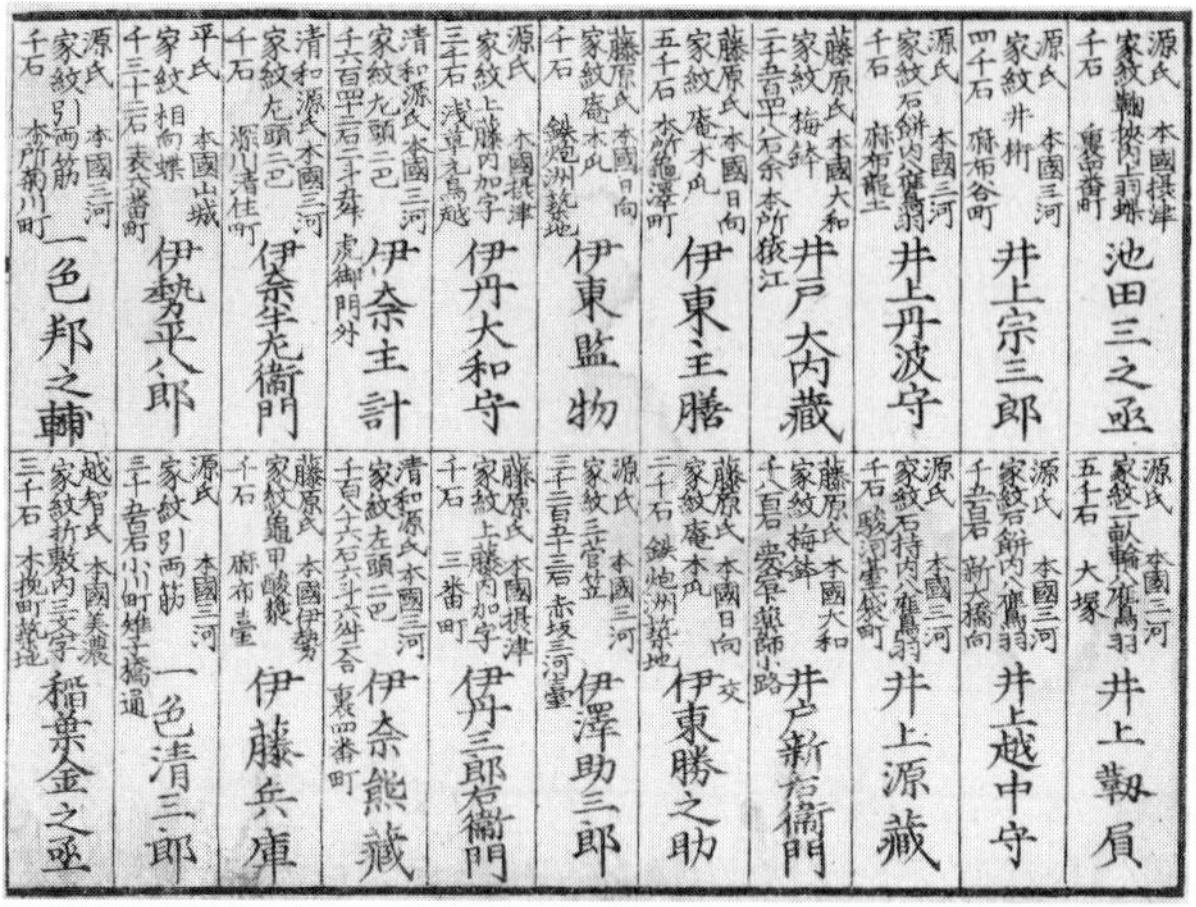


**写真 1-1　旗本の名前**

出典：文政 12 年（1829）刊『国字分名集』（以下所蔵を記載しないものは、すべて個人蔵）。記載情報は同 10 年 6 月。

試みに写真1－1の二二名を分類したのが図表1－1である。①～③、いずれも〝下の名前〟として同じように使用されるが、この三種類には、ある大きな違いが存在し、その違いが江戸時代の「名前」の大きな特徴となっている。

その違いとはなにか。それを念頭におきながら、江戸時代の人々――大名・旗本から一般の武士・百姓・町人たちまでの大多数の人々――が無意識に受け入れていた「名前」の常識について、まず③一般通称から、みていくことにしよう。

なお江戸時代、一般には苗字＋通称のことを「俗名《ぞくみよう》」「氏名《しめい》」「姓名《せいめい》」など

| | |
|---|---|
| ①正式な官名 | 丹波守《たんばのかみ》　越中守《えつちゆうのかみ》　大和守《やまとのかみ》 |
| ②擬似官名 | 主膳《しゆぜん》　監物《けんもつ》　主計《かずえ》　兵庫《ひようご》<br>靫負《ゆきえ》　大内蔵《おおくら》 |
| ③一般通称 | 宗三郎《そうざぶろう》　平八郎《へいはちろう》　助三郎《すけさぶろう》　清三郎《せいざぶろう》<br>新右衛門《しんえもん》　半左衛門《はんざえもん》　三郎右衛門《さぶろえもん》<br>勝之助《かつのすけ》　邦之輔《くにのすけ》<br>三之丞《さんのじよう》　金之丞《きんのじよう》<br>源蔵《げんぞう》　熊蔵《くまぞう》 |

図表1-1　近世「名前」の基本的三種類（写真1-1の例）

と呼ぶこともあるが、本書ではこの組み合わせ、または通称のみのことを「名前」という呼称に統一して話を進める。

### †名前の〝お尻〟と頭

③一般通称と分類したもの——熊蔵《くまぞう》、宗三郎《そうざぶろう》、半左衛門《はんざえもん》などの名前は、社会的地位や職業を問わず、武士から庶民に至るまで広く一般に用いられた。言うなれば、江戸時代における、もっとも〝普通の名前〟といってよい。

この一群の名前には、何右衛門《なにえもん》、何左衛門《ざえもん》、何兵衛《べえ》などをはじめ、何蔵《ぞう》、何助《すけ》、何之丞《のじょう》などと、名前の語尾——いわば〝お尻〟に一定の形が必ず使用される。この〝お尻〟の種類を列記したのが図表1－2で、③一般通称の種類はおおよそこの範囲に収まる。

普通の名前は、これらお決まりの〝お尻〟を持つ——。それが江戸時代における一般の常識である。〝お尻〟は、その名詞が人名であることを他者に認識させる、いわば必須の符号として機能している。「お茶」や「石ころ」という名詞が人名と認識されず、茶《ちゃ》右衛《え》門《もん》や石蔵《いしぞう》なら人名だと認識されるのは、この〝お尻〟——人名であること示す符号がついているためである。

この〝お尻〟の上の文字、源蔵、清三郎、半左衛門などの「源」「清」「半」などの部分を「名頭《ながしら》」（「頭字《かしらじ》」「名頭字」）といい、ここには多少ならず、それを用いる理由やこだわり

| 官名風・その他 | 排行変形※ | 排行 |
|---|---|---|
| 〜左衛門《ざえもん》 | 〜一《いち》（市《いち》） | 〜一郎《いちろう》（市郎） |
| 〜右衛門《えもん》 | 〜太《た》 | 〜太郎《たろう》（多郎） |
| 〜兵衛《べえ》 | 〜次《じ》（治《じ》・司《じ》） | 〜次郎《じろう》（治郎） |
| 〜太夫《だゆう》 | 〜五《ご》（吾《ご》）※ | 〜三郎《さぶろう》 |
| 〜平《へい》 | 〜六《ろく》 | 〜四郎《しろう》 |
| 〜助《すけ》※ | 〜七《しち》 | 〜五郎《ごろう》（吾郎） |
| 〜蔵《ぞう》（造《ぞう》・三《ぞう》） | 〜八《はち》 | 〜六郎《ろくろう》 |
| 〜作《さく》 | 〜十《じゅう》 | 〜七郎《しちろう》 |
| 〜吉《きち》（橘《きつ》） | 〜吉郎《きちろう》（橘郎） | 〜八郎《はちろう》 |
| 〜内《ない》※ | 〜郎《ろう》 | 〜九郎《くろう》 |
| 〜松《まつ》 | | 〜十郎《じゅうろう》（重郎） |
| 〜之助《のすけ》※ | | |
| 〜之丞《のじょう》（允《じょう》） | | |
| 〜之進《のしん》 | | |

**図表 1-2　一般通称における主な語尾**

註：「郎」には略体の「良」も多用する。「朗」は通例、通称には用いない（ただし「朗」の崩し字は「郎」とほぼ同型になる）。助には介・輔・祐・亮などの字も用いられる。「排行《はいこう》変形」は、排行から「郎」を省略したものや、変形したものとして整理した。〜吾、〜内は変形東百官（後述）としても分類可能だが、一般通称としての用例が多いため、ここに収めた。〜弥、〜馬については後述。なお江戸時代初期には「元《もと》右《え》衛門《もん》」を「元衛門」などと「右」なしの表記も通用しているほか、源《げん》右《え》衛門尉《もんのじょう》などと「尉」を付した名前が一般にみられた。しかしいずれも、本書で扱う江戸時代後期においては、事実上すべて消滅している（第四章）。

も存在する。例えば父が勘兵衛《かんべえ》で、息子たちが勘次郎や勘蔵と称する例は一般にみられる傾向である。この場合、彼らは名頭の共有に父子関係を反映させているから、「勘」という文字の使用にはこだわっているわけである。

しかし「勘」に接続する〝お尻〟には、実はほとんどこだわりがない。後述するような、町や村など社会集団内部の制限・慣習に抵触しない限り、勘作でも勘七でも別に何でもよいのである。〝お尻〟は名付ける人間、すなわち親や本人の好みで随意《ずいい》に選択され、その語自体には何の意味もない符号だ——というのが、江戸時代には常識となっていた。

## †人名符号の定着

助三郎や平八郎などの「〜郎」も、そのような符号の一つである。本来、太郎なら長男、三郎なら三男などと生まれた順番を意味したことから、これを排行《はいこう》（輩行《はいこう》）といった。甚《じん》八《ぱち》、弥《や》七《しち》、磯六《いそろく》などの名前も、もとは排行から「郎」を省略した形に由来する。江戸時代にも、長男だから孫太郎などと、排行の〝本来の意味〟により名付けられることがある。むしろ現代人の常識では、そういう意味を絶対に含意していると連想しがちである。

しかし江戸時代に戸籍的な役割を持った「宗門人別帳《しゅうもんにんべつちょう》」などに記載された人名をみると、生まれた順番とは全く無関係な事例のほうが、むしろ圧倒的に多いのである。

例えば、幕末期の山城国《やましろのくに》乙訓《おとくに》郡石見《いわみ》上里《かみざと》村では、百姓《ひゃくしょう》甚右衛門《じんえもん》には甚五郎《ごろう》（三五歳）と兵《ひょう》次郎（二八歳）という子がいるし、同じく百姓三右衛門《さんえもん》には、友《とも》次郎（二五歳）・岩《いわ》次郎（二二歳）・次郎吉《じろきち》（一七歳）という三人の子がいる。これらに本来の排行の意味は全くない。ただ若者らしい名前の符号として、～次郎、～五郎などが使用されているだけである。

大名・旗本の系図集である『寛政重修諸家譜《かんせいちょうしゅうしょかふ》』をみても、兄が勘七郎で弟が助三郎などという例は、到底数え切れないほど多く存在する。江戸時代中期には「今の世には惣《そう》領《りょう》の子（長男）を何次郎《なにじろう》・何三郎《なにさぶろう》と名付け、二男・三男に何太郎《なにたろう》と名付くるもあり」（『貞丈《ていじょう》雑記《ざつき》』。本書第四章参照）と述べられているように、江戸時代における～郎という名前は、排行としての意味は重視されなくなり、単なる人名符号の選択肢と化しているのが常態であった。

### †ルールの範囲内で

江戸時代後期には、三枝孫郎《さいぐさまごろう》（旗本）、友沢葭郎《よしろう》（代官所手代）などのように、肝腎の数字が略され、「郎」一字のみを使った名前も現れる。江戸時代の人たちが名前の〝お尻〟に求めているのは、人名であることを示す、単なる符号としての役割だけだからである。

江戸時代に刊行されたネーミングの指南書にも、「右衛門、左衛門、兵衛、助、丞などは、通号《つうごう》なれば意に任せて附《つ》くべきなり。頭字《かしらじ》一字の相生《あいしょう》を取ることなり」（文政五年〔一八二二〕刊『韻鏡反切名判集成《いんきょうはんせつなはんしゅうせい》』）とみえるように、江戸時代の一般的な名前の運勢占いでは「名頭」だけを用いて〝お尻〟は無視する。半七でも半蔵《はんぞう》でも半兵衛《はんべえ》でも、導き出される運勢は同じになる。

ちなみに名頭は、親の名前の一字を必ず用いるわけでもなく、また一字とも限らない。ゆえに伊佐治《いさじ》、弥惣兵衛《やそべえ》、佐《さ》忠太《ちゅうた》、於兎吉《おときち》、四方吉《よもきち》、間津兵衛《まつべえ》などと二字を用いる名前もある。あるいは排行と組み合せた三郎兵衛《さぶろべえ》、次郎七《じろしち》、五郎三郎《ごろさぶろう》、五郎蔵《ごろぞう》、太郎作《たろさく》などもあって、かなりバリエーション豊富である。けれども〝お尻〟は必ず一般通称の常識の範囲内で選択されるのが、いわばルールのようになっていた。

符号と化した～右衛門・～助・～三郎などの含意する〝本来の意味〟は、一般には意識されない。庄右衛門《しょうえもん》さんが「私の「右衛門」とはどういう意味か。その由来は何だろう」と考えたり、彦助《ひこすけ》さんが「俺の「助」は、他人様《ひとさま》を助けるという意味なのさ」などと、符号に意味を込めたり、求めたりはしない。彼らに向かって「おまえ甚五郎なのに長男じゃないか」「源兵衛さん、ご自身の「兵衛」という言葉の意味を御存じなのですか？」などと、その語自体が持つ古い〝本来の意味〟を振りかざしても、それは江戸時代の実情と常識の前では、空しい憫笑《びんしょう》を買うものでしかないのである。

符号と化した〝お尻〟にも、言葉である以上、語源や〝本来の意味〟がある（第三・第四章）。けれども人名の符号として役割が定着した江戸時代、そんなことは、もうどうでもよくなってしまった。それが江戸時代の「名前」の実情であり、一般における常識となっていたのである。

## †名跡化と襲名慣行

当主が代々甚三郎《じんざぶろう》という名前を用いている場合、甚三郎の悴《せがれ》弥太郎《やたろう》が家督を継いで当主になると、やはり甚三郎と改名する――このような例が、武士より一般庶民に至るまで、かなり広く浸透している。現在、襲名慣行《しゅうめいかんこう》と呼ばれるこの習慣は、別に誰かが強制した結果ではない。社会が安定してきた一七世紀末以降、ほとんど無意識的に〝そういうもの〟として次第に定着するに至った習慣である。

先に例示した石見上里村の場合、一七世紀末頃を境にして、吉助《きちすけ》や利左衛門《りざえもん》といった百姓当主の個人の名前が、その子孫たちによって代々使用され、それが「家の通称」（当主名）、つまり村という集団の構成員であることを示す「名跡《みようせき》」として固定していく傾向を確認できる。江戸時代の名前は全く一己の個人名であると同時に、名跡としての一面をもあわせ持っていたのが大きな特徴である。

同様の例は武士にもはなはだ多い。池波正太郎《いけなみしょうたろう》の小説で有名な火付盗賊改《ひつけとうぞくあらため》長谷川平蔵《へいぞう》（幼名は銕三郎《てつさぶろう》）の父は、はじめその名を長谷川平蔵（のちに備中守《びっちゅうのかみ》と改名）といった。子の平蔵は父の名を襲用《しゅうよう》したものである。その二代目平蔵の子も、また長谷川平蔵（幼名は辰蔵《たつぞう》、のちに山城守《やましろのかみ》と改名）という名を継いだ。つまりこの系統の旗本長谷川氏は、父も平蔵で子も平蔵、孫も平蔵と、すべて当主名として「平蔵」を襲用している（以降の子孫も用いた）。

当主名ばかりではなく、幼名や成人名にも、父祖の名を襲用することが多い。有名な江戸の町奉行《まちぶぎょう》・遠山左衛門尉《とおやまさえもんのじょう》は、もと遠山金四郎《きんしろう》という名前（成人名。幼名は通之進《みちのしん》）であるが、この金四郎という名は、父親が「金四郎」と名乗っていたことにちなんで襲用したものである。ちなみに父の金四郎は実際に四男だが、二代目金四郎の方は親の名を襲用したもので、当然ながら四男ではない。排行が生まれ順を示さなくなる背景には、このような名前の名跡化と襲用も影響していよう。

「金四郎」という名前の含意する〝四男〟という〝本来の意味〟よりも、名跡としての用途が優先される。それは現在も歌舞伎役者の世界などで、いささか名残をとどめていよう。「団十郎《だんじゅうろう》」や「菊五郎《きくごろう》」は襲名される名跡で、そこに十男や五男であることは求められない。それと同じことが、江戸時代には一般の人の名前でも習慣となっていたのである。

## †名を継ぐ意味

なぜ先人の名を継ぐのか。習慣といえばそれまでだが、その理由の一つをうかがえる事例を示そう。

安政四年（一八五七）、越後新発田《しばた》城主溝口主膳正《みぞぐちしゆぜんのかみ》の家来寺田喜三郎《てらだきさぶろう》の死により、息子の寺田弘吉郎《こうきちろう》がその家督を相続した。その際、弘吉郎は亡父の友人である山口加治馬《かじま》から「長年勤務された御父上の名前は新発田溝口家中《かちゆう》では有名だ。あなたも喜三郎と改名した方がよい」と、老婆心から勧められて、寺田喜三郎と改名している。亡父喜三郎の父、つまり弘吉郎の祖父は「寺田喜右衛門」という名前であり、「喜三郎」は別に寺田氏が代々継承する名跡というわけではない。しかし父喜三郎の優れた活動により「寺田喜三郎」という名そのものに価値が生じていたから、山口はその襲名を勧めたのである。

名前の襲用はその名前の人物が築き上げ、積み重ねてきた功績・信用の継承、あるいはその人生にあやかろうという意識が根源にある。やや打算的な表現をすれば、百姓源左衛門が代々源左衛門を称するのは、その代々の地位・家産の継承者たることを、襲名により他者に顕示・認識させる目的がある、といえる。

また商人の場合、例えば鴻池屋善右衛門《こうのいけやぜんえもん》や加島屋久右衛門《かじまやきゆうえもん》のような、いわば日本有数の豪商から、小さな町の黒田屋忠右衛門《くろだやちゅうえもん》まで、おおよそ代々襲名する慣行がある。それは商業活動の継続において、名前そのものがいわば商店名・商号とも化し、それ自体が資産的価値を含有していたからである。

だが襲名慣行は、いちいち意味を考えて行われるのではない。ただ〝そういうもの〟として実行される習慣である。全く襲名をしない家もあるし、九十郎《くじゅうろう》の次代が九右衛門《くえもん》、その次は九郎右衛門《くろえもん》など、名頭だけを継ぐ家もある。これらは近世社会における「先例《せんれい》」「先格《せんかく》」の墨守を重視する意識が強く作用した習慣である。ゆえに当人たちにその理由を質《ただ》しても「ウチはそういう習慣なんですよ」と答えられるだけであろう。意味とか理由とか、そんなものは別に知らないのである。

意味は知らないがそうするものだ――これを習慣といい、また常識ともいうのである。

**†相応しい名前**

③に分類した一般通称は誰でも名乗れる――。といっても、それは朝廷とか、主君とか、上位の権力から、特にその名を使用する許可を必要としない、という意味である。実際には社会的慣習において、当主には当主らしい、若者には若者らしい、それぞれの立場に相応《ふさわ》しいと考えられる名前があった。そんな様々な慣行や遠慮が作用し、その許容範囲内

で選択されたのである。

江戸時代の人間は、おおよそ幼名、成人名、当主名、隠居名の四種類の改名を経るのが一般的である。百姓《ひゃくしょう》松兵衛《まつべえ》に倅《せがれ》が生まれ、亀吉《かめきち》という幼名を名付けられる。亀吉は成人して松次郎《まつじろう》と改名し（成人名）、その後父松兵衛の家督を継ぐと、襲名して松兵衛と改名する（当主名）。そして老いて隠居し、息子などの後継者に松兵衛の名前を譲ると、自分は仁《に》兵衛《へえ》とか浄円《じょうえん》（隠居名。後述の法体名《ほったいな》）とかいう別の名前に改名する。父子が同じ名前を継ぐといっても、同時に「松兵衛」が二人も家のなかにいたりはしない。

近世一般の傾向として、〜兵衛・〜右衛門・〜左衛門・〜太夫《だゆう》などは当主名として用いられることが多い。その他は幼名・成人名・当主名いずれにも用いる。〜之進は武士がよく用いる名前で、百姓・町人は、成人名や当主名にこれらをあまり用いない傾向がある。ただし八十之進《やそのしん》などという名前の百姓も、多数派ではないが実在しており、個人の趣味や地域性もあって一概にいえるものでもない。

幼名は親などが名づけるが、成人（一五、六歳が多い。若者《わかもの》と呼ばれる）になると自ら名を改める。村の場合、官途成《かんとなり》とか元服成《げんぷくなり》などと呼ばれる村の成人式で、一斉に改名することが多い。例えば文化一三年（一八一六）八月、石見上里村の「元服成」で、若者の「名替《ながえ》」が行われた史料をみると、為治郎《ためじろう》が磯七《いそしち》、伊八《いはち》が伊三郎《いさぶろう》、岩吉《いわきち》が文五郎《ぶんごろう》、磯五郎《いそごろう》が又七《またしち》など改名している。同村では〜七、〜三郎、〜五郎、このほか〜蔵などが、若者の名前として使用されている慣習が確認できる。

ただし隣り合う村同士でさえ、こういう慣習は驚くほど違うことも多い。石見上里村では何右衛門・何左衛門・何兵衛を若者名にほとんど使わないが、他地域では若者が甚兵衛《じんべえ》とか治《じ》右衛《え》門《もん》などと称していることもあるし、病弱な幼児にわざと何右衛門という大人の名を付けて、無事に成長することを願う慣習を持つ村もある。

また江戸時代の村は、領主などとの支配関係とは別に、地域や村落の内部に独自の秩序を有する。領主が「何々村の百姓」と同列に把握していても、村の「百姓」たちが横一列の平等な関係にあることはまずない。村を構成する各家には、種々の格式・序列があり、それに基づく村の慣行が存在し、名前もその影響を受けていることが少なくない。

例えばある村では旧家の百姓たちだけが「何右衛門」と名乗り、新入りの家柄の百姓には「何兵衛」としか名乗らせないなどといった、独自規定が存在した例もある。ただしその村の外では、こういう独自ルールによる制約は一切作用しない。

## 名は体を表す

このほか一般通称としての名前に法体名《ほったいな》がある。これは剃髪《ていはつ》して頭を丸めた人間、すなわち僧侶、医者、隠居などが用いる名前で、宗春《そうしゅん》、旭真《きょくしん》、良海《りょうかい》、洪庵《こうあん》などである。江戸時代の社会において、老年に及び自分の名前（名跡）を後継者に譲った場合、剃髪して法体名に改名することが多い。藤右衛門《とうえもん》が剃髪して円斎《えんさい》と名乗る――というのはそれである。

また江戸時代の医者は法体であるのが通例で、武家に仕える医師なども森宗竹《そうちく》、村田長菴《ちょうあん》、榎本玄昌《げんしょう》などと法体名を名乗る。特に～庵は、医者一般がよく名乗る名前の符号といってよいほどで、実際には剃髪していない惣髪《そうはつ》の医師までも、医師であることを示すため、名前だけは法体名を名乗る習慣があった。村に百姓に交じって「祐庵《ゆうあん》」と名乗る当主がいる場合、それは村医者であることが多い。医者と認識されるために、わざわざそう名乗っているのである。

隠居や学者、画家などのなかには、晴軒《せいけん》とか見山《けんざん》、魯堂《ろどう》、冰翁《ひょうおう》といった雅号《がごう》を「通称」（名前）にすることもあった。これも「俗」世界から離れていることを明示する目的で、名乗っているのである。

名《な》は体《たい》を表す。長松《ちょうまつ》だったら商家の丁稚《でっち》ぽいし、権兵衛《ごんべえ》さんなら百姓当主のようだし、寅太郎《とらたろう》なら若者っぽい、朝之進《あさのしん》なら武士っぽいとか、そういうものが何となく存在している。江戸時代の名前は、社会的な地位をある程度表示する役割を担《にな》っている。

ただし③一般通称には、全国統一規格のようなものは存在しない。一般通称になんらかの明確な序列が存在する場合、それはその家臣団内部、あるいは村や町などの社会集団、または商店内部などにおけるそれぞれの独自規定である。

なお幼名・成人名・当主名・隠居名など、一人が用いるこれらの名前は、経時的に変更・更新していく「改名」である。一人が持つ名前がどんどん増えていくのではない。江戸時代においても、各人の「名前」は、原則としてその時点で名乗っている一つだけである。別に何もややこしいことはない。当時の人々は、これを常識として暮らしていたのである。

## 2　名前としての官名

### †大和守という名前

江戸時代には、特別な名前がある。播磨守《はりまのかみ》、采女正《うねめのかみ》、図書頭《ずしよのかみ》など、①正式な官名と分類した通称である。それは古い朝廷の官名（官職名）に由来するもので、勝手には名乗れない特別な名前であった。

これを名前として名乗ることができるのは、武家では大名と一部の旗本にほぼ制限されている。しかも最初から名乗れるのではない。例えば先に紹介した写真1-1にみえる伊《い》丹大和守《たみやまとのかみ》は、もと伊丹駒次《こまじ》郎《ろう》という名前で出仕していたが、文化一三年（一八一六）に中《なか》奥小《おくこ》姓《しょう》に任命された時、駒之助から大和守へと改名した。井上越中守《いのうええっちゅうのかみ》も、もとは井上左《さ》門《もん》といって駿府《すんぷ》町奉行や西丸御持弓頭《にしのまるおもちゆみがしら》などを務め、文政四年（一八二一）に奈良奉行に任命された際、左門から越中守へと名を改めたのである。

旗本の場合はある条件を満たすことで、名前を③一般通称や②擬似官名から、①正式な官名へと改名することを、主君たる将軍から許されるのである。

いわゆる江戸幕府には、老中・若年寄など、譜代大名が任じられる役職のほか、旗本以下が任じられる大目《おおめ》付《つけ》、町奉行（いわゆる江戸町奉行）、勘定奉行《かんじょうぶぎょう》を始めとする様々な役職がある。旗本・御家人などの幕臣には、将軍への御目見《おめみえ》以上・以下という大きな格式の区別があって、さらに御目見以上が任命される諸役職には諸大夫《しょだいぶ》役・布衣《ほい》役（布衣以上）・布衣以下の三つのランクがあった（図表1-3）。

このうち諸大夫役とされる上級の役職——例えば京都町奉行とか御書院番頭《ごしょいんばんがしら》など——に任命されると、同時に将軍から「諸大夫」という格式を許される。この時に①正式な官名を名乗ることを許されたのである。

「諸大夫」の格式を許されると、本人は「大和守」など①正式な官名を自ら選択して、そ

| 格式 | | 役職名 | | | |
|---|---|---|---|---|---|
| 御目見以上 | 諸大夫 | 駿府御城代 | 伏見奉行 | 御側衆 | 御留守居 |
| | | 大御番頭 | 御書院番頭 | 御小姓組番頭 | 田安御家老 |
| | | 一橋御家老 | 清水御家老 | 林大学頭 | 大御目付 |
| | | 町御奉行 | 御勘定奉行 | 御作事奉行 | 御普請奉行 |
| | | 小普請奉行 | 西丸御留守居 | 甲州勤番頭 | 長崎奉行 |
| | | 京都町奉行 | 大坂町奉行 | 禁裏付 | 仙洞付 |
| | | 山田奉行 | 日光奉行 | 堺奉行 | 奈良奉行 |
| | | 御小姓頭取 | 御小姓衆 | 中奥御小姓 | 御小納戸頭取 |
| | | 箱館御奉行 | | | |
| | 布衣以上 | 小普請組支配 | 新御番頭 | 駿府御城番 | 駿府町奉行 |
| | | 佐渡奉行 | 浦賀奉行 | 御小姓組組頭 | 御書院組頭 |
| | | 御小納戸衆 | 御旗奉行 | 御鎗奉行 | 百人組之頭 |
| | | 御持弓頭 | 御持鉄炮頭 | 御先手弓頭 | 御先手鉄炮頭 |
| | | 御鉄炮御用衆 | 御鷹匠頭 | 御勘定吟味役 | 西丸御裏門番頭 |
| | | 御留守居番 | 二丸御留守居 | 定火消 | 御目付衆 |
| | | 御使番 | 小十人頭 | 御徒頭 | 大坂御船手 |
| | | 御船手 | 田安御用人 | 一橋御用人 | 清水御用人 |
| | | 御納戸頭 | 奥御右筆組頭 | 御腰物奉行 | 御郡代 |
| | | 御代官（布衣） | | | |
| | 布衣以下 | 新番組頭、大番組頭、表御右筆組頭、御膳奉行、御書物奉行、御蔵奉行、御代官（布衣以下）、御細工頭、御畳奉行、評定所留役、御同朋など、ほか多数 | | | |
| 御目見以下 | | 御鳥見、御天守番、支配勘定、御徒目付組頭、御掃除頭、諸組与力・同心、漆奉行手代、御中間、御小人、黒鍬之者、御掃除之者、評定所書役など、ほか多数 | | | |

**図表 1-3　幕臣諸役職の格式大概（大名、高家《こうけ》を除く）**

出典：享和3年（1803）刊『改正増補　萬代宝鑑』、文政9年（1826）刊『懐宝便覧』、嘉永頃刊『掌中大概順』をもとに作成。「御」の字の有無はおおむね出典のママとした。なお、代官には布衣の代官と布衣以下の代官が存在する。林大学頭は世襲で役職名ではないが、『萬代宝鑑』ではこの位置に記載される。

れへの「改名」を申請し、将軍の許可の上で名乗った。武家における正式な官名は「諸大夫」以上であることを顕示する、特別な「名前」なのである。

なお「諸大夫」という格式自体は役職そのものとは別であるから、辞職、あるいは罷免《ひめん》されても、改名した「大和守」などという名前はその後も継続して使用できた。また役職の就任とは関係なく、功績などによっても、将軍の意向で諸大夫を許される者もいた。

ただし旗本の場合、原則として諸大夫の格式を世襲的に許可されることはない。先に述べた三人の「長谷川平蔵」たちも、初代の長谷川平蔵は京都町奉行になって長谷川備中《びっちゅうの》守《かみ》と改名し、三代目平蔵も西丸《にしのまる》御小《おこ》納戸《なんど》頭取《とうどり》となった時、山城守《やましろのかみ》と改名しているが、現在一番有名な二代目長谷川平蔵だけは御《お》先手弓頭《さきてゆみがしら》（布衣《ほい》役）止まりで、諸大夫役に就任することがなかったから、ずっと「長谷川平蔵」のままであった。〜のカミなどという名前は、なかなか容易には名乗れないのである。

## †大名の場合

かたや大名一般は旗本と違って、必ず諸大夫、あるいは一段階上の「四品《しほん》」と呼ばれる格式を将軍から許される例であった。ゆえに大名は松平土佐守《まつだいらとさのかみ》とか稲葉《いなば》右京亮《うきょうのすけ》などという①正式な官名を必ず名前として称した。

しかし生まれながら諸大夫でないのは旗本と同じで、最初は小出主税《こいでちから》、毛利銀三郎《もうりぎんざぶろう》、溝《みぞ》口誠之《ぐちせいの》進《しん》などの通称（②擬似官名、または③一般通称）を名乗っている。

諸大夫の格式は個別に将軍が与える。それは元服後が原則だが、許される時期は各大名家の先例・格式によってかなりの違いがある。だが大名の場合は早世《そうせい》しない限り、将来必ず諸大夫以上を許されて①正式な官名に改名することになっていた。

諸大夫を許されて改名する手続きの例を、宝暦一一年（一七六一）、奥州盛岡《おうしゆうもりおか》城主南部《なんぶ》大《だい》膳大夫《ぜんのだいぶ》の嗣子《しし》、南部三郎《さぶろう》の場合でみよう（藤田一九九七）。

同年嗣子として将軍への御目見を済ませた三郎は、一二月一八日に老中から「諸大夫仰《おお》せ付けらる」との将軍の命を伝達された。すると即日、三郎は「信濃守《しなののかみ》」に「改名申したい」との申請を老中に出し、老中もすぐ、「勝手次第に御名《おんな》御改めなさるべし」との許可を下す。かくしてこの日をもって南部三郎は南部信濃守と改名する。諸大夫となって改名する手続きは事実上これで完了である。案外あっけないのだが、これについては、まだ後で述べることもある。

なお三郎が改名した「信濃守」は、その父南部大膳大夫の前名で、かつ盛岡南部家当主が代々使用する名前の一つである。大名の場合は諸大夫以上を許されることが事実上約束されているため、父祖の使用した特定の①正式な官名が一般通称の「平蔵」や「金四郎」

などのように、襲用されるような形にもなっている。

名前は身分格式に基づく秩序を重視する近世社会において、社会的な地位を相手に知らせる役割を持っている。「長谷川平蔵」と「南部信濃守」。その名前（通称）を見るだけで、後者の方が格が上だと判断される。名前は相手に必要な忖度《そんたく》の材料を提示し、適切な対応を促すという、極めて現実的な役割をも果たすものであった。

### †官名の選択

武家の諸大夫が名乗る官名の選択肢は、実はそれほど多様でもない。旗本の諸大夫が名乗る官名は、およそ図表1－4の範囲に限られる。ここからどれを選んで自分の名前にするかは、ただ好みと家の先例とに拠《よ》る。別に他者と同名で重複しても良いが、老中ら幕府の重役と同名になることは避けるのが例であった（第四章）。もちろん身近な上司や同役との重複も紛らわしいから普通は避けたのである。

旗本川路《かわじ》三左衛門《さんざえもん》は、天保一二年（一八四一）に小普請《こぶしん》奉行となって諸大夫を仰せつけられ、川路左衛門尉《さえもんのじょう》と改名した。何故左衛門尉なのか――。旗本も父や祖父が諸大夫になった先例があれば「父祖が「佐渡守《さどのかみ》」と名乗っていた」などの理由で、それと同名を選ぶ傾向がある。一般通称の襲名と似たような決め方である。しかし川路は本人一代の活躍で

**受領**

| | | |
|---|---|---|
| 大和守《やまとのかみ》 | 出雲守《いずものかみ》 | 和泉守《いずみのかみ》 |
| 河内守《かわちのかみ》 | 美作守《みまさかのかみ》 | 伊賀守《いがのかみ》 |
| 伊勢守《いせのかみ》 | 備前守《びぜんのかみ》 | 志摩守《しまのかみ》 |
| 上総介《かずさのすけ》 | 備中守《びつちゆうのかみ》 | 伊豆守《いずのかみ》 |
| 下総守《しもうさのかみ》 | 備後守《びんごのかみ》 | 飛騨守《ひだのかみ》 |
| 近江守《おうみのかみ》 | 安芸守《あきのかみ》 | 隠岐守《おきのかみ》 |
| 上野介《こうづけのすけ》 | 周防守《すおうのかみ》 | 淡路守《あわじのかみ》 |
| 越前守《えちぜんのかみ》 | 紀伊守《きいのかみ》 | 壱岐守《いきのかみ》 |
| 播磨守《はりまのかみ》 | 阿波守《あわのかみ》 | 対馬守《つしまのかみ》 |
| 肥後守《ひごのかみ》 | 讃岐守《さぬきのかみ》 | |
| 山城守《やましろのかみ》 | 伊予守《いよのかみ》 | （常陸介《ひたちのすけ》 |
| 摂津守《せつつのかみ》 | 筑前守《ちくぜんのかみ》 | 三河守《みかわのかみ》 |
| 遠江守《とおとうみのかみ》 | 筑後守《ちくごのかみ》 | 越後守《えちごのかみ》 |
| 駿河守《するがのかみ》 | 肥前守《ひぜんのかみ》 | 薩摩守《さつまのかみ》 |
| 甲斐守《かいのかみ》 | 豊前守《ぶぜんのかみ》 | 陸奥守《むつのかみ》）※ |
| 相模守《さがみのかみ》 | 豊後守《ぶんごのかみ》 | |
| 美濃守《みののかみ》 | 安房守《あわのかみ》 | |
| 信濃守《しなののかみ》 | 若狭守《わかさのかみ》 | |
| 下野守《しもつけのかみ》 | 能登守《のとのかみ》 | |
| 出羽守《でわのかみ》 | 佐渡守《さどのかみ》 | |
| 加賀守《かがのかみ》 | 丹後守《たんごのかみ》 | |
| 越中守《えつちゆうのかみ》 | 石見守《いわみのかみ》 | |
| 丹波守《たんばのかみ》 | 長門守《ながとのかみ》 | |
| 但馬守《たじまのかみ》 | 土佐守《とさのかみ》 | |
| 因幡守《いなばのかみ》 | 日向守《ひゆうがのかみ》 | |
| 伯耆守《ほうきのかみ》 | 大隅守《おおすみのかみ》 | |

**諸寮頭**

図書頭《ずしよのかみ》
内蔵頭《くらのかみ》
縫殿頭《ぬいのかみ》
内匠頭《たくみのかみ》
大学頭《だいがくのかみ》
玄蕃頭《げんばのかみ》
主計頭《かずえのかみ》
主税頭《ちからのかみ》
木工頭《もくのかみ》
大炊頭《おおいのかみ》
主殿頭《とのものかみ》
兵庫頭《ひようごのかみ》
（雅楽頭《うたのかみ》
掃部頭《かもんのかみ》）※

**諸司正**

隼人正《はやとのかみ》
織部正《おりべのかみ》
内膳正《ないぜんのかみ》
采女正《うねめのかみ》
主水正《もんどのかみ》
主膳正《しゆぜんのかみ》
造酒正《みきのかみ》
市　正《いちのかみ》
（東市正）

**弾正弼**

弾正少弼《だんじようのしようひつ》

**八省輔**

中務少輔《なかつかさのしよう》
式部少輔《しきぶのしよう》
民部少輔《みんぶのしよう》
兵部少輔《ひようぶのしよう》
刑部少輔《ぎようぶのしよう》
大蔵少輔《おおくらのしよう》
宮内少輔《くないのしよう》

**四職亮**

大膳亮《だいぜんのすけ》
左京亮《さきようのすけ》
右京亮《うきようのすけ》
修理亮《しゆりのすけ》

**近衛府将監**

左近将監《さこんのしようげん》
右近将監《うこんのしようげん》

**四府佐**

左衛門佐《さえもんのすけ》
右衛門佐《うえもんのすけ》（靫負佐《ゆきえのすけ》）
左兵衛佐《さひようえのすけ》
右兵衛佐《うひようえのすけ》

**四府尉**

左衛門尉《さえもんのじよう》
右兵衛尉《うひようえのじよう》

**図表 1-4　近世武家の諸大夫が使用する主な官名**

註：基本的に使用されない官名は本表から除外した（図表1-5も同じ）。上野・上総・常陸は親王が太守に任じられる国であったことから、受領名にも「介」のみが用いられる。※印は特定の大名家が名跡のように独占的に名乗ったため他家は遠慮して称しない例であった。この他弾正忠《だんじようのちゆう》・大内記《だいないき》・典薬頭《てんやくのかみ》などを用いる家もある。また武家では尾張守《おわりのかみ》・武蔵守《むさしのかみ》・治部少輔《じぶのしよう》を使用しない慣例が定着している。これは過去の同名使用者に対する忌避や遠慮に由来するといわれ、特に治部は石田治部少輔（いわゆる石田三成）への嫌悪に出たものという。幕臣は徹底してこの官名を用いない。靫負佐と市正については第四章参照。

立身出世したため、家に先例がない。そこで川路は自分の通称である「三左衛門」から「三の字を省き、左衛門」と改めることにしたと、自ら書き残している（『川路左衛門尉覚書』）。

ずいぶん適当に決めたようだが、川路は当時物故していた先代遠山左《とおやまさ》衛門尉《えもんのじょう》が「欲至《いた》つてすくなき人にて、且《か》つよく御役《おやく》を辞して、天寿《てんじゅ》を保てるの目出《めで》たさをも慕《した》いて、左衛門《さえもんの》尉《じょう》とは名付けしなり」とも述べており、同名の優れた先人にあやかる思いも込めた「名付け」であるらしい。おおかたこんな理由で決めているのである。

なおここで川路が言及している遠山左衛門尉とは、現在〝遠山の金さん〟として有名な町奉行遠山左衛門尉ではなく、その父のことである。遠山氏は二代続けて諸大夫となり、左衛門尉という名を名乗っている。むろん子の方は、ただ父と同じ官名を選んだに過ぎないのである（ただし二代目金四郎は遠山大隅守《おおすみのかみ》と改名したのち、さらに左衛門尉に改名したもの）。

### †四品相当の官名

格の高い一部の大名と高家《こうけ》と呼ばれる幕臣は、さらに図表1－5に示した官名が選択肢として広がる。これらは基本的に四品以上が用いるが、奥州一関《いちのせき》城主田村右京大夫《うきょうのだいぶ》をはじめ、諸大夫でもこちらを名乗ることを慣例的に許された家も多く存在する。大名・高家

| 四府督 | 八省大輔 |
|---|---|
| 右衛門督《うえもんのかみ》 | 中務大輔《なかつかさのたいふ》 |
| 左兵衛督《さひょうえのかみ》 | 式部大輔《しきぶのたいふ》 |
| **弾正大弼** | 民部大輔《みんぶのたいふ》 |
| 弾正大弼《だんじょうのだいひつ》 | 兵部大輔《ひょうぶのたいふ》 |
| **四職大夫** | 刑部大輔《ぎょうぶのたいふ》 |
| 大膳大夫《だいぜんのだいぶ》 | 大蔵大輔《おおくらのたいふ》 |
| 左京大夫《さきょうのだいぶ》 | 宮内大輔《くないのたいふ》 |
| 右京大夫《うきょうのだいぶ》 | |
| 修理大夫《しゅりのだいぶ》 | |

**図表1-5　大名・高家の用いる四位相当以上の主な官名**

註：治部大輔は治部少輔同様に用いない。大輔は転訛してタユウとも読む。

らによる諸大夫以上の名の選択は、原則先例によっている。必ずしも図表1－5を名前にする人物が図表1－4の名前より偉い、ということではない。

官名の〝本来の意味〟からすれば、陸奥守《むつのかみ》より右京大夫《うきょうのだいぶ》のほうが格上なのだが（第三章）、実際の奥州仙台城主松平陸奥守《まつだいらむつのかみ》と田村右京大夫とでは、前者が大名としては遥かに格上である。官名の〝本来の意味〟とその序列は、官名が全くの「名前」――格の高い「通称」と化した武家においては、ほとんど顧みられない。佐渡守であれ左衛門尉であれ、その官名の持つ〝本来の意味〟なぞ、誰も気にしていないのが普通なのである。

武家において、①正式な官名は、あくまで「名」、通称の一種である。「意味はよく知らないが、偉い人間だけが名乗ることを許される名前」との認識が定着し、それが江戸時代の常識になっていた。

### †無視された〝本来の意味〟

武家では諸大夫や四品を許されることで、これまでの③一般通称の名前に替えて、①正式な官名に改名した。史料上も信濃守とか左衛門尉などの官名も、三郎とか三左衛門などの一般通称と同じように、専ら《もっぱ》「名」と呼ばれる。ゆえに三郎から信濃守への名前の変更は必ず「改名」といった。それは「三郎」という通称が存在し続けて、それとは別に「信濃守」という「官名」を獲得するのではない。

しかし諸大夫や四品という格式、及び信濃守などの官名には、〝本来の意味〟があり、それが形式上燻《くすぶ》り続けた。その意味から、これら武家が用いる①正式な官名を「武家官《ぶけかん》位《い》」ともいったのである。

信濃守とか修理大夫《しゅりのだいぶ》とかいう名前の〝本来の意味〟は、朝廷が任命する「官職」の名称である。信濃守は信濃国《しなののくに》を管轄するため朝廷が派遣する地方長官、修理大夫は修理職《しゅりしき》という内裏《だいり》の修繕担当部署の長官、という意味である。

むろん、そんな実態は江戸時代より遥か昔に失われていて、そのナントカのカミという「官職」に「任」じられたところで、長官としての給料もなく、実務もなく、その勤めるべき職場すら、どこにも存在していないのである。「信濃守」などの官名は、ただ名誉あるタイトルと化し、それを「名前」として名乗る権利を授与されることを「任官」と呼び続けているに過ぎない。

## †叙任という手続き

しかしその〝本来の意味〟ゆえに、こうした官名を名乗るには、朝廷（天皇）から従五位下《じゅごいのげ》ないし従四位下《じゅしいのげ》という位階に叙されたうえで（位階《いかい》については第三章）、その位階に相当する官職――例えば「信濃守」など――に任じられること、すなわち叙位任官《じょい》、略して「叙任《じょにん》」の手続きを踏むことが必要とみなされていた。

朝廷が衰微した戦国時代には、地方の下級武士までもが「伊東加賀守」などと勝手に官名を名乗ることが蔓延した。しかし江戸時代になると、徳川将軍の権力のもとで社会秩序が再び整理されていった。戦国時代のように官名を僭称《せんしょう》することが事実上停止・規制されて、将軍が「武家官位」を一手に管理・許可する体制が形成されたのである。

もっとも将軍は、大名や旗本に対し「官位」そのものを与えることはない。ただ「諸大夫」とか「四品」という格式を許可し、これを受けた大名や旗本側が希望した「信濃守」などへの「改名」を許可するだけである。

その後で幕府は、「信濃守」などという名前が僭称にならないように、その「官位」としての叙任を朝廷に要請する。すなわち将軍が「諸大夫」を許したものには従五位下、「四品」には従四位下という位階を叙すること、及び同時に将軍が許した「改名」に沿って、その人物を「信濃守」などの「官」に任じるよう、幕府が定期的に一括して朝廷に申請するのである。本人が朝廷に「官位」を申請するのではない。あくまで将軍権力のもと、幕府がまとめて朝廷に申請する。高家と呼ばれる幕臣がこれを担当したのである。

先の南部三郎の例でいえば、宝暦一一年一二月一八日に信濃守と改名したが、その後幕府はそれを「叙任」として正当づけるため、従五位下・信濃守の叙位任官を朝廷に要請した。朝廷は必ず幕府の指定通り、叙任を証明する口宣案《くぜんあん》、位記《いき》、宣旨《せんじ》などの書類を発給する。幕府は何人かの分をまとめて申請するから、実際の発給は、将軍が諸大夫を許し、改名が認められた日よりもかなり後になるが、朝廷は将軍が許可した日付にさかのぼり、幕府の指示通り従順にこれを作成したのである。

高家がこれらの書類を江戸に持ち帰って本人に交付する。本人からすれば実際の改名はとっくに済んでいるから、これらの書類は諸大夫を許された記念品、というべきものに過ぎない。しかもこれらの書類発給のため、本人は安からぬ経費・礼金を負担させられた。悪くいえば、諸大夫になったら朝廷から無理やり買わされる記念品、ともいえよう。

しかし①正式な官名が高い価値を持つのは、この手続きの存在も大きいのである。いかに形式的とはいえ「勅許《ちよつきよ》」――すなわち天皇の許可なしには名乗れない名前なのだから。

ただし実際の許可者は将軍であるし、「叙任」は空しい形式に過ぎない。けれどもこの燻りつづけた〝本来の意味〟が、後に大きな問題となって、やがて江戸幕府そのものを揺るがすことになる。

## ✝侍従以上

尾張大納言《おわりだいなごん》とか、水戸中納言《みとちゅうなごん》とか、加賀宰相《かがさいしょう》、薩摩中将《さつまちゅうじょう》とか呼ばれる大名がいる。

これらは武家の中では最上級の「名前」で、これも正式な官名である。

| 標準位階 | 名前に用いる官名 | 対象 |
|---|---|---|
| 従三位以上 | 大納言《だいなごん》（権大納言《ごんのだいなごん》） | 尾張・紀伊 |
| | 中納言《ちゅうなごん》（権中納言《ごんのちゅうなごん》） | 水戸 |
| | ［八省卿《はつしようのきよう》］※ | 御三卿（納言任官以前） |
| 正四位下〜従四位下 | 宰相《さいしよう》（参議《さんぎ》） | 加賀 |
| | 中将《ちゅうじょう》（左近衛権中将《さこんえのごんのちゅうじょう》） | 薩摩、仙台など |
| | 少将《しょうしょう》（左近衛権少将《さこんえのごんのしょうしょう》） | 越前松平ほか |
| 従四位下 | 侍従《じじゅう》 | |

**図表1-6　名前に用いられる侍従以上の武家官位**

註：括弧は朝廷が与える正式な官職名。「名前」として称する場合には、権大納言は単に大納言、左近衛中将は中将と略したものを必ず用いる例である（第三章参照）。御三卿《ごさんきょう》（田安・一橋・清水）は、八省卿を名乗り、のち納言に昇る。実際に使用されるのは、式部卿・民部卿・兵部卿・刑部卿・大蔵卿・宮内卿の6つ。中務卿は親王のみが任官する例であるから用いない（第三章参照）、治部卿は武家官位としては用いない。治部少輔を避けるのと同様の理由と考えられる。御三卿は徳川民部卿などと「徳川」を称するが、参議以上になるとやはり「田安中納言」などと地名＋官名を称するのが例である。

武家の格式は、おおよそ下から布衣↓諸大夫↓四品↓侍従《じじゅう》↓少将《しょうしょう》↓中将《ちゅうじょう》↓参議《さんぎ》↓参議以上（中納言《ちゅうなごん》・大納言《だいなごん》）という順に階梯《かいてい》がある。諸大夫以上はいずれも将軍の許可のもと、形式上朝廷に申請して叙任の手続きが行われた（図表1－6）。

旗本や一般大名の大半は諸大夫止まりである。一部の格の高い大名は、四品への昇進を許される者もある。あるいは最初から諸大夫ではなく、四品・侍従を許される大名もいたし、高家も少将まで昇る特殊な幕臣の家であった。また老中や京都所司代は就任に伴って四品侍従、大坂城代と側用人は四品になるのが例であった。大名の武家官位や格式は、このほか大変複雑なのだが、本書では名前に関わることだけに話を絞ろう。

　四品になっても名前は図表1－4・5の範囲のままで変わらないが、侍従以上になると、いわば「何野《なんの》何々《なになに》のカミ」という名前に加えてもう一つ、栄誉ある名前を獲得する。例えば土井大炊頭《おおいのかみ》が侍従になれば古河《こが》侍従、松平肥前守《まつだいらひぜんのかみ》が少将になれば肥前少将《ひぜんしょうしょう》、松平修理大夫《しゅりのだいぶ》が中将になれば薩摩中将《さつまちゅうじょう》といった。当時の慣例として、「侍従」以上の官名は決して苗字とは組み合わせず、その大名の領国や領地の地名と接続して使用した。土井侍従とか鍋島少将などとは、江戸時代の常識では決して言わない例であった。

　これらは敬意をもって他称される場合に用いられるが、本人自らも署名する際に用いる。それは全く「名前」としての用途だが、あくまで武家社会では、土井大炊頭とか松平肥前守などが引き続きその人の名前として認識される。例えば刊行された「武鑑《ぶかん》」（大名の名簿）で少将に任じられた大名をみても、「松平肥前守」から「肥前少将」へと名前が変更されるのではなく、「従四位少将」との情報が追加記載されるのみである（写真1－2）。

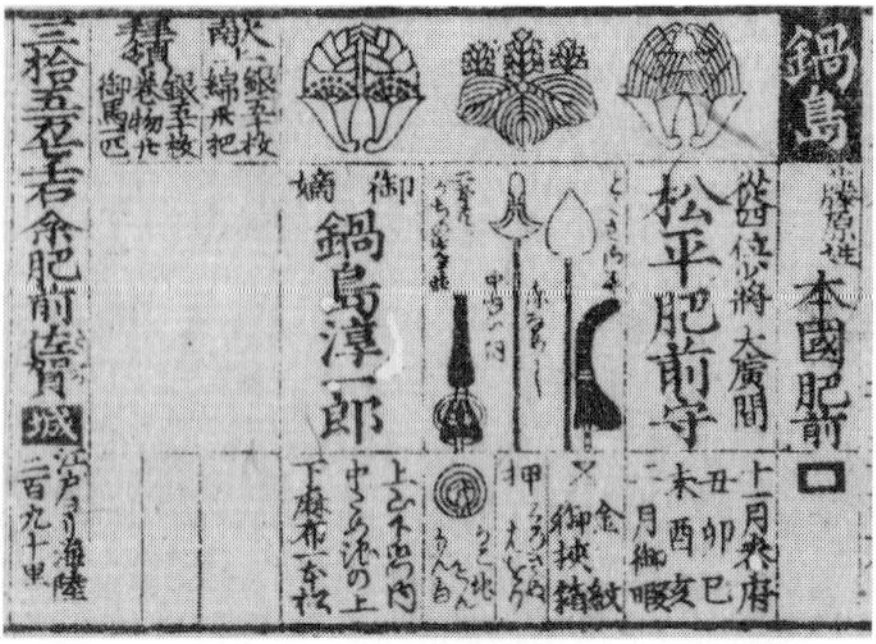


**写真 1-2 「武鑑」における佐賀城主鍋島氏の記載**
出典：嘉永３年（1850）刊『袖珍武鑑』

### †参議以上と松平の称号

薩摩島津氏や仙台伊達氏などの屈指の有力大名でも、中将が限界であり、それ以上には昇れないのが原則である。徳川氏以外で参議になれる大名は、加賀金沢城主前田氏のみというのが慣例であった（幕末期などの例外は除く）。

参議のことを唐名《からな》（中国風の呼称のこと。現在はトウメイともいう）で「宰相《さいしょう》」という。名前として使う場合は必ず「加賀宰相《かがさいしょう》」といって「加賀参議」とはいわないのが古来の例である。参議以上は「公卿《くぎょう》」と呼ばれる極めて貴顕《きけん》の地位であるから（第三章）、参議任官以前の名前で呼ぶことを遠慮し、武鑑での名前記載も「加賀宰相殿《どの》」へと変更されるが、参議任官前の「松平加賀守」という名前も引き続き使用される。「松平加賀守」が「加賀宰相」に改名するのではない。

参議以上の中納言・大納言には、徳川御三家《ごさんけ》（尾張・紀伊・水戸）と御三卿《ごさんきょう》（田安・一橋・

清水）の当主のみが任じられる。彼らは最初から従三位《じゆさんみ》や正四位下《じょうしいのげ》という高い位階《いかい》を振り出しにするので、諸大名とは隔絶したほとんど別種の貴顕である。彼らは水戸少将、紀伊中将などと呼ばれる時期を経て、水戸中納言とか尾張大納言などという「名前」を称した。

以上の武家官位のほかに、将軍が有力大名の当主個人に対して「松平」という「称号」（苗字）を許可する特典があった。

例えば肥前佐賀城主鍋島氏も代々これを許されて、当主は「松平肥前守」と名乗る。ただし「松平」の称号許可は、大名個人に対して個別になされるので、当主に称号を許されても、その嫡子《ちゃくし》も個別にこれを許されない限り、本来の苗字を用いて「鍋島淳一郎」などと公称した（前出写真1－2）。〝鍋島家〟が江戸時代を通じて〝松平家〟になっているわけではない。「松平」を称する有力大名は、原則一個人に将軍から高い格式を許されたものであり、ただその許可の手続きが、代々先例・格式として繰り返されるのである。

# 3　擬似官名とその増殖

## †国名と京百官

①正式な官名は「勅許《ちよつきよ》」なしでは名乗りえない特別な名前であり、③一般通称は一定の慣習や制約に抵触しない限り、原則自由に名乗れる普通の名前であった。この①と③との中間に位置するのが、②擬似官名である。①のように勅許は必要ないけれども、③のように随意というわけでもない。

近世中期までに、①正式な官名は勅許が必要となり、自分勝手に名乗ることは次第に遠慮された。その遠慮とともに使用が拡大していったのが、国名《くにな》と百官名《ひやつかんな》と呼ばれる②擬似官名――正式な官名に似ているが、そうではないとされたもの――である。

深尾《ふかお》近江《おうみ》、十時《とどき》摂津《せつつ》、島津《しまづ》讃岐《さぬき》などの名前を国名といい、浅野図書《ずしよ》、秋田中務《なかつかさ》、三枝《さいぐさ》主膳《しゆぜん》などを京《きよう》百官名といい、阿部伊織《いおり》、朽木《くつき》左門《さもん》、土屋求馬《もとめ》などの名前を東《あずま》百官名という(図表1－7)。②擬似官名はこの三種に大別される。まず現れたのが、国名と京百官である。

播磨守《はりまのかみ》、玄蕃頭《げんばのかみ》、上総介《かずさのすけ》などの「〜のカミ」とか「〜のスケ」などという部分を「下司《したづかさ》」といって、この部分が〝〜の長官〟とか〝〜の次官〟という官職名としての〝本来の意味〟を帯びている（第三章）。「播磨守」「玄蕃頭」などと勝手に名乗ることが遠慮された

| | |
|---|---|
| 京百官 | 弾正《だんじよう》、中務《なかつかさ》、式部《しきぶ》、治部《じぶ》、民部《みんぶ》、兵部《ひようぶ》、刑部《ぎようぶ》、大蔵《おおくら》、<br>宮内《くない》、大舎人《おおとねり》、図書《ずしよ》、縫殿《ぬい》、陰陽《おんみよう》、内匠《たくみ》、内蔵《くら》、<br>大学《だいがく》、雅楽《うた》、玄蕃《げんば》、主税《ちから》、主計《かずえ》、大炊《おおい》、木工《もく》、主殿《とのも》、<br>典薬《てんやく》、掃部《かもん》、左馬《さま》、右馬《うま》、兵庫《ひようご》、大膳《だいぜん》、修理《しゆり》、左京《さきよう》、<br>右京《うきよう》、市正《いちのかみ》、隼人《はやと》、織部《おりべ》、正親《おきみ》、内膳《ないぜん》、造酒《みき》、采女《うねめ》、<br>主水《もんど》、囚獄《ひとや》、主馬《しゆめ》、主膳《しゆぜん》、斎宮《いつき》、内記《ないき》、外記《げき》、監物《けんもつ》、<br>大判事《だいはんじ》、勘解由《かげゆ》、蔵人《くらんど》、将監《しようげん》、左衛門《さえもん》、右衛門《うえもん》、<br>左兵衛《さひようえ》、右兵衛《うひようえ》、将曹《しようそう》、靫負《ゆきえ》、帯刀《たてわき》、右近《うこん》、左近《さこん》、<br>主鈴《しゆれい》、府生《ふしよう》、滝口《たきぐち》、小舎人《こどねり》、大弐《だいに》、少弐《しように》、典鑰《てんやく》、<br>典膳《てんぜん》、権守《ごんのかみ》、権介《ごんのすけ》、大内蔵《おおくら》（大蔵の変形） |
| 東百官 | 左門《さもん》、右門《うもん》、左治衛《さじえ》、右治衛《うじえ》、士須衛《しずえ》、左中《さちゆう》、右中《うちゆう》、<br>左平《さへい》、右平《うへい》、左内《さない》、右内《うない》、文内《ぶんない》、喜内《きない》、左膳《さぜん》、右膳《うぜん》、<br>小膳《こぜん》、多宮《たみや》、中記《ちゆうき》、軍記《ぐんき》、清記《せいき》、相馬《そうま》、数馬《かずま》、平馬《へいま》、<br>兵馬《ひようま》、復馬《ふくま》、藤馬《とうま》、行馬《ぎようま》、形馬《ぎようま》、左治馬《さじま》、加治馬《かじま》、<br>志津摩《しづま》、求馬《もとめ》、司馬《しば》、多門《たもん》、宮門《くもん》、波門《はもん》、音門《おんど》、<br>織衛《おりえ》、織居《おりい》、織之助《おりのすけ》、伊織《いおり》、男依《おより》、男也《おなり》、男吏《おのり》、<br>要人《かなめ》、音人《おんと》、丹宮《たんぐう》、丹下《たんげ》、丹領《たんりよう》、丹礼《たんれい》、丹弥《たんや》、門弥《もんや》、<br>弥刑部《やぎようぶ》、鵜殿《うどの》、采殿《うどの》、宇祢《うね》、蔵主《くらんず》、一学《いちがく》、外学《がいがく》、<br>弾番《だんば》、将殿《しようでん》、典礼《てんれい》、典女《てんじよ》、主祢《しゆね》、主尾《しゆび》、衛守《えもり》、江漏《えもり》、<br>多仲《たちゆう》、浪江《なみえ》、兎毛《ともう》、久米《くめ》、頼母《たのも》、岩男《いわお》、自然《じぜん》、<br>大所化《おおしよけ》、小所化《こしよけ》、半外《はんげ》、平角《ひらずみ》、矢柄《やがら》、真柄《まがら》、梅于《ほや》、<br>古仙《こせん》、茂手木《もてぎ》、武極《ぶきよく》、牧太《まきた》、求官《ぐかん》、正遺《しようい》、信像《しんぞう》、<br>肥富《ひふ》、司書《ししよ》、諸領《しよりよう》、首令《しゆれい》、申芸《しんげい》、文庫《ぶんこ》、遠炊《えんすい》、此面《このも》、<br>衛士《えじ》、亘理《わたり》、亘《わたり》、中《なか》、斎《いつき》、恰《あたか》、転《うたた》、蔀《しとみ》、多治見《たじみ》、<br>能登呂《のとろ》、隼之助《はやのすけ》、愛之助《あいのすけ》、小源太《こげんた》、左源太《さげんた》、右源太《うげんた》、<br>一間多《いつとうた》、逸刀太《いつとうた》、喜間太《きまた》、伊集院《いずい》、雲林院《うじい》、物集女《もずめ》 |

**図表 1-7　近世に使用される主な百官名**

出典：文久 4 年（1864）刊『新撰大日本永代節用無尽蔵』記載の「京百官名尽」「東百官名尽」を主として、享和 2 年（1802）刊『連璧古状揃倭鑑』、天保 8 年（1837）刊『書状手習鑑』、嘉永元年（1848）刊『初学古状揃万宝蔵』、安政 6 年（1859）刊『文宝古状揃大成』、文久 2 年（1862）刊『消息往来』などをもとに作成した。なお、京百官にも正式官名とは異なる読みが通用しているものがある。たとえば正式官名の蔵人は「クロウド」と読むが、百官名の蔵人は「クランド」と読む。

とき、ここから「下司」を省いた「播磨」とか「玄蕃」というのを代わりに名前として使用するようになった。「小杉内膳正《ないぜんのかみ》」は勝手に名乗れないが、「小杉内膳」なら、官名を僭称していることにならない――というわけである。もっとも国名も百官名も、他の名前と同様、ただ個人の好みや先例によって選択するのであり、「内膳」とか「播磨」とかの言葉の〝本来の意味〟はほとんど意識されることがない。

こうした擬似官名は、主に上級武士などの名前の選択肢として定着し、①正式な官名に次ぐ格式の高い名前とみなされるようになった。極端にいえば、①正式な官名を名乗れるほどではないが、それなりに偉いと判断される必要がある人物が名乗るもの、とみなされた。

幕臣なら旗本らが主に使用し、大名の家来では多く家老とか重職にある者が用いた。ただし家老でも③一般通称を名乗る者もおり、国名・百官名の使用者が、常に③一般通称より上の身分だ――というような絶対的指標になっていたわけではない。

ただ普通の何兵衛さんたちより偉そうだな――事実偉いことが多い――と判断させる効果は十分に持っており、多くはその目的をもって使用されたのである。そのため与力《よりき》・同心《どうしん》などの下級武士や一般庶民は、国名や百官名をその身分にふさわしくない名前として遠慮しており、ゆえなく使用しないのが常識となっていた（そのため時代劇の町奉行所同心「中村主水《もんど》」〈架空の人物〉は、当時の常識ではまずあり得ない分不相応な名前である）。

### †東百官

京百官名より派生して、これと同等、あるいはやや下の格式の名前として使用されたのが、東百官である（前掲図表1－7）。

江戸時代には、一〇世紀に平将門《たいらのまさかど》が関東で作った官職名に由来する、などという虚説が付会《ふかい》されたが、実際には中世末期以降に出現したものである。

左膳《さぜん》とか数馬《かずま》とか一学《いちがく》などと、京百官の語感を真似た、いわば〝百官名っぽい〟だけの名前で、官名僭称から派生したものであるらしい。語感を真似ただけであるから、言葉そのものには最初から何の意味もない。

前掲図表1－7には江戸時代後期までに増殖した主な東百官を挙げた。京百官と違い、由来そのものの怪しさから、使用すべきでないという有識者の意見もあったが、一般には京百官とも混用されたのである。

### †東百官の変形・増殖

京百官は実在の官名をもとにしているから、その種類が増えることはない。しかし東百官は京百官の語感の真似から発生しているため、時代とともに語感・語尾の似た新種の名前を生み出し、増殖し続けたのである。

表には入れていないが、例えば九十九《つくも》という名前は、頼母《たのも》や此面《このも》あたりの語感の類似から派生したものであろうし、多宮《たみや》を民弥《たみや》、田宮《たみや》などと別の字でも書いたりした。また半弥《はんや》、甚弥《じんや》、為弥《ためや》、金馬《きんま》、覚馬《かくま》、五十馬《いそま》などと、～弥や～馬で終わる名前の増殖ぶりは、もう③一般通称の〝お尻〟に分類してよいほどになっている。実際江戸時代後期になると、～弥は格の高い名前としての意味はなく、庶民にも普通に用いられた。ただし～馬は江戸時代の後期になっても、庶民はほとんど用いない傾向がある（むろん皆無ではない）。

武鑑に記載された陪臣《ばいしん》（大名の家来）の名前を見ると、岡田貢《みつぎ》、竹内肇《はじめ》などという、一字三音の新種の名前（通称）が近世中期頃から出現し、新《あらた》、操《みさお》、環《たまき》、司《つかさ》、保《たもつ》、栄《さかえ》、屯《たむろ》などと次第に多様化・増殖していく（これは次章で述べる「名乗《なのり》」〔実名《じつみょう》〕ではなく「通称」である）。江戸時代中期以前にはほぼ見かけない新種の名前であり、主に陪臣から発生・増加する傾向にある。

これらの起源は不明だが、百官名の要人《かなめ》を要《かなめ》、斎宮《いつき》を斎《いつき》、亘理《わたり》を亘《わたり》と一字に書いたり、また亘を渡《わたり》と書くなど変形の例が江戸時代中期より生じており、東百官の語感の真似から広がった、いわば東百官の変形種であるらしい。なお月岡諫見《つきおかいさみ》（幕末期・公家久世家の家来）

のように一字三音の「勇《いさみ》」を二字に分解した表記など、同訓でもバリエーションがある。

ちなみに幕臣、殊《こと》に旗本・御家人は、こうした東百官の変形種をあまり名前に用いない傾向がある（主に昔ながらの通称を襲用するためであろう）。東百官の変形種は、およそ百官名未満で一般通称よりやや上、という程度の位置づけといえる。

国名・京百官はもちろん、東百官やその変形種は、江戸時代後期になっても一般の百姓・町人の名前に、ほぼ使用されなかったのが特徴である。村に「百姓兵部《ひょうぶ》」「百姓豊後《ぶんご》」などという、百官名や国名の人物が存在する場合、何かしらの由緒がある、村内で認知された旧家の百姓や神職（第三章）などであることが多い。擬似官名は同集団内において他者より偉いことを示すために使用されたのである。

以上の②擬似官名について、ここでは大枠を押さえてほしい。例外的なものについては、第四章で述べることになる。

### †恨めしきまなざし

江戸時代、普段使用される「名前」である通称には、①正式な官名、②擬似官名、③一般通称という、格式の違いが存在した。「名前」がその人物の社会的地位や職を示す役割を帯びている。「名は体を表す」のが常識とされた時代であった。

一方で「信濃守」「玄蕃」「源右衛門」などという「名前」の文字・官名に含まれる〝本来の意味〟は、ほとんど意識されなくなっていた。正式な官名ですら、空しい「叙任」手続きなどにその〝本来の意味〟の残滓《ざんし》を漂わせるのみになっている。そうした一般の慣習・常識が、江戸時代の「名前」を特徴づけていたのである。

武士も百姓も町人も、そんな「名前」の常識を共有する世界に暮らしている。そこに何の疑問も抱かず、何の不便も感じていない。しかしこうした一般における「名前」の常識に対して、物陰から恨めし気なまなざしを向ける一団がいたのである。

〝彼ら〟はこの常識に対して、「違う…違う…」「…本来は…そもそも…」と、ぶつぶつひとりごちている。しかし大半の人が受け入れている常識に対し、極めて少数派である〝彼ら〟が、この現状を〝是正〟することなど、到底思いもよらぬことであった。

もし、お椀《わん》と箸《はし》を使って食事をする現在の〝常識〟に向かって、「太古の昔、人間は素手で食事をしていたんだ。手で食べよう。それが人間本来の正しい食事だ」といったところで、「そりゃあ往古《おうこ》は左様《さよう》でござりましょうとも。しかしながら当今《とうこん》では、椀と箸を用いるのが礼でござります」――と、〝常識〟は笑いを堪《こら》えながらそう応じて、全く歯牙《しが》にかけもしまい。せいぜい数少ない仲間うちで、その〝正しい食事〟とやらを実行し、満足するよりほかはない。

その主張が〝正しい〟としても、それは過去の習慣、過去の正しさに過ぎない。目の前にある現実世界では、それとは違う常識が、既に大多数に受け入れられている。少数派の〝彼ら〟が、自身の理想を多数派に押し付けることなど、できはしないはずであった――。

次章でも江戸時代の一般常識を語り続けよう。武家や一般で「名乗」、あるいは「実名《じつみょう》」「諱《いみな》」と呼ばれたもの、そして「姓《せい》」「本姓《ほんせい》」などといわれたものについてである。この二つを合わせて「姓名《せいめい》」ともいう。こちらをみている〝彼ら〟に向けて、あえていおう。

「「姓名」は人の名ではない」

――と。〝彼ら〟は怒り狂うだろうが、それはどうしようもない現実だったのである。

第二章

# 「名前」にあらざる「姓名」

『文章古状揃大成』（安政6年刊、個人蔵）

# 1　名乗書判の常識

## †「名乗」とは何か

江戸時代に市販された「武《ぶ》鑑《かん》」という大名・幕臣名鑑には、大きく分けて「略《りゃく》武鑑」と「大《だい》武鑑」と呼ばれるものがある。「略武鑑」は『袖珍《しゅうちん》武鑑』『袖玉《しゅうぎょく》武鑑』などの書名で、毎年情報が更新される懐中本、つまりポケットサイズの一般的実用品である（およそ一五〇頁。第一章写真1－2が、「略武鑑」での大名記載の例）。「大武鑑」はより詳細な情報を載せたもので、通常四冊組・合計一〇〇〇頁程度にも及ぶ。写真2－1は大武鑑である天保二年（一八三一）刊『天保武鑑』のうち、七七万石の大大名、薩摩鹿児島城主松平大隅守《まつだいらおおすみのかみ》の記載箇所である（苗字は島津《しまづ》。松平の称号を許されている）。

ここでは「名前」の記載箇所だけに着目してほしい。略武鑑なら「松平大隅守」と記載される箇所に「松平大隅守斉興」と書いてある。大武鑑では「斉興《なりおき》」という情報が「名前」に接続して記載される。他の大名も土井大炊頭利位《おおいのかみとしつら》、青山下野守忠裕《しもつけのかみただひろ》などと書いてある。

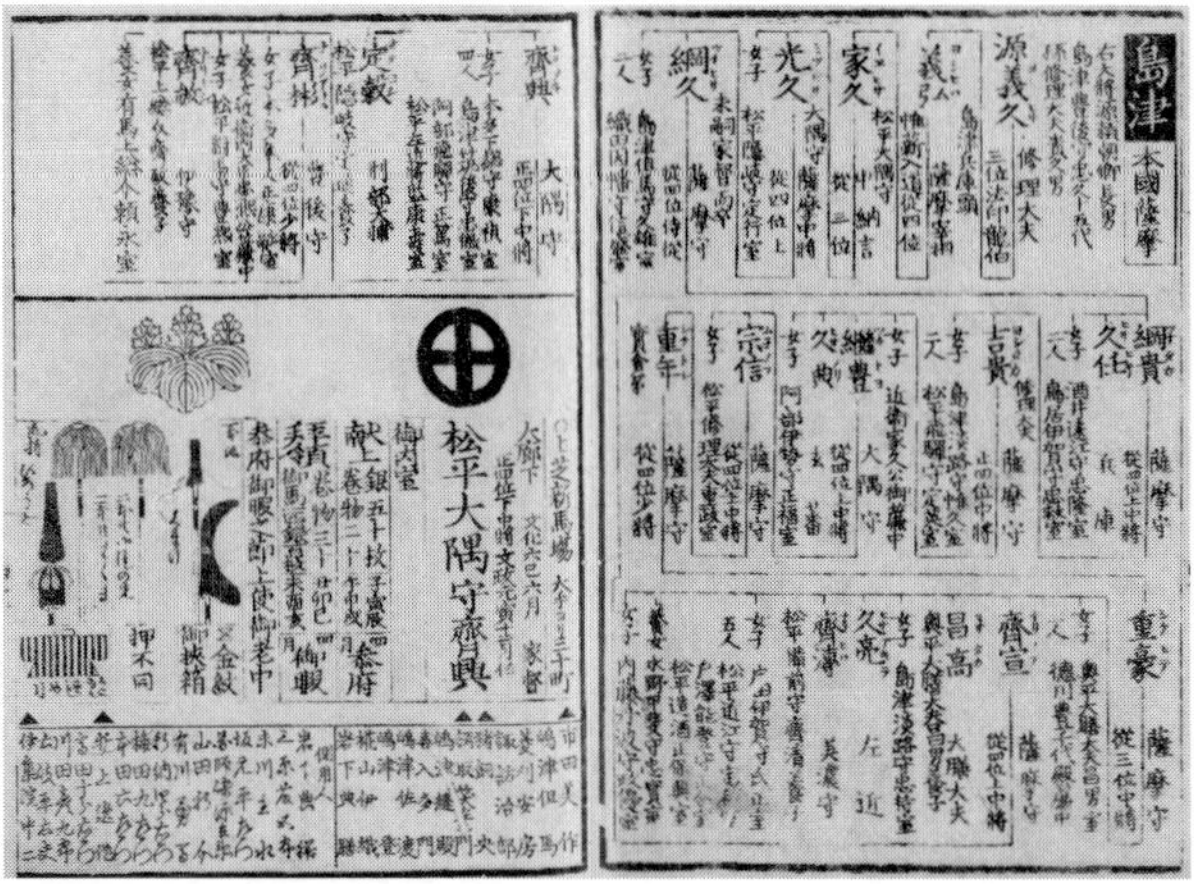

**写真 2-1　大名の武鑑記載での「名乗」**
出典：天保 2 年（1831）刊『天保武鑑』（国立国会図書館所蔵）

この「斉興」「利位」「忠裕」などを、江戸時代の武家や一般では「名乗《なのり》」と呼んでいる。現代社会で「忠裕」といえば、間違いなく人の「名」である。けれども、江戸時代に「私は青山下野守忠裕だ」などと「名前」に「名乗」を接続して、それを自分の名として名乗ることはない。また「忠裕」と人から呼ばれることもない。

　大名や旗本が自分の名前を手紙で書く場合、身近な人間にはただ「下野守」とか「助三郎」とか、通称だけを書き、いわば普段のフルネームとしては、苗字を加えて「青山下野守」「井澤助三郎」などと書く。他人も相手を呼ぶのにこうした「名前」だけを用いる。それが江戸時代の武家や一般における常識である。

「名乗」は〝本来の意味〟から「実名《じつみよう》」「名《な》」「諱《いみな》」ともいう。現代語では偽名や芸名などに対しての本名を「実名《じつめい》」というが、ここでの「実名《じつみよう》」はそんな現代語とは全く関係がない別の語彙である。現代人の語感で「実の名前」などと早合点《はやがてん》しないよう注意してほしい。

大武鑑が「名乗」を「名前」に接続して提示するのは、それが〝本来の意味〟に基づけば人名の範疇《はんちゆう》であることによるが（第三章）、「名乗」も〝本来の意味〟と一般における人名の常識とがかなり乖離しており、江戸時代独特の使われ方が定着していたのである。

結論からいえば、「名前は名前で、名乗は名乗」である。「名乗」は「名前」としては日常世界では使わないし、その機能も有していない。両者は全く別の用途のもとで併存していたのである。

## †名乗はいつ・どこで使うか

写真2-2は、老中などを務めた大名である松平右近 将 監《まつだいらうこんのしようげん》が、堀大和守《ほりやまとのかみ》（信州飯田城主）に宛てた書状である。鄭重《ていちよう》な書面の場合、差出人は名前を書いたうえで、そこにサインを加える。このサインのことを「名乗書判《なのりかきはん》」という。「書判」は「花押《かおう》」ともいわれ、本人による直筆のサイン――ということになっている。

名乗書判とは、写真2-2のように「松平右近将監」という「名前」の左下に、「武元《たけちか》」

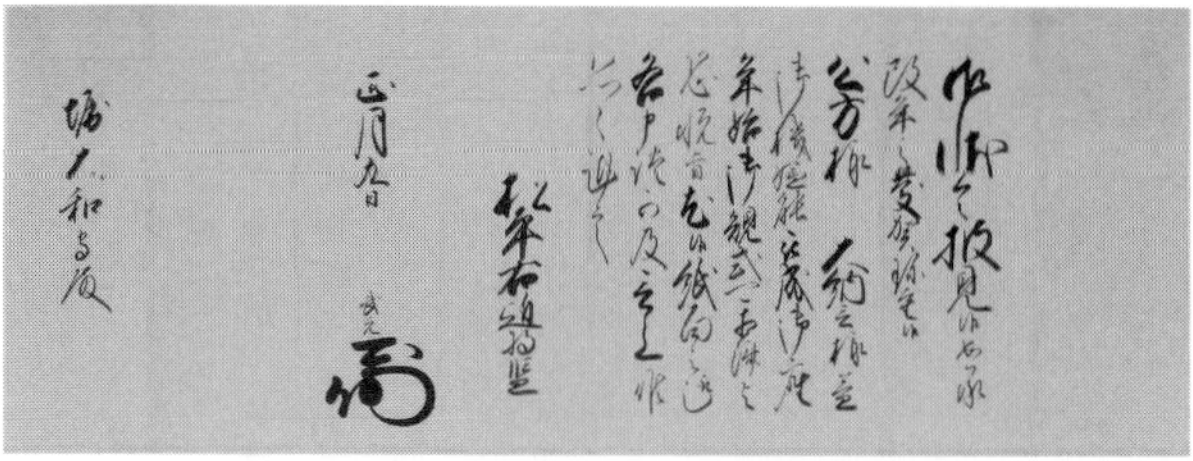

名前・名乗・書判箇所の拡大

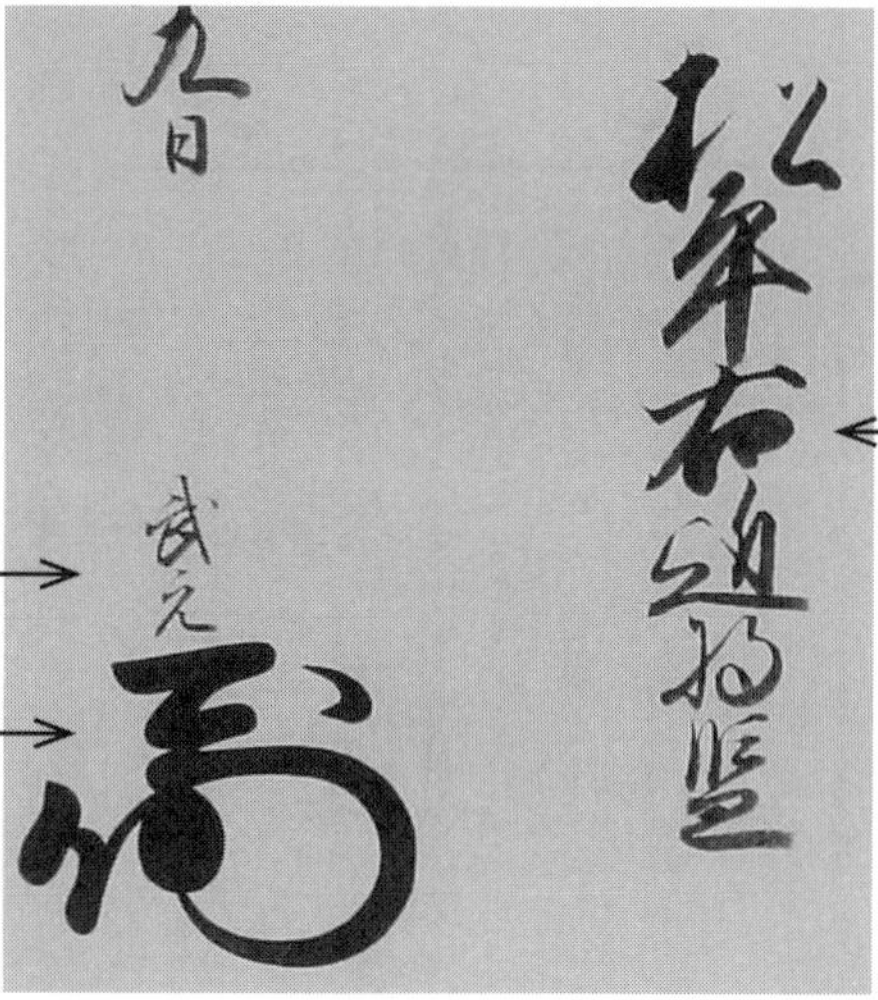

名前

名乗

書判（花押）

**写真 2-2　書状における名乗書判**

出典：松平武元書状（早稲田大学図書館所蔵）なお、当然ながら宛名は「堀大和守殿」と「名前」のみを書いて、差出人が相手の名乗を書くことはない。

という名乗と書判を据《す》えることである。武家や一般において、名乗はそれ単独ではなく、書判の上に乗せるように小さく書き、セットで使用するのが基本形であった。

江戸時代の武家や一般が対外的に「名乗」を使う機会はこうしたよほど鄭重な書面などでの「名乗書判」にほぼ限られる。普段「井上越中守」や「井沢勝之助」という「名前」を知っていても、お互いの「名乗」は知らないことのほうが普通である。

庶民でもカッコいいサインとして、自分の名乗書判を決めておくのは自由である。ただ、武家と交際があるとか、よほど富裕な町人などを除き、名乗書判を据えた書面を対外的に出す機会自体がない。

くどいようだが、自ら「どうも、私が武元です」と発言したり、「武元どの！」などと呼ばれたりすることは、武家や一般では絶対にない。「名乗」を「名前」の用途に使うことがないのが、この時代の一般常識である。別に「名乗で呼ぶのは失礼だから」などという意識によるものですらない。「名前」と「名乗」とは、用途が全く違うのである。

## †誰も知らない名乗

江戸時代、武家や一般における「名乗」は、「名乗書判」という、いわば特殊なサインの一部と化しているのが実情である。名乗は「名前」と違って戸籍にあたる宗門人別帳に登録も記載もされないし、武士ですら「名乗」を「名前」のように公に届け出て、把握・登録されること自体が原則ない。幕臣らが公式に提出する「明細短冊《めいさいたんざく》」(「明細書」)と呼ばれる履歴書では、自分や父・祖父の「名前」や自分の年齢・経歴などの情報を詳細に書くが、名乗はここでも全く書くことすらしない。支配側は各人を「名前」で把握するが、その人物の「名乗」はいちいち把握していないのである。

大名や諸大夫役を務める旗本の場合、官位の叙任などの際に使用するので(第三章)、名乗は必ず設定している。しかし普段人に呼ばれ、呼びもする「名前」と異なり、「名乗」は日常必須の情報ではない。そのため「略武鑑」などでは、「名乗」は優先度の低い情報としてあっさりと省略されるのである。

武家では元服までに、あるいは遅くとも元服の時に設定するのが普通とされた(文化六年〔一八〇九〕刊『小笠原諸礼大全』)。だが実際には設定していない者、また設定しても、あまりに使わないから自分の名乗の読みかたを忘れた者、さらには本人の死後、息子や孫が父や祖父の「名前」はわかっても「名乗」がわからない、ということも生じていた。

そのため大名・旗本の公式な系図集である『寛政重修諸家譜』をみても、「名前」や経歴が詳しく書いてあるのに、「名乗」が不詳であるため「某《なにがし》」と記載された人物が、下級の旗本には少なくないのである。

| 宣雄《のぶお》 | 宣以《のぶため》 | 宣義《のぶのり》 |
| --- | --- | --- |
| 平蔵 備中守 | 鉄三郎 平蔵 | 辰蔵 平蔵 山城守 |

図表2-1　長谷川平蔵の名乗

## †名乗と帰納字

「名乗」には通常、漢字二文字を用いるのが例であった。二字のうち上の字を「父字《ちち(ふ)じ》」、下の字を「母字《はは(ぼ)じ》」という。「武元」なら武が父字で、元が母字である（父・母の名前との関係があるという意味ではない）。このいずれか一字を代々継承して使用するのが名乗の通例で、その一字を「通字《つうじ》」という。

例えば先に登場した三人の「長谷川平蔵」の名乗は宣雄《のぶお》―宣以《のぶため》―宣義《のぶのり》で、「宣」という父字を通字に用いている（図表2－1）。ちなみに宣雄以前の先祖の名乗も、宣次《のぶつぐ》―宣元《のぶもと》―宣重《のぶしげ》―宣就《のぶなり》―宣安《のぶやす》―宣尹《のぶただ》である（ここには養子も含む）。江戸時代の名乗は、このように通字を継承して作る。例外としては、古くから名乗に棟《たかし》・政《まさし》・清《きよし》・致《いたる》など漢字一字を用いた一族もおり、これを一字《いちじ》名《な》乗《のり》という。だがおよそ一般には、名乗は必ず「名乗字《なのりじ》」とも呼ばれる二字の漢字によって構成される。

二字のうち一字は、必ず通字であるのが原則だが、もう一字はどのようにして選んだのか。江戸時代の場合、反切《はんせつ》・帰納《きのう》と呼ばれる方法がかなり普及していた。

反切は「字を返《かえ》す」ともいい、「二字の音を一つにして一字の音にすること」である

（『貞丈雑記《ていじょうざつき》』ほか）。例えば「貞丈《さだたけ》」（テイジョウ）という名乗を反切すると

「長《ちょう》」という字が導き出される。反切により導き出される文字を「帰納字《きのうじ》」といい、これに吉凶があると説いて、縁起の良い帰納字になるように名乗字を設定したのである。

反切は中国の古い漢字の音に基づいて得られ、一二世紀南宋時代の『韻鏡《いんきょう》』という書物が基礎文献として用いられた。反切・帰納には、この書物に通じた「韻学《いんがく》」と呼ばれる専門知を必要としたため、それは当時においても、素人には容易に知り得ない。

さらに名乗の設定には、人間がその生まれた年月日によって、木性《もくしょう》・火《か》性・土《ど》性・金《きん(ごん)》性・水《すい》性の五種類に分かれるという五行思想《ごぎょう》も加味され、各人は自分の性に応じた字を選ぶべきとされた。さらには名乗字の画数によって易《えき》の卦《け》を求めて、その吉凶も意識された（ちなみにこの五行思想は、一般通称の「名頭」の決定にも使用された）。

## †書判の設定

江戸時代の書判には、「名乗」の帰納字を崩したものを用いる習慣も広がっている。名乗書判の設定方法を解説した『印判秘決集《いんぱんひけつしゅう》』（寛保三年〔一七四三〕刊）や『韻鏡反切《いんきょうはんせつ》名判集成』（文政五年〔一八二二〕刊）なども出版されており、これらの書物には、名乗が「路賢《みちかた》」なら帰納字の「連」、「為知《ためのり》」なら帰納字の「移」をもとに書判を作成した例など

が示されている（写真2－3）。書判は単に帰納字を崩すのではなく、運命などを司《つかさど》る「七《しち》点《てん》」があると説かれ、さらに適切な「穴」の数があるといい、もとの字がわからないほど複雑な形になっていた（写真2－4）。

名乗も書判も、本人が自分で決めるのが原則である。だが今も昔も、名前に運勢占いは

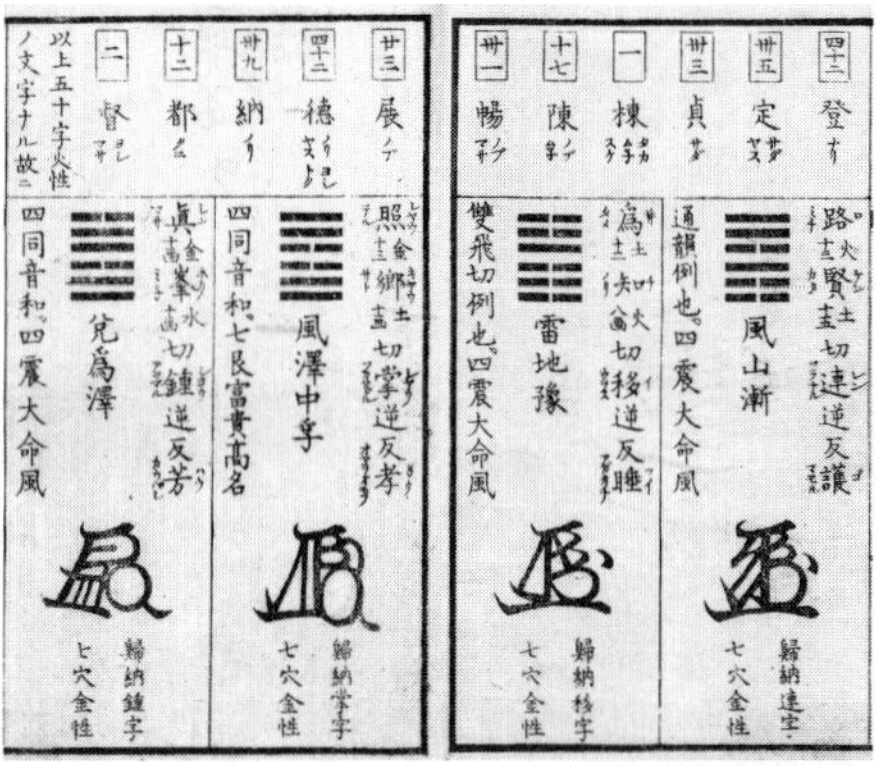

**写真2-3　名乗と書判（花押）**
出典：文政5年（1822）刊『韻鏡反切名判集成』

**写真2-4　書判（花押）の構造**
出典：寛保3年（1743）刊『印判秘決集』。「信」の字を花押にした例。上段が七点を示す。七点とは、第一「命運点」・第二「敬愛点」・第三「福徳点」・第四「住所点」・第五「智慧点」・第六「眷属点」・第七「降魔点」とされる。

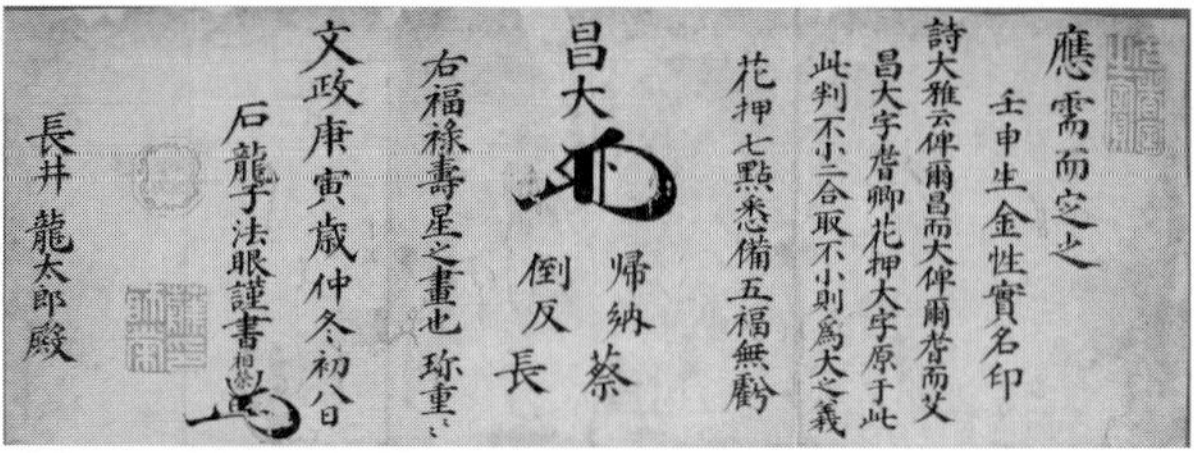
應需而定之
壬申生金性實名印
詩大雅云俾爾昌而大俾爾耆而艾
昌大字耆卿花押大字原于此
此判不小二合取不小則為大之義
花押七點悉備五福無虧
昌大
帰納 蔡
倒反 長
右福祿壽星之畫也 珎重〻
文政庚寅歳仲冬初八日
石龍子法眼謹書
長井 龍太郎殿

**写真 2-5 「名乗」は専門家に決めてもらう**
文政 13 年（1830）、旗本の長井龍太郎が、観相家の石龍子法眼（相栄）に名乗「昌大」と書判を決めてもらったときの折紙（早稲田大学図書館所蔵）

つきものである。こだわればこだわるほど、そこにはある種の専門知が必要になる。そのため韻学の知識がある学者、あるいは易占《えきせん》・観相《かんそう》の専門家に依頼して、名乗書判をセットで作ってもらうことも広く行われた（写真2－5）。

『印判秘決集』や『韻鏡反切名判集成』には、他人の名判（名乗書判）を考えて渡す書面の書き方までも解説されている。反切・帰納は江戸時代以降盛んになったもので、「迷信だ」と非難する声もあったが、その非難の存在自体が、その習慣が広がっていた反証でもある。

ただし実際の名乗書判の例をみると、帰納字ではないものや、母字を崩して書判にした例もかなり多い。例えば「貞《さだ》義《よし》」という名乗なら「義」という母字を崩して書判にするわけである。その場合、書判の上には「貞」と名乗の父字だけを書くのが普通である（名乗と書判を合わせて「貞義」と書いたことになる）。当然ながら全ての人間が反切・帰納を意識したわけではない。迷信を信じるか否かは、その人次第である。

また「偏諱《へんき》」というものがある。これは貴人から名乗の一字を下賜《かし》されるもので、例えば先ほどの写真2−1をみると、島津家代々の当主は、光久《みつひさ》・綱貴《つなたか》・宗信《むねのぶ》・重豪《しげひで》・斉彬《なりあきら》などの名乗を名乗っている。これらは「一字拝領《いちじはいりょう》」ともいい、徳川将軍の家光・家綱・吉宗・家重・家斉などから一字を特別に与えられた名乗である。各大名もその家臣に対して自分の名乗の一字を与えることがあった。偏諱の下賜は大変名誉ある特典で、その一字がありがたいわけである。この場合は反切・帰納などの吉凶は意識されない（しょうがない）。

## †書判とは言うけれど

ちなみに書判のことを古くは「草名《そうみょう》」といい、もとは「道長《みちなが》」とか「良房《よしふさ》」とか、名乗（実名）そのものを草書体で自署したもののことを指した。つまり名乗イコール書判というのが本来の姿だが、江戸時代の武家や一般の常識では、「名乗」と「書判」とは分離している。

さらに書判はその名の通り、本人自筆のサインだったはずだが、江戸時代中期以降、書判を彫った印判（ハンコ）を用いることも広がった。

吉凶を意識した複雑な形の書判は、その都度《つど》、自筆できれいに書けるような代物ではない。さらに形式的な書状のやりとりが増加した大名などは、いちいち本人が自筆で処理できない。そこで次第に書判を彫刻した印判を用いるようになり、とうとうそれが普通になってしまった（書状の文面は大名の自筆であることは少なく、普通は祐筆《ゆうひつ》が作成する）。

ただし書判という建前であるから、ハンコの書判を捺《お》したあと、その上を墨でなぞり書きする習慣が残った。白抜き文字のように書判の輪郭だけを彫ったハンコを押して、中の白い部分を墨で塗りつぶす形式も多い。

大名などはこの塗りつぶし作業すら家臣に任せており、自らは家臣がわざと塗り残した楊枝《ようじ》の先ほどのところに、わずかに墨を入れるだけであったという。

さきに紹介した写真2－2の松平右近将監の書判も、外枠を彫刻したハンコである。写真ではほとんどわからないが、よくみるとハンコの外郭や墨で塗りつぶしたことによるムラも見出せる。「書判なのにハンコか。おかしいじゃないか――」

その意見は正しい。だが〝本来の意味〟と、江戸時代の一般常識とは、ここでも一致しないのである。大名の書判はハンコの書判であることがむしろ普通であった。これは「書判なんだから書かないとおかしい」という〝正論〟により、明治元年（一八六八）一一月二八日、明治新政府が諸侯に禁止の通達を出すまで、ごく普通の常識であり続けた。

――江戸時代には、〝本来の意味〟とも前後の時代とも異なる、この時代独特の人名の常識ができ上がっている。このことを常に念頭においてほしいのである。

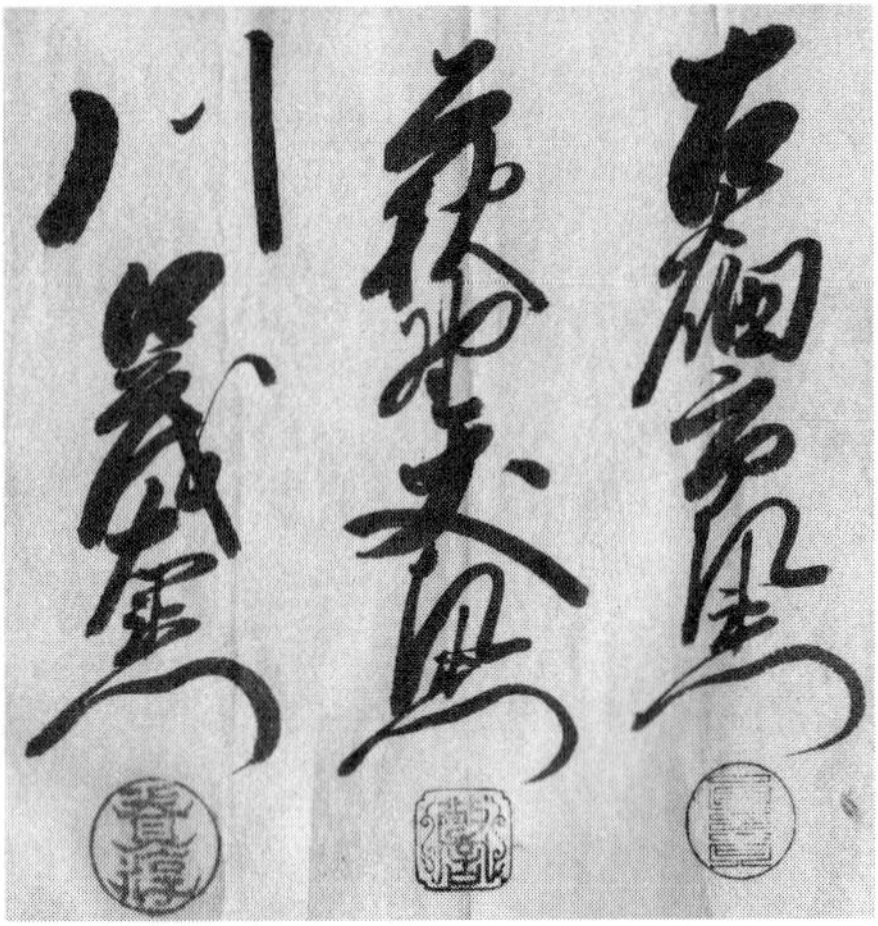

**写真2-6　実印と名乗（1）**
出典：明和3年（1766）10月「戌年免定」。川口茂右衛門の印は「資淳」、萩野丈左衛門の印は「敬言」と読める。

### 名乗と印形

名乗書判は、一般の百姓・町人にはまず必要がない。しかし彼らが必須ではない「名乗」を設定していなかったかどうかは、また別の問題である。

江戸時代の社会において、公的書面で必須のものとされたのが印形《いんぎょう》である。現代は印鑑《いんかん》というが、江戸時代には印、印形、印判《いんぱん》、判《はん》などといった（江戸時代の「印鑑《いんかがみ》」は押印した見本のことを指す）。

証文などの文書は、その文面や差出・宛名《あてな》に至るまで、たいてい代表者や書面作成を専門とする人物が作成したもので、いわばパソコンで作られた文書のようなものである。もちろん自分で全て書いたものもあるが、いずれにしても本人は自分の名前の下に判を据《す》える。この印を捺す行為によって、初めてその文書に効力が発生する。江戸時代は印形を重視し、そして多用した社会である。

たとえ自署でも無印であれば、それは後日に何の効力も持たない。

　武士は名乗書判を正式なサインとしながらも、やはり日常的には印形を用いた。総じて江戸時代と現代の印との大きな違いは、朱は用いずに専ら黒印（黒の印肉）であること、及び苗字や通称を印文にはまず使用しない、という二点であろう。印文は多くが篆書《てんしょ》で判読が困難なものが多く、他者に読ませることはほぼ意識されていない。

　武士の印形は、ほとんどが「名乗」を彫っている傾向がある（写真2-6）。一方百姓・町人などが使用する実印は「宝」「福」「亀」など吉祥字《きっしょうじ》を彫ったものが多いが、「忠重」「光冨」など、明らかに名乗を彫ったらしいものも、ごく普通に確認できる（写真2-7）。

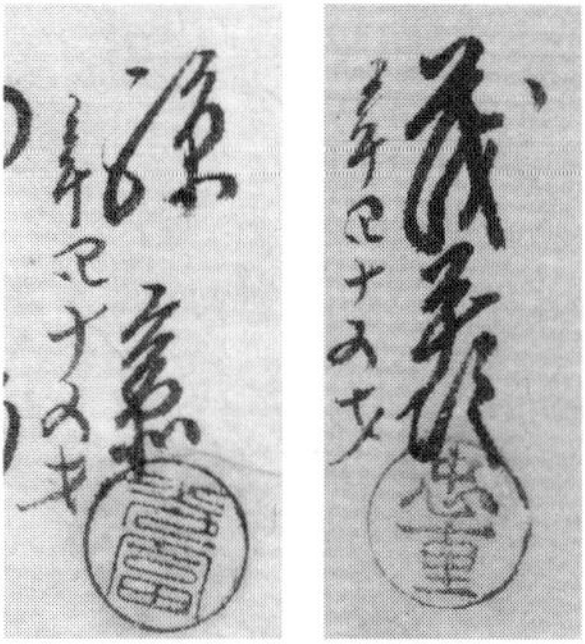

出典：天保13年（1842）「越後国魚沼郡木落村浄土真宗人別宗門御改帳」。右の「茂平次」の印は楷書で「忠重」、左の孫兵衛の印は「光冨」と読める。

出典：安政5年（1858）3月「永代売渡申田山林之事」。右の本泉村売主「民三郎」の印は「常明」と読める。

**写真2-7　実印と名乗（2）**

ただし百姓の場合は、代々「吉兵衛《きちべえ》」を襲名するように、先祖の印をも継承する襲印慣《しゅういんかん》行が作用するので、それが本人の「名乗」とは断言し得ない。例えば写真2-7で示した天保一三年（一八四二）越後木落村の百姓孫兵衛の「光冨」印は、慶応二年（一八六六）、次代の孫兵衛（先代孫兵衛の悴《せがれ》。もと門太郎）も同じ印を継続使用していることが確認できる。もちろん一代ごとに印を作り替える者もあり、やはり様々で一概には言えない。

名乗はサインや印文に使用する。そこには名乗が〝本来の意味〟で、人名であった歴史の残滓《ざんし》を見ることができる。だが「名乗」には普段用いる「名前」としての用途は完全になくなっている。それが江戸時代の一般常識となっていたのである。

## 2 本姓と苗字

### †本姓と称するもの

このほか大名・旗本などを中心に「本姓《ほんせい》」（「姓《せい》」）なるものが設定されている。その〝本来の意味〟は次章で述べるから、ここでは江戸時代一般での実情を理解してほしい。

先の大武鑑には、島津家の歴代当主の系譜が、源《みなもとの》義久《よしひさ》—義弘《よしひろ》—家久《いえひさ》などと書いてある（前掲写真2－1）。また略武鑑にも、各大名の名前の冒頭には「鍋島」というその家の苗字が見出しになっていて、その下に小さな字で「藤原姓《ふじわらせい》」という情報が載せてある（第一章の写真1－2）。大名や武家の場合は苗字とは別に、その家が源氏の子孫であるとか、藤原氏の子孫であるとか、そういう〝設定〟が存在したのである。

武家や一般では、「源」とか「藤原」とかいうものを「本姓」と呼び、「名乗」の上に接続して「姓名《せいめい》」を構成した。名前が「松平大隅守」で、名乗が「斉興」、本姓が「源」であるなら、「源　斉興《みなもとのなりおき》」という「姓名」を持つ、ということになる。

ただしこの「姓名」は、一般の「名前」のように日常的な人名としては使用されない。設定上、そういう「姓名」がある、とされるだけである。一見無意味だが、正式な官名を名前とする大名と一部の旗本には、人生で一度くらい必要になる設定であった（第三章）。

それ以下の武士や一般庶民は、本姓など使う機会もなく、設定も別に必要ない。だが名乗書判と同じように自己設定は勝手である。例えば町人の塩屋《しおや》吉兵衛《きちべえ》さんが、自分で名乗を「重孝《しげたか》」と決めたとしよう。そして代々源氏だという設定を決めて、自分の持ち物、例えば本の裏表紙に「源　重孝《みなもとのしげたか》」と書いてサインする。そんなかわいらしい使い方は全く自由で、誰も咎《とが》めはしない。いくらでも好きなだけ使ったらよい。

だが人から金を借りる借用証文を作成する際、彼が「源重孝」と書き、綺麗な書判を据えたとしよう。きっと相手は次のように言って怒り、これを受け取らないはずである。「名前を書け。そして印を押せ。お前の名前は「塩屋吉兵衛」だろう」と。「姓名」は、決して「名前」としては機能しないのである。

## †苗字の公称

苗字《みょうじ》は、江戸時代において「苗字」「苗氏《みょうじ》」「名字《みょうじ》」などと表記し、一般にはこれを「姓《せい》」とか「氏《うじ》」とも呼んでいた。呼称こそ混乱しているが、本姓と苗字のそれぞれは、決して混同されることはない。本姓は名乗に接続する。一方苗字は、いわゆる下の名前、つまり通称と接続して「名前」を構成する。用途が全く違うのである。

苗字は武士から一般庶民まで持っている。ただし武士は通称の上に苗字を付けて自らの「名前」に用い、また呼ばれもするが、庶民の場合、普段は通称だけを名前とし、自らはこれに苗字をつけたものを「名前」としては常用しない。

所属する村や町の名や「百姓」とか「大工」とか「庄屋《しょうや》」などの肩書を加えて、「何々町《ちょう》　孫三郎店《まごさぶろうだな》　善蔵」「何々村百姓武右衛門」「大工次郎作《じろさく》」「庄屋清兵衛」などと称する。商売人なら屋号をつけて「山崎屋忠兵衛」などとも名乗った。彼らに代々の苗字がないわけではない。それは名乗や本姓と同じように、設定があっても使わないものであった。

江戸時代には「苗字御免《ごめん》」という言葉があるように、支配側が苗字の公称を庶民に特別に許すことがある。これは栄誉ある特典であるとともに、社会的地位を示す身分標識としても機能した。ただしこの公称の意味を誤解しないように注意したい。

苗字の公称とは、簡単に言えば「役人や役所に対して、苗字を自ら名乗る、また苗字を加えた署名で書面を出すこと」といってよい。この公称は支配側からの許可を要するので、特別な栄誉の印《しるし》として機能したわけである。

ただ一口に苗字御免といっても、公儀《こうぎ》（幕府）許可の苗字御免は全国的に使用可能だが、大名・旗本など、私領主《しりょうしゅ》からの苗字御免は、公儀の奉行所などに出廷する場合には使用を認められないなど、効力の違いがある。たとえ百姓太郎兵衛《たろべえ》が自分の村を治める殿様から「鈴木太郎兵衛」と公称することを許されても、公儀の評定所《ひょうじょうしょ》などに出向いた場合、評定所は「百姓太郎兵衛」として扱い、絶対に苗字付きの名前では扱わない。苗字公称の免許は、その許可した者の管轄下でしか効力を有しないのが原則である。

また特定の「御用《ごよう》」（公務）限定で、苗字の公称を許された庶民もいる。例えば江戸佐柄《さえ》木《き》町の名主《なぬし》弥太郎《やたろう》は、幕府の御細工頭《おさいくがしら》の「御用」を務めている。この御用の時のみ「佐柄木弥太郎」と苗字付きの名前の公称を許されている。しかし町方支配の町名主としては、苗字の公称は許されていない。ゆえに町奉行の支配下にある町名主としての活動など、御細工頭の「御用」に関係しない場面では、苗字を公称せずただの「弥太郎」と名乗り、苗字有無の二種の名前を使い分ける。苗字御免による公称も、実はなかなか複雑なのである。

## †苗字の私称

庶民一般は「苗字御免」でなくても、私生活では苗字を使用することもある。支配側は公称以外の私称について、別に規制していないからである。

江戸時代の借用証文などをみると、苗字付きの百姓の名前を多く見出すことができる。ただし百姓の場合、主に宛名として苗字付きの名前が使用された例が多く、逆に証文の差出人として、みずから苗字付きの名前を日常的にいちいち書いた例はほとんどない。一般の百姓にとって、苗字は自ら名乗るのではなく、人から呼ばれるものとして用いられている傾向がある。

江戸時代後期、伯耆国河本郡《ほうきのくにかわもと》本泉《もといずみ》村には山崎千蔵《やまざきせんぞう》という大庄屋《おおじょうや》がいた。領主の役所からも「山崎千蔵殿」と呼ばれ、彼自身が役所に出した書面にも「山崎千蔵」と書いているから、苗字御免の百姓であるらしい。だが本人も村の百姓として、村内での証文類では「本泉村　千蔵」と書いており、私用では自ら苗字を称していない。これだけなら、彼は大庄屋の「御用」のみ苗字を称する、いわば使い分けを行っていたかに見える。

しかし彼が宛名になっている、他の百姓からの土地の売買証文――むろん全くの私用である――をみると、村や近隣の百姓たちは、彼のことを単に「千蔵殿」とか「当村　千蔵殿」「村ノ　千蔵殿」「本泉村　千蔵殿」などと書いていることが多いものの、そのなかには「山崎千蔵殿」と苗字まで書いたものも、結構な割合で混ざっている。

この苗字の有無は、何か明確な理由で使い分けられているのではなく、証文作成者の判断でしかない。「苗字を書いた方が丁寧」「相手に対して鄭重な態度にみえる」という程度の認識しか見受けられないが、この点については、もう少し別の例も挙げておこう。

### †武右衛門は気にしない

美濃国《みののくに》恵那《えな》郡千旦林《せんだんばやし》村は、辻原《つじはら》・中新井《なかあらい》・岩宿《いわやど》など、その他いくつかの集落から構成されている村である。

辻原に住む武右衛門《ぶえもん》は、苗字を「荻野《おぎの》」という百姓で、庄屋も務めていることがある。武右衛門宛の同集落や近隣の百姓からの金や米の借用証文、及び土地の売買証文が残っている。これをみると、「武右衛門殿」「辻原　武右衛門殿」「辻原　荻野武右衛門殿」と、山崎千蔵と同様に、全く同内容の証文でも、宛名の苗字有無は証文作成者の判断で、やはりまちまちである。

他集落の者が差出人である場合、武右衛門に「辻原」と集落名を肩書に記載するのは理解できるが、「荻野」という苗字は、同集落か他集落かを問わず、書いたり書かれなかったりしている。やはり苗字の有無に特段の理由を認め得ない。

そのなかで、ちょっとおもしろい証文がある。文化一三年(一八一六)一二月、同村中新井の伝蔵《でんぞう》が、米八斗を同村辻原の庄屋孫兵衛・武右衛門(孫兵衛は武右衛門の父親らしい)に借りた時の証文である。宛名として「辻原　孫兵衛様　武右衛門様」と書いたあと、武右衛門の左上に「御苗氏《ごみようじ》　失念《しつねん》」と書いてある(写真2-8)。

つまり「あなたのお苗字、忘れました」と、わざわざ書いているのである。むろん「すみません」という意味を含んでいよう。だが先に述べたように、別に苗字を書く必要はない。他の証文を見る限り、単に「辻原　孫兵衛様　武右衛門様」で十分なのである。しかし伝蔵の証文を作成した人物は、苗字を書かないと失礼かな――と思ったのだろう。ところがその苗字を忘れてしまったものだから、わざわざ「御苗氏　失念」と記入したわけである。少なくともこの証文作成者は、苗字を書いた方が丁寧でよい、という判断や意識があったことはうかがえよう。これに対して、武右衛門はどう思ったのだろうか。

弘化三年(一八四六)、同じ中新井の伊太郎《いたろう》も、武右衛門に金一分二朱《いちぶにしゆ》を借用し、証文を差し入れている。しかしその宛名は「荻野武兵衛殿」となっている。なんと伊太郎は、ご丁寧に苗字を書いたはいいが、肝心の名前を書き間違っている。だが武右衛門家の文書としてこれが今に残っている以上、武右衛門は別に気にせず受け取ったのであろう。

そんな武右衛門に、証文に苗字を書けとか書くなとか、そういう指示があったとは思えない。苗字を書こうが書くまいが、「苗字忘れた」と書かれようが、あげく名前を間違えられても、武右衛門はちっとも気にした様子がないのである。

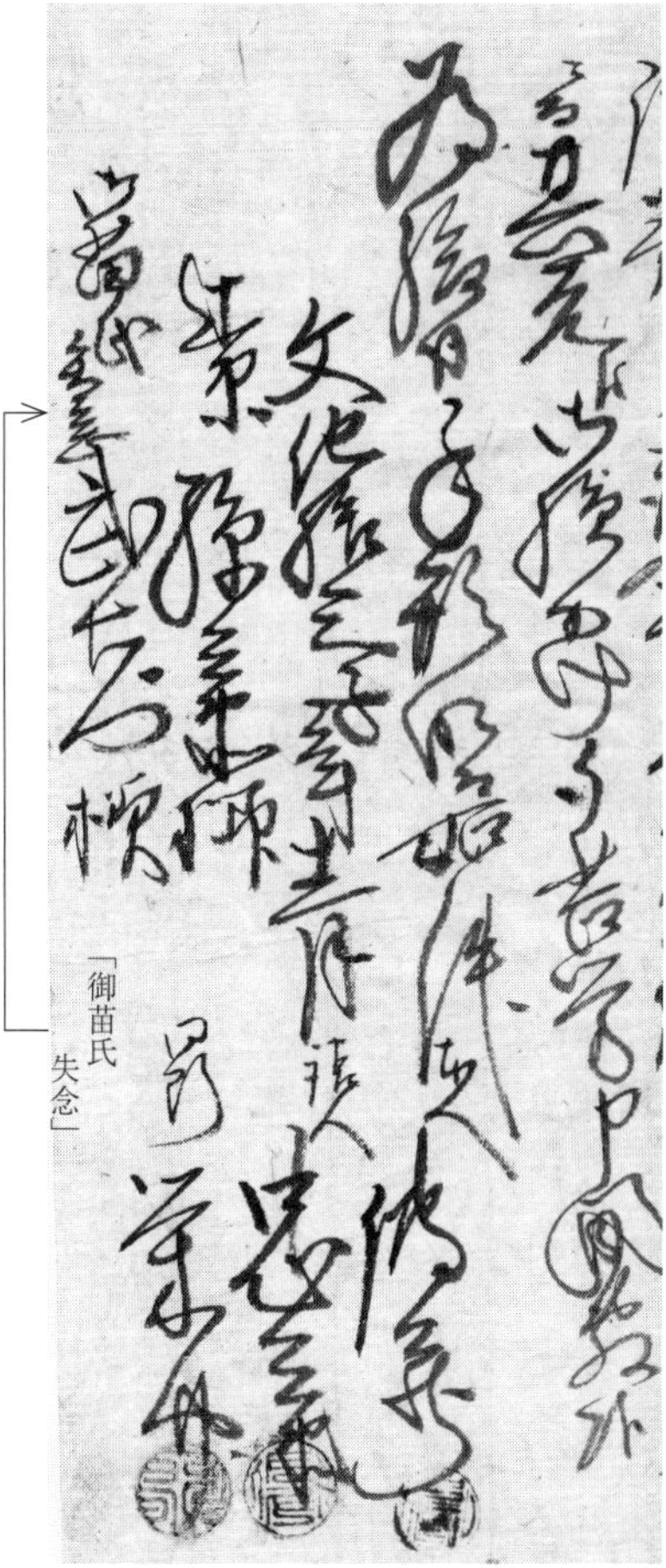


**写真 2-8　中新井伝蔵の借米証文（後半部分）**
出典：文化 13 年（1816）12 月「借用申米之事」。こんなことをわざわざ書いた例はあまりない。

## †通称と苗字の関係

村の古文書類を見る限り、百姓は苗字を「名前」の一部として、毎度いちいち書かねばならぬとか、自分の名前を構成する必要不可欠の要素だ、という意識はみうけられない。

現代人は、江戸時代の庶民の名前をみて、「苗字を書いていない」「書いてある」などと意識する。「権兵衛《ごんべえ》」や「太郎右衛門《たろえもん》」という「名前」が、絶対にあるべき「苗字」が足りない、不完全な人名の形だと思い込む。それは「氏＋名」という、二つの人名要素の組み合わせを、絶対に名乗らねばならない現代社会に生きる、現代人の視点——近代「氏名」の常識——にとらわれているからに他ならない。

実は江戸時代の百姓は、「氏名」の常識に生きる現代人のように、苗字＋通称を、絶対不可欠の人名の形として、そもそもみてはいないのである。江戸時代の名前は「通称」だけで十分である。「苗字」は「戒名」にくっつく「院号」のような修飾的要素であり、人名の必須の要素ではない。

「苗字」に対する認識、その用途には、江戸時代と近代以降とで、非常に大きな文化的断絶がある。

## †村内秩序と苗字

近代「氏名」成立以前の苗字を見つめる際、それが近代とは異なる社会構造を背景に存在していたことも踏まえねばならない。

百姓の苗字は、既に中世の村落社会の中で確認される。それは同地域・同村内に住む一部の同族間で共有しており、江戸時代においても、寺や神社などとの祭祀・信仰関係を含めた、村の内部秩序とかなり密接な関係があった。

江戸時代、領主などの支配側が「何々村百姓」と呼んで、村の一般百姓を一律同格のように把握していても、実際の村社会の内部構造は、支配側が関知しない、様々な家や集団の存在と、その序列によって成り立っている。草分けの旧家と、いわば新入りである新家との区別、同族集団、祭祀の宗派や集会での座順などなど……、村社会はそれぞれ極めて複雑で、上下の差別のない「平等」な村落など、万に一つも存在しない。

そもそも江戸時代において、「平等」なるものは美徳ですらない。むしろ何かにつけて「差別《しやべつ》」という秩序のある姿こそが、村落社会の平穏に必要不可欠だと考えられていた。

山城国乙訓郡石見上里村《やましろのくにおとくにいわみかみざと》では、戦国期より「小野一統《いっとう》」と呼ばれる「小野」という苗字を共有する一族がおり、村内の有力同族集団として存在している。ただしそのような有力一族でさえ、私的な証文類などでいちいち自ら苗字を記載し、他者に顕示することはない。

天明三年（一七八三）七月、石見上里村の庄屋であった元右衛門《もとえもん》（小野元右衛門）は、同村百姓藤左衛門《とうざえもん》らが神社に奉納する絵馬に、自ら「斎藤藤左衛門」などと苗字を記したことに対して怒っている。元右衛門は「由緒なくして猥《みだ》りに姓名《せいめい》を書記《かきしる》す事、甚《はなはだもつ》以て身を高《たか》ぶるの次第、言語道断」と叱責《しつせき》して、絵馬から苗字を削らせたのである。

これは後に村を追われる世襲の庄屋元右衛門の傲慢ぶりを示す逸話として記録された事件だが、背景には村内における旧家層と新興勢力層との対立構図がある。苗字を持つこと自体が否定されているのではない。苗字があるのは別に何の問題もないし、むしろ持っているのが普通である。ただ「由緒なくして猥りに姓名を書記す」つまり敢えて苗字を付けた名前を自ら他人に顕示すること、そこに旧来の村落秩序を乱す要素があるとみなされたのである。

江戸時代における「苗字」の私称は村内秩序と関係が深い。村役人を交代で務める特定の旧家層と、その他一般の平百姓《ひらびやくしよう》とを、村内での苗字使用の有無によって、明確に区別・秩序づけている村もある。村内部における苗字の用途には地域性もあって、これまた一概には言えない面がある。現代の「氏名」はもちろん、支配側による「苗字御免」とも別に分析されるべき性質のものだが、なおその研究は不十分なのが現状である。

ただ証文などでの苗字の使われ方を見るかぎり、庶民にとって苗字とは、総じて自分からいちいち他者に示すものではない。苗字は現代社会の各家の「家紋《かもん》」のように、先祖の設定したものが代々伝承されて存在している。それは公的に登録されたりはしないが、所属集団や関係者にはおおよそ周知されていて、他者がその人物に敬意を示すため、名前の上に付けて呼ぶもの、名乗るのではなく呼ばれるものという傾向が強い。江戸時代の「苗字」は、現代「氏名」の「氏」のあり方とは、全く異なる常識のもとで存在していたものなのである。

近代以降、こうした百姓たちの苗字も「人名の不可欠の要素」へと常識が変化する。その理由は、本書を最後まで読めばわかるはずである。

## †一般の人名常識

江戸時代、「名前」（通称、または苗字＋通称）が実質的な人名として機能している。だがそれとは全く別に、「姓名」（「本姓」と「名乗」）が存在していた。

武家や一般では、この「名前」と「姓名」の関係を次のように認識している。

――人名としては「名前」が何より先に存在している。「名前」が人名の本体である。

そこに「名乗」という要素が設定・付属されることがある。また「本姓」というものが設定されることもある。本姓は名乗の修飾的要素となって「姓名」（本姓＋名乗）を構成する。「名前」が主体で、「姓名」はせいぜい、「名前」の従属的・副次的要素である。「名前」は日常生活で人名として使用され、それを持たない人間はいない。自らこれを名乗り、他人もまたこれを呼ぶ。だが「姓名」はほとんどの人間に必要がなく、日常用いることもなく、生涯を通じて設定すらも必須ではない――。

ゆえに、「「姓名」なぞ、人の名ではない。「名前」というのが人の名なのだ」――それが江戸時代の武家や一般における、人名の常識であった。

しかし、これとは異なる常識を持っていた集団がいる。第一章の最後で述べた〝彼ら〟である。

〝彼ら〟とは、主に京都の朝廷《ちようてい》社会に属する公家《くげ》たちである。一般とは異なる、古い常識に拘《こだわ》り続け、自らの常識こそが〝本来の意味〟から正しいものだと考えていた。

つまり江戸時代の人名には〝彼ら〟による、もう一つの常識が存在したのである。

次章では江戸時代、朝廷社会における人名の常識を見よう。〝彼ら〟は一般常識とは、てんでちぐはぐな台詞《せりふ》をいうのである。

「「名前」なぞ、人の名ではない。「姓名」こそが、人の名なのだ」と――。

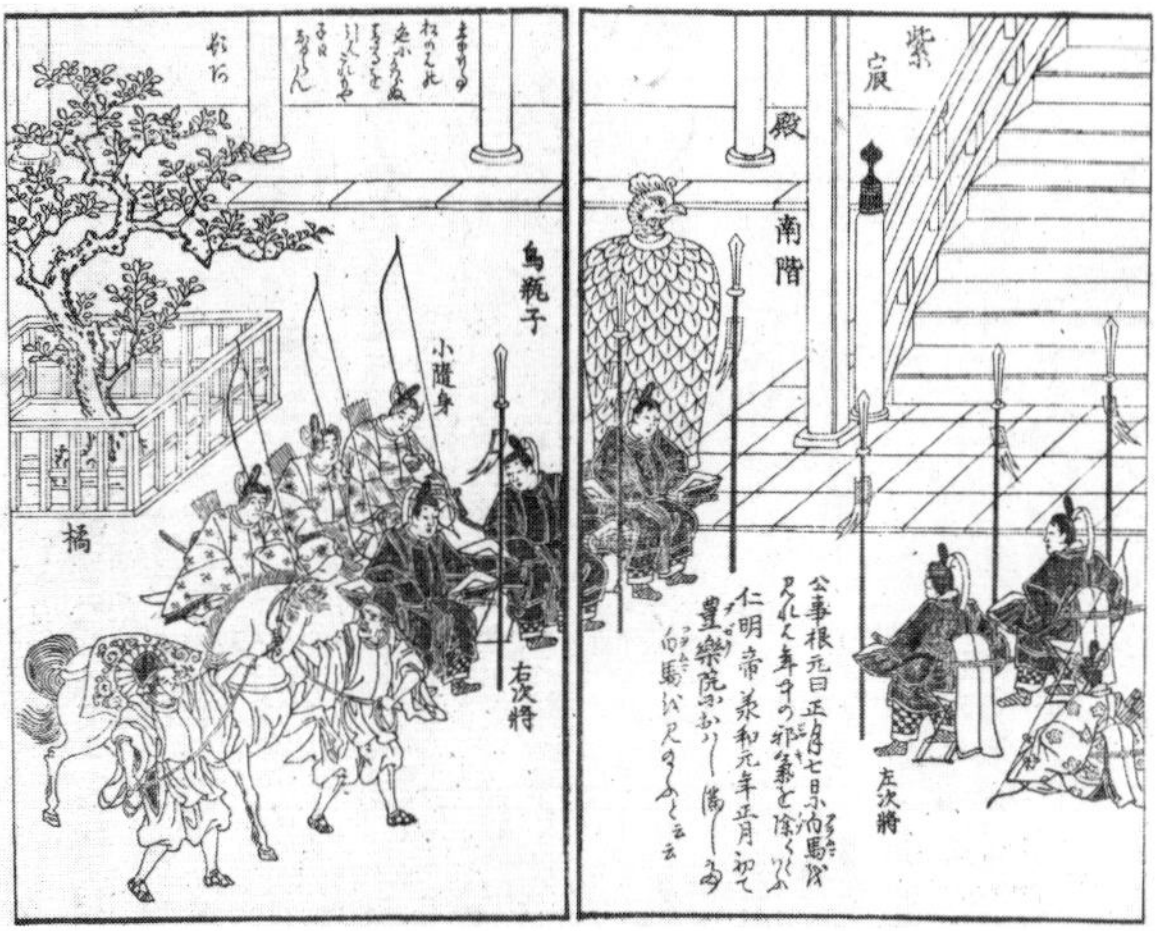


第三章

# 古代を夢みる常識

『京之水』(寛政3年刊、個人蔵)

# 1　朝廷官位と「名前」

## †朝廷社会の「名前」

京都の朝廷社会には、正式な官名を一般の「名前」の用途に使用する者たちが、局地的に多く存在した。

いわゆる公家《くげ》は一条左大臣《いちじょうさだいじん》、久我《こが》大納言《だいなごん》、小倉《おぐら》左少将《さしょうしょう》、七条三位《しちじょうさんみ》、唐橋《からはし》式部大輔《しきぶのたいふ》、竹内《たけのうち》肥《ひ》後権介《ごのごんのすけ》などと称し、また地下《じげ》と呼ばれる公家より下級の者たちも、入江《いりえ》駿河守《するがのかみ》、森島因《いな》幡介《ばのすけ》、進藤式部権少輔《しきぶのごんのしょう》、村上右兵衛大尉《うひょうえのたいじょう》、山本中務少録《なかつかさのしょうさかん》などと名乗っている。

彼らは叙位任官して、正式な官名を世間一般でいう「名前」にしている。官名を〝下の名前〟として使用する事実、及びそれが社会的地位を示す指標として機能していた点は、前章までに見た武家や一般の常識とも共通する。

だが朝廷で使用される正式な官名の種類は、武家官位とは比較にならないほど多種多様で、さらにその「官名」は「転任《てんにん》」などと称して変更も頻繁に行われた。なにより「名前」及び「姓名」に対する認識そのものが、一般常識とはかけ離れていたのである。

朝廷の常識と、一般社会の常識。異なる二つの常識の併存が、明治初年、人名をめぐる混乱の前提となる。本章では、彼らの常識をみていこう。

## †些末な拘泥？

天皇を戴く朝廷社会では、古代のあり方を理想とした習慣やこだわりがある。

例えば朝廷にも、一条、小倉、森島など「苗字《みようじ》」らしきものがある。その用途は事実でいえば苗字と同じものと化しているが、朝廷社会ではこれを絶対に「苗字」とは呼ばない。一般の「苗字」に相当するものを、朝廷では必ず「称号《しようごう》」と呼ぶ（現代語の「称号」とは、何の関係もない別の単語である）。本来の意味はさておき、江戸時代には「称号とは、近衛《このえ》・九条《くじよう》・二条・一条・鷹司《たかつかさ》の類《たぐい》の家号《かごう》なり。武家《ぶけ》方《かた》にはこれを名字《みようじ》といひ、公家《くげ》方《かた》には古《いにしえ》より称号といひたまふ」（享保《きようほう》三年〔一七一八〕刊『官職知要《かんしよくちよう》』）などと説明されるようになっていた。

武家の習慣で「苗字」（「名字」）といっているものを、朝廷では「称号」としかいわない――。それは決して呼称への些末《さまつ》な拘泥《こうでい》ではない。「名前」と「姓名」、そして官位をめぐる、朝廷に燻《くすぶ》る〝本来のあるべき正しさ〟への認識が反映された一例なのである。

こうした朝廷の常識を理解するには、「名前」のように用いられる「官位」について、その概要を見ていくことから始めねばならない。

## †江戸時代の朝廷位階

江戸時代、京都の朝廷を構成する諸臣《しょしん》には、摂家《せっけ》・堂上《とうしょう》・地下《じげ》の家《か》格《かく》が存在する。摂家（五《ご》摂家《せっけ》。摂関《せっかん》家ともいう）は江戸時代朝廷組織の統括者であった摂政《せっしょう》・関白《かんぱく》に就任する五つの家（近衛・九条・二条・一条・鷹司）で、その他の公家（堂上）より別格上位の家格であった。今日では摂家・堂上を合わせて堂上（いわゆる公家）と総称するのが一般的で、本書も煩《はん》を省《はぶ》く都合上、堂上・地下の二種に大別して説明する。

江戸時代における堂上と地下は、原則として不変の家格（固定された家の格式）であり、それぞれ叙《じょ》される「位階《いかい》」の範囲に、最初から最後まで明確な違いがあった。

位階とは、本来は朝廷が官吏に与えた序列を示す階級だが、江戸時代には、いわば貴族的ランクを示す用途で授与された（位階を与えられることを叙位《じょい》という）。

位階は平安時代に定められたもので、正一位《じょういちい》から少初位下《しょうそいのげ》までの三〇階があった（図表3－1）。正一位は現存の人間を叙位しない例で、江戸時代には従一位《じゅいちい》が実質的最上位である。正四位《じょうしい》以下は正四位上《じょうしいのじょう》・正四位下《じょうしいのげ》などと、それぞれ上・下の二階がある。位階の「正」の字は神階《しんかい》（神に授ける位階）のみを清音で「ショウ」と読み、人間の場合は必ず

「ジョウ」と濁音で読むのが古例である（『貞丈雑記《ていじょうざつき》』、宝永元年〔一七〇四〕刊『職原鈔参考』ほか。現在はすべて清音で読むのが普通）。

朝廷の衰微に伴い、中世末までに正六位上《じょうろくいのじょう》より下の叙位は行われなくなったが（文化二年〔一八〇五〕刊『冠位通考《かんいつうこう》』）、江戸時代中期以降七位の叙位が再興され、基本的に従一位〜正七位下《じょうしちいのげ》の範囲で運用された（例外的に従七位上《じゅしちいのじょう》・下の叙位も近世中期以降行われ、幕末には従八《じゅはち》位上《いのじょう》・下の叙位も短期間復活）。ちなみに皇族《こうぞく》（親王《しんのう》・宮門跡《みやもんぜき》）は位階ではなく品位《ほんい》に叙され、また僧侶には位階に類似した法橋《ほっきょう》・法印《ほういん》・法眼《ほうげん》という三段階の僧位《そうい》が与えられた。

| | 位階 | 家格 | |
|---|---|---|---|
| 1 | 正一位 | | |
| 2 | 従一位 | | |
| 3 | 正二位 | | |
| 4 | 従二位 | | |
| 5 | 正三位 | | |
| 6 | 従三位 | | |
| 7 | 正四位上 | 堂上 | |
| 8 | 正四位下 | | |
| 9 | 従四位上 | | |
| 10 | 従四位下 | | |
| 11 | 正五位上 | | |
| 12 | 正五位下 | | |
| 13 | 従五位上 | | 地下 |
| 14 | 従五位下 | | |
| 15 | 正六位上 | | |
| 16 | 正六位下 | | |
| 17 | 従六位上 | | |
| 18 | 従六位下 | | |
| 19 | 正七位上 | | |
| 20 | 正七位下 | | |
| 21 | 従七位上 | | |
| 22 | 従七位下 | | |
| 23 | （正八位上） | | |
| 24 | （正八位下） | | |
| 25 | 従八位上 | | |
| 26 | 従八位下 | | |
| 27 | （大初位上） | | |
| 28 | （大初位下） | | |
| 29 | （少初位上） | | |
| 30 | （少初位下） | | |

**図表 3-1　江戸時代朝廷位階の大概**

註：括弧は近世に叙位されない位階。地下の家格には、諸大夫・侍（並官人）・下官人の別があるが、本書では省略。地下での従三位、従七位、従八位の叙位例については本文参照。

### †越えられぬ一線

位階のうち、重要な線引きがいくつか存在する。その一つが五位（通常、従五《じゅご》位《い》下《のげ》を指す）である。五位に叙せられることを「叙爵《じょしゃく》」といい、これ以下とは明確な一線が引かれていた。次いで四位になると、その名に敬称（後述する名《な》乗朝臣《のりあそん》）を付けて呼ばれるほか、これまた五位との間に容易ならぬ一線があった。さらに従三位《じゅさんみ》以上は「公卿《くぎょう》」と呼ばれ、四位以下とは隔絶した地位とされる。なお参議《さんぎ》（後述）に任官すると、位階が四位でも「公卿」の列に数える例であった。

特に三位以上は「三《み》室戸《むろど》三位《さんみ》」「富小路《とみのこうじ》二位」などと、称号と接続して「名前」（称号＋位階）の用途にも使用された。他人からそう呼ばれるだけでなく、正式な官名と同じく自らも「三位」や「二位」を「名前」に用いる。無官の五位の堂上は「大夫《たいふ》」と称し、これも称号と接続して「愛宕《おたぎ》大夫」「柳原《やなぎはら》大夫」などという「名前」として用いた。

江戸時代の朝廷の位階は、その家格によって、最初に与えられる振り出しの位階（初《しょ》位《い》・初叙《しょじょ》）から、最後に到達できる上がりの位階（極位《きょくい》）までがほぼ固定している。堂上は必ず公卿に至る家格である。普通は童形《どうぎょう》（子供の頃）の時点で叙爵されるので五位が振り出しで、最後は二位や一位にまで、主に家格と年数によって昇っていく。

一方、地下は原則として公卿には決して到達しない家格で、六位または七位を振り出しとする。六位から始まる者も多くは五位止まりで、四位まで昇ればなかなか大した家柄であった（晩年、従三位に昇る例外的な家も存在）。七位を初叙とする者はせいぜい六位止まりで、一生涯かけても五位にさえ昇れない。

## †朝廷の官名

堂上《とうしょう》・地下《じげ》は、自身に与えられた位階に見合った「官」に「任官」を許され、その「官名」に「称号」を接続して、「森島《（称号）》因幡介《（官名）》」などと称し、一般でいう「名前」に用いる。

官名とは、平安時代の職員令《しきいんりょう》で設定された官制に基づく官職の名称である。しかし中世末までに朝廷が国家統治能力を失っていくと、官制は形骸化して機能しなくなり、「官名」もただ貴族的地位を示すため、朝廷が位階に応じて与える名誉あるタイトルと化した。ゆえに江戸時代の朝廷でも、官名は名誉ある「名前」の用途しかない、というのが実態である。任官しても、別に日常的な職務も給与もないのが普通である。

江戸時代の官名は、一四世紀に著された『職原抄《しょくげんしょう》』を基礎文献に、同書所載の組織・官職・定員の範囲を基準として任じられた（図表3－2）。それは平安時代（大宝《たいほう》元年〔七〇一〕制定当初の官制ではなく、その後の何々寮《りょう》・何々司《し》などという役所の統廃合、令に

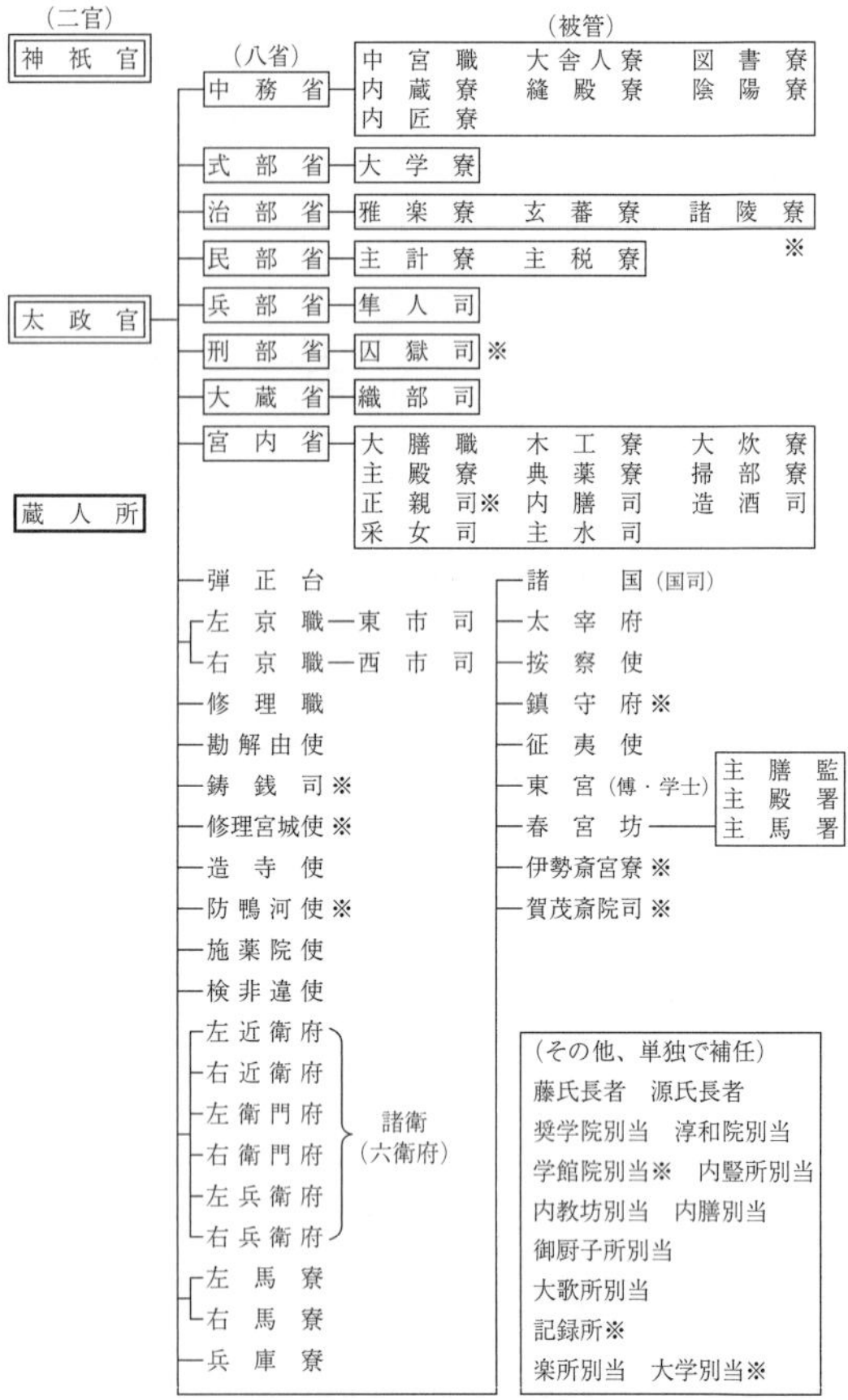


**図表3-2 『職原抄』所載の官制（江戸時代朝廷における任官組織略図）**

註：※は基本的に中絶し、近世任官例のないもの。諸陵寮は幕末から明治2年までの数年間だけ任例が復活。太皇后宮職・皇太后宮職・皇后宮職の三宮は中宮職に准じる。このほかに上皇がいる場合は院司（別当・執事等）が堂上・地下より任じられる。

規定のない部署・官職（「令外官《りょうげのかん》」）の新設が反映された状態であり、「古代そのまま」というわけではない。

その官制は、二官《にかん》（太政官《だじょうかん》・神祇官《じんぎかん》）を筆頭に、八省《はっしょう》（中務《なかつかさ》省・式部《しきぶ》省・治部《じぶ》省・民部《みんぶ》省・兵《ひょう》部《ぶ》省・刑部《ぎょうぶ》省・大蔵《おおくら》省・宮内《くない》省）・一台（弾正台《だんじょうだい》）を中央省庁とし、各省の下に管轄する職《しき》・寮《りょう》・司《し》・坊《ぼう》など下位の部署（「被管《ひかん》」という）があった。また諸衛《しょえ》（左右近衛府《こんえふ》・左右兵衛府《ひょうえふ》・左右衛門府《えもんふ》）という禁裏《きんり》警固の部署と、太宰府《だざいふ》や諸国の地方官などがあった。

いずれの部署も長官《かみ》・次官《すけ》・判官《じょう》・主典《さかん》の四階級の官職が設定してある。これを「四部《しぶ》官《かん》」または「四等官《しとうかん》」といった。ただし同じ「カミ」や「スケ」でも、省・職・寮・司などで異なる表記や訓が設定されている（図表3-3）。

太政官など一部を除き、主に官名は部署名（または国名）+「の」+四部官の組み合わせが基本である。例えば縫殿寮《ぬいりょう》の長官なら縫殿《ぬい》+「の」+頭《かみ》で「縫殿頭《ぬいのかみ》」、大膳職《だいぜんしき》の次官なら同じように「大膳亮《だいぜんのすけ》」、土佐国の判官なら「土佐掾《とさのじょう》」、左近衛府の判官なら「左近将監《さこんのしょうげん》」（左将監《さしょうげん》とも略す）などと称する。宮内省の判官のように四部官に大・少の二階級が置かれている場合、「宮内大丞《くないのたいじょう》」「宮内少丞《くないのしょうじょう》」などという官名となる。官名の読み方は、こうした原則以外にも多くの故実《こじつ》が存在し、大変ややこしい。

各官名のほとんどは定員一名で、定員数を越えて任命された場合には「大学権助《だいがくのごんのすけ》」な

| 分類 | 下司と接続する官司の名称（諸国は国名＋下司） | 四部官（下司）　長官【かみ】 | 次官【すけ】 | 判官【じょう】 | 主典【さかん】 |
|---|---|---|---|---|---|
| 神祇官 | 神祇《じんぎ》 | 伯《はく》 | 大副《たいふ》・少副《しょうふ》 | 大祐《たいじょう》・少祐《しょうじょう》 | 大史《だいさかん》・少史《しょうさかん》 |
| 諸省 | 中務《なかつかさ》・式部《しきぶ》・治部《じぶ》・民部《みんぶ》・兵部《ひょうぶ》・刑部《ぎょうぶ》・大蔵《おおくら》・宮内《くない》 | 卿《きょう》 | 大輔《たいふ》・少輔《しょう》 | 大丞《たいじょう》・少丞《しょうじょう》 | 大録《だいさかん》・少録《しょうさかん》 |
| 諸寮 | 大舎人《おおとねり》・図書《ずしょ》・内蔵《くら》・縫殿《ぬい》・内匠《たくみ》・大学《だいがく》・雅楽《うた》・玄蕃《げんば》・諸陵《みささぎ》・主計《かずえ》・主税《ちから》・木工《もく》・左馬《さま》・右馬《うま》・兵庫《ひょうご》・陰陽《おんみょう》・大炊《おおい》・主殿《とのも》・典薬《てんやく》・掃部《かもん》 | 頭《かみ》 | 助《すけ》 | 大允《たいじょう》・少允《しょうじょう》 | 大属《だいさかん》・少属《しょうさかん》 |
| 諸職・坊 | 中宮《ちゅうぐう》・春宮《とうぐう》・修理《しゅり》・大膳《だいぜん》・左京《さきょう》・右京《うきょう》 | 大夫《だいぶ》 | 亮《すけ》 | 大進《だいしん》・少進《しょうしん》 | 大属《だいさかん》・少属《しょうさかん》 |
| 諸司・監 | 隼人《はやと》・織部《おりべ》・采女《うねめ》・正親《おおきみ》・内膳《ないぜん》・造酒《みき》・東市《とういち》・西市《さいいち》・囚獄《ひとや》・主水《もんど》・主膳《しゅぜん》 | 正《かみ》 | （なし） | 佑《じょう》 | 令史《さかん》 |
| 諸署 | 主殿《しゅでん》・主馬《しゅめ》 | 首《かみ》 | （なし） | （なし） | 令史《さかん》 |
| 諸衛 | 左衛門《さえもん》・右衛門《うえもん》・左兵衛《さひょうえ》・右兵衛《うひょうえ》 | 督《かみ》 | 佐《すけ》 | 大尉《たいじょう》・少尉《しょうじょう》 | 大志《だいさかん》・少志《しょうさかん》 |
|  | 左近衛《さこんえ》・右近衛《うこんえ》（左近・右近、左・右とも略す） | 大将《たいしょう》 | 中将《ちゅうじょう》・少将《しょうしょう》 | 将監《しょうげん》 | 将曹《しょうそう》 |
| 弾正台 | 弾正《だんじょう》 | 尹《いん》 | 大弼《だいひつ》・少弼《しょうひつ》 | 大忠《だいちゅう》・少忠《しょうちゅう》 | 大疏《だいさかん》・少疏《しょうさかん》 |
| 勘解由使 | 勘解由《かげゆ》 | 長官《かみ》 | 次官《すけ》 | 判官《じょう》 | 主典《さかん》 |
| 太宰府 | 太宰《だざい》 | 帥《そち》 | 大弐《だいに》・少弐《しょうに》 | 大監《だいげん》・少監《しょうげん》 | 大典《だいてん》・少典《しょうてん》 |
| 諸国 | 大和《やまと》、河内《かわち》、伊勢《いせ》　※その他合計六八カ国 | 守《かみ》 | 介《すけ》 | 大掾《だいじょう》・少掾《しょうじょう》 | 大目《だいさかん》・少目《しょうさかん》 |

**図表 3-3　四部官の官名**

註：外記は大外記《だいげき》・少外記《しょうげき》、史は左大史《さだいし》・右大史《うだいし》・左少史《さしょうし》・右少史《うしょうし》。また諸国の判官・主典は大国にのみ大・少があり、その他の国は「掾《じょう》」と「目《さかん》」。

| | | (長官) | (次官) | (判官) | (主典) |
|---|---|---|---|---|---|
| 太政官 | ※官司名と接続しない官名 | 太政大臣 左大臣 右大臣 内大臣 | 権大納言 権中納言 (参議)※ | 少納言 弁官（本文参照） | 外記 史※ |

※参議は四部官ではないが、大臣・納言に次ぐ地位

どという「権」を加えた官名となる。これを「権官《ごんかん》」という（権官にも一〜三名程度の定員がある）。対して「大学助《だいがくのすけ》」など、「権」のつかない方を「正官《せいかん》」という。

### †官位相当と家格

官名は、位階によって任官できる範囲が決まっている。これを官位相当《かんいそうとう》という。江戸時代には位階より一等程度低い官に任官するのが慣例となっており、位階が六位なら、七位程度の官に任官するのが適当とされる。ただし江戸時代には図表3－4に示すように、堂上と地下という家格の違いによって、任官する官名には明確な線引きが存在した。地下はたとえ位階が五位や四位以上になっても、堂上と同じ官に任官することはない。

堂上が任じられる主な官名は、上から太政大臣《だじょうだいじん》、左大臣《さだいじん》、右大臣《うだいじん》（これを「三公《さんこう》」という。太政大臣は常置しないので、左大臣が通常最上位）、内大臣《ないだいじん》、権大納言《ごんのだいなごん》・権中納言《ごんのちゅうなごん》・参議《さんぎ》、少納《しょうな》

（太政官）

| 位階 | 官職 |
|---|---|
| 正一位・従一位 | 太政大臣 |
| 正二位・従二位 | 左大臣・右大臣・内大臣 |
| 正三位 | 権大納言 |

京官など（定員あり）

| 位階 | | 太政官 | 神祇官 | 弾正台 | 八省：中務省 | 八省：七省 | 職・坊：春宮・修理 | 職・坊：左右京・大膳 | 寮：大寮 | 寮：小寮 | 司・監：①内膳等 | 司・監：②隼人等 | 司・監：③主水等 | 署 | 太宰府 |
|---|---|---|---|---|---|---|---|---|---|---|---|---|---|---|---|
| 従三位 | | 権中納言 | | 尹 | | | | | | | | | | | 帥 |
| 正四位 | 上 | | | | 卿 | | | | | | | | | | |
| 正四位 | 下 | （参議） | | | | 卿 | | | | | | | | | |
| 従四位 | 上 | 大弁 | | | | | | | | | | | | | |
| 従四位 | 下 | | 伯 | 大弼 | | | 大夫 | 大夫 | | | | | | | 大弐 |
| 正五位 | 上 | 中弁 | | | 大輔 | | | 大膳大夫 | | | | | | | |
| 正五位 | 下 | 少弁 | | 少弼 | | 大輔・権大輔 | | | | | | | | | |
| 従五位 | 上 | | | | 少輔 | | | | 頭 | | | | | | |
| 従五位 | 下 | 少納言 | 大副 | | （大監物）（侍従） | 少輔 | 亮 | 亮 | | 頭 | | | | | 少弐 |
| 正六位 | 上 | 大外記・大史 | 少副 | 大忠 | 大丞（大内記） | | | | | | 正・奉膳 | | | | |
| 正六位 | 下 | | | 少忠 | 少丞 | 大丞 | | | 助 | | | 正 | | | 大監 |
| 従六位 | 上 | | 大祐 | | | 少丞 | 大進 | | | 助 | | | 正 | | 少監 |
| 従六位 | 下 | | 少祐 | | | | 少進 | 大進 | | | | | | 首 | |
| 正七位 | 上 | 少外記・少史 | | 大疏 | 大録（少内記） | 大録 | | 少進 | | | | | | | 大典 |
| 正七位 | 下 | | | | （少監物） | | | | 大允 | | | | | | |
| 従七位 | 上 | | | | | | | | | 大允・少允 | | | | | |
| 従七位 | 下 | | | | | | | | 少允 | | 佑・典膳 | | | | |
| 正八位 | 上 | | | 少疏 | 少録 | 少録 | | | | | | 佑 | | | 少典 |
| 正八位 | 下 | | 大史 | | | | 大属 | 大属 | | | | | 佑 | | |
| 従八位 | 上 | | 少史 | | | | 少属 | 少属 | 大属 | | | | | | |
| 従八位 | 下 | | | | | | | | 少属 | 大属 | | | | | |
| 大初位 | 上 | | | | | | | | | 少属 | 令史 | | | | |
| 大初位 | 下 | | | | | | | | | | | 令史 | | | |
| 少初位 | 上 | | | | | | | | | | | | 令史 | | |
| 少初位 | 下 | | | | | | | | | | | | | 令史 | |

ける四部官の官位相当表

| 勘解由使 | 按察使 | 諸衛 | | 国司（定員なし） 諸国 | | | |
| --- | --- | --- | --- | --- | --- | --- | --- |
| | | 左右近衛府 | 左右衛門・兵衛府 | 大国 | 上国 | 中国 | 下国 |
| | | 大将 | | | | | |
| | | | | | | | |
| | | | | | | | |
| | | | | | | | |
| 長官 | 按察使 | 権中将 | 督 | | | | |
| | | | | | | | |
| | | 権少将 | | | | | |
| | | | 佐 | 太守 守 権守 | | | |
| 次官 | | | | | 守 権守 | | |
| | | | | | | | |
| | | | | 介 権介 | | 守 | |
| | | 将監 | 大尉 | | 介 権介 | [介※] | |
| 判官 | | | | | | | 守 |
| | | | 少尉 | | | | |
| | | | | 大掾 | | | |
| | | | | 少掾 | 掾 | | |
| 主典 | | 将曹 | | | | | |
| | | | | | | 掾 | |
| | | | 大志 | | | | |
| | | | 少志 | 大目 | | | |
| | | | | 少目 | 目 | | 掾 |
| | | | | | | | |
| | | | | | | 目 | |
| | | | | | | | |
| | | | | | | | 目 |

堂上の任官領域▲

▼地下の任官領域

図表3-4　江戸時代後期朝廷にお

出典・元治元年版『標柱職原抄校本』、弘化四年版『掌中職原擥要』、和田英松『新訂官職要解』（講談社、一九八三年）、今西祐一郎校注『和歌職原鈔』（平凡社、二〇〇七年）。

註・本表は主に『職原抄』にもとづき、令制当初ではなく、その後の改変を反映したもの。一部の令外官・被接官を（ ）付きで記入した。権官は説明上必要なものを除きすべて省略した。
※中国の介は令制当初はないが、貞観七年（八六五）に置かれ、近世においても任じられた。
※諸寮は大寮と小寮とに分類される。大寮は大舎人、図書、内蔵、縫殿、内匠、大学、雅楽、玄蕃、諸陵、主計、主税、木工、左馬、右馬、兵庫、斎宮の各寮。小寮は陰陽、大炊、主殿、典薬、掃部の各寮。
※司・監の相当位階は三系統の差異がある。①は正親・内膳・造酒・東市・西市・囚獄の各司。②は隼人・織部・采女の各司。③は主水司と主膳監。

言《ごん》、弁官《べんかん》（左《さ》大弁《だいべん》・右《う》大弁・左中弁《ちゅうべん》・右中弁・権右中弁《ごんのうちゅうべん》・左少弁《しょうべん》・右少弁）、中務省の侍従《じじゅう》、さらに左・右近衛府《こんえふ》の大将《たいしょう》・権中将《ごんのちゅうじょう》・権少将《ごんのしょうしょう》、四府《しふ》（左右衛門・兵衛府）の督《かみ》・佐《すけ》、国の権《ごん》守《のかみ》・権介《ごんのすけ》（後述）である。

朝廷では、複数の官を兼任することも多いが、その場合上位の官名や位階を名前にする。ただし弁官・中将にして、蔵人所《くろうどどころ》の実質的長官である蔵人頭《くろうどのとう》という令外官に任じられると、これを組み合わせて「頭左中弁《とうのさちゅうべん》」「頭中将《とうのちゅうじょう》」、また三位となって中将を兼ねる者を「三《さん》位中将《みのちゅうじょう》」と称するなど、官名を「名前」にする場合には様々な慣例がある。

権大納言・権中納言、及び左右近衛の権中将・権少将は、江戸時代までに正官を任じない慣例が定着しているため、「名前」の用途では「権」を必ず省略して「阿野大納言《あのだいなごん》」とか「飛鳥井右中将《あすかいうちゅうじょう》」などと称する例であった。参議を唐名《からな》で「宰相」ということは、既に第一章で述べた通りである。また高位の官名は、辞官《じかん》した後も「前中納言《さきのちゅうなごん》」とか「前右《さきのう》大臣《だいじん》」などというのを「名前」に用いる。これを「前官《ぜんかん》」という。

相当位階は低いものの、慣例により、必ず堂上だけが独占的に任じられた官名もある。例えば神祇大副《じんぎのたいふ》・神祇権大副《じんぎのごんのたいふ》は堂上の吉田家と藤波《ふじなみ》家のみが任じられ、その他、中務・式部の権大輔《ごんのたいふ》や中務少輔《なかつかさのしょう》・左馬頭《さまのかみ》・右馬頭《うまのかみ》・内蔵頭《くらのかみ》・大学頭《だいがくのかみ》・陰陽頭《おんみょうのかみ》、及び主水正《もんどのかみ》などは、特定の堂上家が家例《かれい》（その家の慣例）などに基づき任官した。

地下の任官できるのは図表3－4の黒線以下で、なおかつ堂上が慣例的に占めていない官名に限られる。地下でも下級の者は無位無官で、その場合は瀬川丹後《せがわたんご》、岡本織部《おかもとおりべ》、近藤要人《こんどうかなめ》などと国名《くにな》・百官名《ひゃっかんな》を名乗るのが江戸時代後期の通例であった。

ちなみに、弾正尹《だんじょうのいん》・中務卿《なかつかさのきょう》・式部卿・兵部卿・太宰帥《だざいのそち》・上総太守《かずさのたいしゅ》・上野《こうずけの》太守・常陸《ひたちの》太守は、親王専任または主に親王が任じられる官である。これらは古代・中世の先例に基づく慣例である。

朝廷でも「名前」をみれば、その人物の地位がわかる。堂上なのか、地下なのか。その中でもどれくらいのランクなのか。「名前」にしている官位で、それは容易に識別された。「名前」が社会的地位を示すという役割は、朝廷でも一般社会でも同じなのである。

## †京官の定員制限

ただし朝廷と武家の官位には、決定的な差異がある。

朝廷が堂上・地下に与える官名には定員制限があった、という点である（権官にもその有無や定員がある）。二官八省など、本来の意味で京都の中央官庁であった諸官を「京官《きょうかん》」という（諸衛《しょえ》も含む）。この京官と太宰府《だざいふ》、勘解由使《かげゆし》、按察使《あぜち》の各官名は、江戸時代にも、中世までに設定されていた定員が厳守された。

例えば正七位下の地下が「内匠少允《たくみのしょうじょう》」（定員一名、相当従七位上）への任官を希望したとしよう。しかし「内匠少允」の現任者が既に存在すれば、これに任官できないのである（内匠少允に権官はない）。その場合、希望者は同格で空いている官名（「闕官《けっかん》」）のなかから、例えば「木工少允《もくのしょうじょう》」などを選択して任官した。

朝廷でも官名そのものが持つ本来の意味——木工寮《もくりょう》や内匠寮《たくみりょう》がどういう部署であったのかなど——は、ほとんど意識されることはない。官名にはただ、朝廷の官位秩序において、地位を示す「名前」としての役割が主に求められたのである。

第一章で見た武家官位も、本来はこの枠組みのなかにある官名である。だが江戸時代初期より、武家の官位は朝廷の定員制限に一切左右されない「員外《いんがい》の官」（定員以外の官）と定められ、完全に別枠として運用された。

ゆえに幕府からの申請に従い、武家官位は同じ官名が何人でも無制限に任じられる。本来定員一名の玄蕃頭《げんばのかみ》や采女正《うねめのかみ》が、大名・旗本では同時に幾人も存在するのはこのためである。武家の大臣・納言・参議・侍従も武家官位で、朝廷の定員制限を一切受けない。

また朝廷では堂上しか任じられない主水正や大学頭なども、武家では諸大夫が平気で使用している。武家官位は「員外」であるがゆえに、朝廷のルールに必ずしも縛られることなく、全く別に運用されたのである。

## †国司に定員なし

京官に対して「越前守《えちぜんのかみ》」「長門介《ながとのすけ》」「三河掾《みかわのじょう》」「尾張目《おわりのさかん》」などの地方官を「国司《こくし》」といい、特に国守《くにのかみ》を「受領《ずりょう》」ともいった。国司の四部官も本来はそれぞれ定員（おおよそ各一名）があるが、江戸時代には朝廷の方でも定員制限なしで授与した。国司のほうは武家官位のように、ただのタイトルとして利用したのである。そのため朝廷の地下にも、同時に大和守《やまとのかみ》が一〇人以上、伊勢介《いせのすけ》が五人いるなどという、〝本来の意味〟ではありえない姿になっている。

また諸国には本来、大国《たいこく》・上国《じょうこく》・中国《ちゅうこく》・下国《げこく》の区別があり、同じ「何々の守」でも、任国で相当位階が異なるのが本来の姿だが（図表3－4参照）、これもあまり意識されない。江戸時代の朝廷では定員制限のある京官などを、定員無制限の国司より上位の官名として扱うようになっている。

なお～権守《ごんのかみ》と～権介《ごんのすけ》は、古い朝廷の慣習に拠って堂上だけが任官し、京官のように定員各一名が順守された。江戸時代に「花園美作権介《はなぞのみまさかのごんのすけ》」などといえば、必ず堂上であることを示す。正官の何々守《なになにのかみ》より、かえって権守・権介のほうが実際の地位が高いという、少しおかしなことにもなっていた。

## †転任と名前

朝廷における官名も「名前」に使用されるが、その「任官」の頻度が、武家官位の場合とはかなり異なる。

堂上は家柄により、任官・昇進のルートが決まっている。例えば羽林家《うりんけ》と呼ばれる武官系の堂上なら、まず国の権守・権介や京官、ないし侍従《じじゅう》を振り出しにして、少将→中将→参議→中納言→大納言（大将を兼ねる）→内大臣→右大臣→左大臣→太政大臣というのがおよその任官順路である（実際の堂上の多くは大納言が極官《きょくかん》〔その家が到達できる上限の官名〕で、大臣まで行けない）。

堂上はこの決まった順路に従って叙任されることで、次々と「名前」が変わっていく。例えば文化九年（一八一二）に従五位上「飛鳥井侍従」という「名前」であった羽林家の人物（姓名《せいめい》〔後述〕は藤原雅久《ふじわらのまさひさ》）は、同一一年に正五位下、一三年に従四位下、文政三年（一八二〇）に従四位上、同三年に正四位下に昇り、同四年に「飛鳥井右少将《うしょうしょう》」、同七年に「飛鳥井右中将《うちゅうじょう》」となり、同年従三位に昇って、翌八年に「飛鳥井左兵衛督《さひょうえのかみ》」、文政一〇年に正三位、天保四年（一八三三）に参議を兼ね、翌五年に従二位、天保一四年に「飛鳥井中納言《ちゅうなごん》」、翌一五年に正二位となり、兼ねていた左兵衛督を辞し、嘉永五年（一八五二）に

「飛鳥井大納言《だいなごん》」、同七年にこれも辞して「飛鳥井前大納言《さきのだいなごん》」となった。

　堂上は、各家に家格・先例があって、それに従って、位階と官名という〝タイトル〟を獲得していくから、「名前」はあまり一定しない。なおかつ決まっている昇進ルートや定員による制限を受ける。単に位階に応じて随意に官名を選択できるわけではない。

　一方、地下の場合は称号平田の「内蔵権頭《くらのごんのかみ》」、称号橋本の「主水佑《もんどのじょう》」など、特定の地下の家が特定の官名を世襲的に占めていることもあるが、そのような官名以外は、当人が先例と官位相当、および闕官《けっかん》を考慮して個人の趣味で選択し、自ら申請・任官した。地下でも位階が上がった後、官も申請して変えることがある。

　例えば文化五年（一八〇八）から文政八年（一八二五）までの間に、従六位下「池田薩摩《さつまの》介《すけ》」（二二歳）は、従六位上になると「池田主計少允《かずえのしょうじょう》」（三一歳）、正六位下になると「池田左馬大允《さまのたいじょう》」（三九歳）と官を変えている。

　朝廷の場合は、古代以来の朝廷の慣習を真似た「任官」が行われることで「名前」がかなり頻繁に変わるという特徴がある。それが一般とは異なる「姓名」のあり方にも影響してくるのだが、それは次節で述べることにしよう。

### †庶民の叙位任官と擬似官名

朝廷による叙位任官は、時に社家《しやけ》や一般庶民に対しても行われている。神職のうち、伊勢両宮《りようぐう》（内宮《ないくう》・外宮《げくう》）や賀茂社《かもしや》（上賀茂・下鴨の両神社）のような極めて格の高い神社の神職は叙位を許される。およそ五位・四位だが、正三位や従二位まで昇る家柄もあった。四位・五位の者は森周防守《もりすおうのかみ》・藤木近江介《ふじきおうみのすけ》などと、国守《くにのかみ》・国介《くにのすけ》に任官することが多い。伊勢や吉田社《よしだしや》の神職には神祇権大副《じんぎのごんのたいふ》・神祇少副《じんぎのしよう》などに任じられる者があるが、基本的に神職は京官に任じられない。

大多数の一般神職は無位無官である。ただし神職を統括した堂上の吉田家や白川家が「呼名《よびな》」と呼ばれる神職の名前を授与した。近世中期までは、「山城正《やましろのかみ》」「因幡正《いなばのかみ》」など、正式な官名と読みは同じながら、全くでたらめの下司をつけた、いわばまがい物の官名を授与していた。しかし正式な官名との紛らわしさから、幕府が下司つきの呼名の授与を禁じたため、次第に国名・百官名（京・東とも）が授与されるようになる。江戸時代の一般神職は、片山和泉《かたやまいずみ》、藤本宮内《ふじもとくない》、吉見典礼《よしみてんれい》など、国名・百官名などを名乗るのが通例である。

このほか職人のなかには、古くから名誉のタイトルとして、朝廷から国司に任じられる慣例がある。鍛冶《かじ》・刀工や菓子司、浄瑠璃大夫などに対して、おおよそ「広野播磨介《はりまのすけ》」

（錺太刀師《かざりたちし》）、「木村出雲介《きむらいずものすけ》」（御冠師《おかんむりし》）、「亀屋大和大掾《やまとのだいじよう》」（御菓子司《おかしし》）、「竹田近江大掾《おうみのだいじよう》」（人形浄瑠璃師）などと、国介《くにのすけ》や国掾《くにのじよう》が許された（上記は江戸時代の中期以降の例）。現在これらは「職《しよく》人受領《にんずりよう》」と総称されている。彼らは無位（位階はなし）であることが多い。

ただし職人受領には、同じ「近江大掾」でも、勅許による正式な官名である場合と、勧修寺宮《かじゆうじのみや》・仁和寺宮《にんなじのみや》・大覚寺宮《だいかくじのみや》という三門跡《さんもんぜき》（親王が住職を務める寺院）が「永宣旨《えいせんじ》」というものに依拠して与えた擬似官名である場合とがある。これは見ただけでは識別が困難なことが多く、やや注意が必要である。

## 2　「姓名」の用途と「名前」の正体

### †「姓名」こそが人名

一条左大臣《いちじようさだいじん》、久我《こが》大納言《だいなごん》、森島因幡介《いなばのすけ》、池田左馬大允《さまのたいじよう》……これらは、武家や一般の井上越中守《えつちゆうのかみ》、伊東主膳《しゆぜん》、伊勢平八郎などの「名前」と同様に用いられる。だが朝廷においては、これら「官名」（または通称）の上に「称号」をつけたものを、日常的に人を称呼する用途に用いつつも、個人の「名」とは決してみなさなかった。一般常識とは異なるこうした朝廷の常識（人名認識）――。ここが重要なところである。

日本の人名の歴史においては、「姓名」（本姓＋実名）が「名前」（称号〔苗字〕＋官名〔通称〕）よりも古くから存在する。事実「姓名」が、人名として日常的に通用していた時代もある。しかし前章で述べたように、江戸時代には「『姓名』は人の名ではない」というのが現状で、それが一般の常識ともなっていた。

ところが朝廷では、日常世界でこそ、世間の常識通りに「名前」に相当する「称号＋官名」を用いつつも、朝廷内部の正式の文書では必ず「姓名」を正式な人名として使用し続けた。

第一章で見たように、武家では「任官」を「南部三郎」から「南部信濃守」への「改名」と認識して、事実「改名」と呼んでいた。しかし朝廷では官名の獲得を「改名」とは決して表現しない。

例えば堂上の「平信堅《たいらののぶかた》」（称号は西洞院《にしのとういん》）が「左兵衛督《さひょうえのかみ》」に「任官」すれば官名に称号を接続した「西洞院左兵衛督」を日常の「名前」に使用する。だが朝廷の常識では、あくまで「姓名」である「平信堅」が人名で、官名は人名ではない、とみなしている。ゆえに「左兵衛督」に任官しても彼の「名」（＝「実名」、武家一般でいう「名乗」）である「信堅」は何も変わっていないのだから、当然これを「改名」とはいわなかったのである。

また武家や一般では、「官名」を「通称」の一種――最も格の高い「通称」(①正式な官名)と認識していたが、これも朝廷の常識では違っている。

朝廷でも「官名」と「通称」を一般でいう「名前」の用途に用いるが、両者を同じものとはみなさない。「通称」は自分で決めて勝手に名乗るものだが、「官名」は勅許を経て与えられた官職の名である。いかに日常の「名前」としての用途が同じようなものでも、「官名」は、「通称」(②擬似官名・③一般通称)の仲間ではない。「通称」は「通称」であり、「官名」は「官名」である。両者は別のものであり、同列に扱うものではないと認識していたのである。

世間一般では全く人名としては通用しなかった「姓名」(「本姓《ほんせい》」と「名乗」)が、ここでは人名として通用する。世間では「通称」を「名」というが、朝廷では人の「名」は「名」(実名)のことだけいう。「官名」は「通称」の仲間でもなく、そもそもそれは、人の「名」ではないのだ――。

これが江戸時代の朝廷社会における、一般とは大きく異なる人名の常識であった。朝廷の常識と一般の常識。多くの違いを持つ二つの常識が、並行して存在していたこと。ここに、よくよく注意してほしいのである。

### †「姓」といわれたもの

「姓名」とは一体なにか。一般には「本姓」と「名乗」といわれていたが、その朝廷での用途を知るには、古代の〝本来の意味〟を多少理解しておく必要がある。

江戸時代に「姓《せい》」「本姓」と呼ばれているものは、古代には「氏《うじ》」といわれたものを指す。「氏」は「藤原《ふじわら》」「源《みなもと》」など、父系血族集団が共有する一族の名である。源頼朝は「みなもと・の・よりとも」、藤原道長は「ふじわら・の・みちなが」などと、「本姓」と「名」の間に「の」を挟んで読むことになっている。

江戸時代の堂上の本姓は、藤原・源《みなもと》・菅原《すがわら》・平《たいら》・清原《きよはら》・安倍《あべ》・大中臣《おおなかとみ》・卜部《うらべ》・丹波《たんば》・大《おお》江《え》の一〇種がある。堂上は「藤原」が過半を占めるが、称号西洞院・平松《ひらまつ》・長谷《ながたに》・交野《かたの》・石井《いしい》の諸家は本姓平、称号土御門《つちみかど》・倉橋の二家は本姓安倍などと、彼らは称号は違っても本姓を共有する同族である。本姓は各堂上の家格・官位とも密接に関係している。

地下の本姓は、右の一〇種のほか、小槻《おづき》・中原《なかはら》・宗岡《むねおか》・橘《たちばな》・三善《みよし》・紀《き》・和気《わけ》・佐伯《さえき》・伴《とも》・小野《おの》・高橋《たかはし》・坂上《さかのうえ》・下毛野《しもつけの》・太秦《うずまさ》・多《おおの》・藤井《ふじい》・秦《はた》など、その他にも種類が多い。これらは古代にも存在した本姓だが、古代からの血脈が連綿と続いた——というロマンは残念ながら事実とは程遠い。江戸時代の地下は、大半が江戸時代初期から中期に再興された家であり、その際古代・中世に実在した本姓を、何の関係もない人間に擬称《ぎしょう》させたものがほとんどである。中世以前に遡《さかのぼ》る歴《れっき》とした系譜を持つ家もなくはないが、かなり少数派であった。

### †姓尸名

この本姓（「氏《うじ》」）には、氏族の社会的地位や序列を示す「姓《かばね》」を付属するのが正式とされていた。ややこしいが、姓《せい》と姓《かばね》は全く別のものである。

「藤原」のカバネは「朝臣《あそん》」で、氏の後ろにくっついて「藤原朝臣《ふじわらのあそん》」と称する。カバネは氏族全体で共有する爵位のようなもので、天武天皇の時代（七世紀）の真人《まひと》・朝臣《あそみ》（後世アソンと訓じる）・宿禰《すくね》・忌寸《いみき》・道師《みちのし》・臣《おみ》・連《むらじ》・稲置《いなぎ》の「八色《やくさ》の姓《かばね》」が有名であるが、これ以外にも多くの種類がある。古代の人名は、氏（本姓）＋姓《かばね》＋名で表記され、すなわち「山部宿禰赤人《やまべのすくねあかひと》」や「紀朝臣豊河《きのあそみとよかわ》」などと称したのである。

本来は「藤原朝臣」（氏＋姓）、つまり氏（本姓）＋姓（カバネ）を「姓《せい》」とも呼んだが、江戸時代までに「藤原」などの「氏」の部分だけを「姓」や「本姓」とも呼ぶようになった。さらにその後限られた正式の署名を除き「紀朝臣豊河」なら「紀豊河《きのとよかわ》」、「山部宿禰赤人」なら「山部赤人《やまべのあかひと》」などと、カバネを略すのが普通になった。

かくして氏と姓など、人名を構成する部位の呼称の混乱が生じたので、江戸時代の故実書などでは、カバネのことを「尸《し》」（これで「カバネ」とも訓じる）と呼んでいる。江戸時代に「姓名」といえば「藤原《（姓）》道長《（名）》」など「本姓＋実名」のことを指すので、「源《（姓）》朝臣《（尸）》具慶《（名）》」のようにカバネを含む場合にはあえて「姓尸《せいし》名」といって区別することが多い。

本書は江戸時代の呼称を基準にして話を進めるので、「藤原」とか「源」などを姓《せい》ないし本姓、カバネは「尸」に用語を統一して話を進める。

姓と接続する「名《な》」（「実名《じつみょう》」）こそが、その人の個人の名である。古代には「赤人」や「豊河」「仲麻呂《なかまろ》」などだが、江戸時代の公家たちの「名」は「公純《きんいと》」「家厚《いえあつ》」など漢字二文字のものが浸透し、ほぼこれに限られている。公家の世界ではこれだけを「名」といって、武家の用語である「名乗」という表現を使わないのが例であった。

## †官位は姓名の上に接続する

官位は「姓名」に対して与えられる。ゆえに古代には、官名を得た人間は姓名の上に官名をつけて署名し、他者からもそのように称された（六国史《りっこくし》や『万葉集』など）。つまり「太《だ》宰大監大伴宿禰百代《ざいのだいげんおおとものすくねももよ》」（官＋姓＋尸＋名）、「従五位下藤原朝臣房前《ふささき》」（位＋姓＋尸＋名）、「右大臣正二位橘宿禰諸兄《たちばなのすくねもろえ》」（官＋位＋姓＋尸＋名）などと書いたわけである。江戸時代の朝廷においても、この古代の書き方を真似るのを正式としていた。

こういう古代の規定に沿った署名の作法を位署書《いしょがき》という。基本形は「官位＋姓戸名」である。位階が官より高い場合は、位階を先に書いて、「行《ぎょう》」の字を挟んで官名を書く。つまり、

正二位（位）行権中納言（官）藤原（姓）朝臣（戸）光成（名）

などと書く。「じょうにい・ぎょう・ごんのちゅうなごん・ふじわらのあそん・みつしげ」と読むのである。官位相当の場合は、次のように官を先に書く。

権大納言（官）正三位（位）藤原（姓）朝臣（戸）稙房（名）

こちらは「ごんのだいなごん・じょうざんみ・ふじわらのあそん・たねふさ」と読む。

このほか位階より官が高い場合、官＋「守《しゅ》」の字を挟んで＋位の順に書くが、江戸時代には位階より高い官に任官しないのが通例であるため、あまり多くはない。位署書では姓名の上に書く官位をどのような順番で書くか、そこに細かな作法があったのである。

そのほかにも、朝廷で作成される正式な文書類では「蔵人権右中弁（官）兼春宮権大進（名）藤原経則（姓名）」（くろうど・ごんのうちゅうべん・けん・とうぐうのごんのだいしん・ふじわらのつねとき）のように、位階や戸を略する書式のほか、姓戸を略し「従二位行権大納言臣　家孝」（官位＋名。「臣《しん》」の字を加える書式）や、略して「右中弁光房《みつふさ》」（官名＋名）などの形も用いられる。

いずれにせよ重要なことは、官位は「姓名」または「名」の上に接続するのが本来の用法である、という点である。ちなみに右に登場した光成は「広橋」、稙房は「万里小路《までのこうじ》」という称号だが、位署書に称号は決して使用しない。後で述べるように、称号は官名に自己で付けるもので、本来の意味では人名とはみなされないのである。

江戸時代の朝廷は、「姓名」を人名の本体として実用し、古代以来の書式を正式のものとして意識的に生かし続けたのである。

## †小倉百人一首

「姓名」を主体とする朝廷方式の人名表記は、実は意外なところで身近にも残っている。現在も使用される小倉百人一首は、歌の読み手の人名を「姓名」での表記を基本としつつ、官位によって呼び方を区別している。百人一首の典拠となっている和歌集が古い作法通りに記載しているためである。天皇や僧侶、女性、経歴不詳の者などを省いて整理すると、おおよそ次のようになっている。

①紀貫之《きのつらゆき》、坂上是則《さかのうえのこれのり》、平 兼盛《たいらのかねもり》など、「姓名」だけで書いてある者。これは全て五位以下の人物である（例えば紀貫之の最終官位は、従五位上・木工権頭《もくのごんのかみ》）。

②在原業平朝臣《ありわらのなりひらあそん》、藤原敏行《ふじわらのとしゆき》朝臣、源 俊頼《みなもとのとしより》朝臣など、「姓名＋朝臣」となっているのは、

すべて四位の人物である。このように名の下に「朝臣」をつけることは名乗《なのり》朝臣ともいわれ、四位に対する敬称である（源朝臣義経《みなもとのあそんよしつね》などと、姓尸名の順に書くことは姓《せい》朝臣という）。

③大納言経信《つねのぶ》、中納言家持《やかもち》、参議篁《たかむら》、左京大夫顕輔《さきょうのだいぶあきすけ》、従二位家隆《いえたか》などと、「官または位＋名」の方式で書いてある者。これらはすべて公卿（三位以上、または参議）である。姓名でいえば、大伴家持《おおとものやかもち》や小野《おの》篁《たかむら》などだが、「名」に高い官位を接続することで、公卿に対する敬意を示している。

④三条右大臣《さんじょうのうだいじん》、河原左大臣《かわらのさだいじん》、鎌倉右大臣《かまくらのうだいじん》など。これは姓も名も遠慮して呼ばず、高位の官名の上に、後世の「称号」の原型である居所などの地名を付けて呼んだものである。これは三公に限られる呼び方であった。彼らの「姓名」を順にいえば、藤原定方《ふじわらのさだかた》、源《みなもとの》融《とおる》、源実朝《みなもとのさねとも》だが、通常、帝《みかど》（天皇）を「御所《ごしょ》」とか「禁裏《きんり》」とか申し上げ奉《たてまつ》って、御名《ぎょめい》を口にしないのと同じように、名を憚《はばか》って呼ばないことは最上級の敬意である。

ただし単に「右大臣」などと呼ぶだけでは、歴史上、右大臣は幾人《いくにん》もあって誰やらわからないから、居所そのほかを官名の上につけて区別したのである。

### †称号と実名

「姓名」、特に「名」を呼ぶことを遠慮するのは、「実名忌避《じつめいきひ》」といわれる習俗による（現代の学術用語で、江戸時代に使われた用語ではない)。早くも古代には「名」を呼ぶことを遠慮して、代わりに官名でその人を呼ぶようになっている。しかし「大納言」のように同官者が複数同時に存在する場合、ただ「大納言」様では誰のことやらわからない。本姓を官名の上に付けた「源大納言《げんだいなごん》」などといって区別したりしたが、堂上公家の多くが本姓「藤原」であるため、この方法ではほとんどが「藤大納言《とうのだいなごん》」(藤原は略して「藤《とう》」という)と呼ぶことになり、個人を特定する呼称として十分に機能し得ない。

そこで同官者を区別するため、官名に居所の地名などを冠して「日野中納言《ひののちゆうなごん》」とか「丹波中将《たんばのちゆうじよう》」などと呼ぶ、また自らも称することが行われるようになった。これが公家の「称号」の由来であるが、元来「称号」は個々人の称で、代々継がれる家号ではなかった。

一四世紀前半頃より、いわゆるファミリーネームとして、称号を使用する習慣が出現するといわれる(遠藤二〇一一)。ちなみに、古くは称号と官名の間にも「の」を挟んで鎌倉右大臣《かまくらのうだいじん》などと読むが、江戸時代、「称号+官名」に「の」を入れて読むことはない。

江戸時代、朝廷のいう「称号」は、実質的に武家の苗字とほぼ同じ役割を担う家号となっていて、対外的には「称号+官位」を「名前」に使用することが定着している。しかし公家は、親・子・孫など、二~三代同時に叙位任官することが多い。すると「徳大寺大納言《とくだいじ》」と「徳大寺左中将《さちゆうじよう》」という称号を同じくする公家が同時に存在し、かつそれぞれが転任や遷任《せんにん》・推任《すいにん》などと呼ばれる他官への任官（昇進・異動）によって「名前」が変わる。

こうした事情もあって、朝廷では「名」（実名）を、お互いに呼ぶ人名として使用し続けた。これまた重要な、一般とは異なる朝廷独特の習慣である。

**†実名を呼ぶ文化**

例えば朝廷儀式の参加者名簿（「交名《きょうみょう》」）などでは、お互いの名前を「宣通《のぶみち》」とか「通《みち》誠《とも》」とか実名《じつみょう》で記載し、公家の日記でも、自分や相手のことを実名で記述していることが多い。朝廷社会では、お互いの「名」（実名）も周知され、公私の場面で使用される。

天正四年（一五七六）頃に武家の礼法を解説した『大諸礼集《だいしょれいしゅう》』には、公家が自分のことを「親康《ちかやす》はどうのこうの〜」といい、相手のことも「貞宗朝臣《さだむねあそん》がどうたらこうたら〜」などといっていたことが記され、武家側の視点から「公家の世界では、みな実名を呼んでいる」「武家ではこんなことはない」と公家独自の習慣として観察されている。「名乗」（「実名」）を日常の「名」として使用する公家の風習が、武家からみると逆に奇異にみえたのである。

もっとも「名」を呼ぶにあたっては、官位によって「家厚公《いえあつ》」とか「公純卿《きんいと》」などの敬称を付けて区別することになっていた。その敬称には「公《こう》」「卿《きょう》」「朝臣《あそん》」の三等級があり、

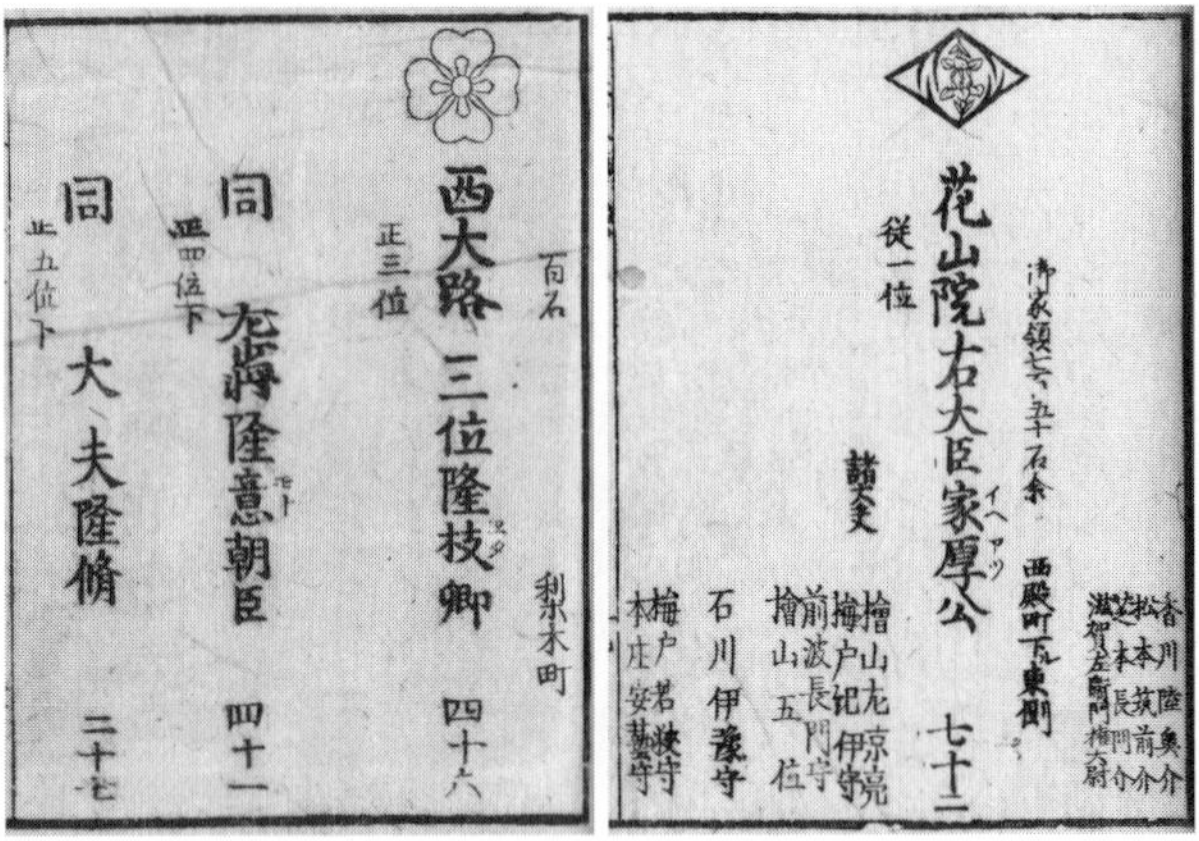


**写真3-1　刊行された公家名鑑の書式**

出典：万延元年（1860）刊『萬世雲上明鑑』。江戸時代、毎年刊行された公家の人名録。この種の人名録は本姓別に各家をまとめているので、各人の本姓は逐一記載されない。堂上は「称号＋官（または位）＋名＋敬称（本文参照）」という形で記載されている。位階や兼官はその横に記載。「七十二」「四十六」などは年齢。堂上の家来（地下。諸大夫・侍）は「名前」（称号＋官）のみで記載。

「公」は三公（太政大臣・左右大臣）と内大臣のみ（前官も含む）、「卿」は参議および位階三位以上、つまり三公を除く「公卿」に付ける。「朝臣」は参議を除く四位の者に付ける。五位以下には、たとえ堂上公家でも決して敬称はつけないのである（写真3-1）。

### †用途に応じて

官位の叙任手続きは、すべて「姓名」を用いて行われる。朝廷における官位の申請では、堂上・地下とも「申文《もうしぶみ》」（官位小折紙《こおりかみ》などともいう）と呼ばれるものを提出するのが通例である。

**図表 3-5　官位小折紙の書式**

縦線は折り目を示す（実線が引いてあるのではない）。料紙は小奉書を横に二つに折った折紙を、縦に三つ折したものを用いる。左辺を少し折り込んでから三つ折にするのが例であった。

図表3－5は正七位下で長門介《ながとのすけ》に任官し、「諏訪《すわ》長門介」という「名前」を名乗ることになる地下の「源 信義《みなもとののぶのり》」という姓名の男が、嘉永元年（一八四八）に提出した申文である。文面はごくシンプルで、「申《もうす》　長門介」などと任官したい官を書くだけである。位階も同書式で「申　正七位下」などと書く。文字どおり希望を「申」す（申請する）のである。以下、彼の事例によって手続きをみていこう。

提出された申文は、職事《しきじ》から議奏《ぎそう》（ともに江戸時代の朝廷の職名。後述）を経て、関白に差し出される。関白は天皇と向かい合わせに座り、許可する申文に扇《おうぎ》の要《かなめ》で印をつけて差し上げると、天皇がこれに親指の爪で印をつけて「勅許」となる（『幕末の宮廷』）。

もっとも申文の提出までに、定員《ていいん》制限や闕官《けっかん》など、支障の有無が確認済である。勅許されると「正七位下源信義」を「宜《よろ》しく長門介に任ずべし」と書いた「口《く》宣案《ぜんあん》」と呼ばれる書面が本人に交付され、手続きが完了する（江戸時代の朝廷官位の叙任では、発給する書類が本来よりかなり省略されている。ただその分、叙任に伴う礼金が安い）。

任官前の源信義の「名前」（称号＋通称）は、「諏訪直衛《すわなおえ》」というが（直衛は東百官の一種）、叙任手続きでは「姓名」のみを用いる。朝廷では「姓名」だけが正式な人名だからである。

任官の手続きが終わると、本人が一般社会の士分《しぶん》の正装、つまり裃《かみしも》を着て帯刀《たいとう》した姿で、関白や職事などの屋敷へ御礼に回る。そこでは「姓名」ではなく、「諏訪直衛」あらため「諏訪長門介」という「名前」を書いた名刺を配る。正式の叙任手続きでは「姓名」だけを使用するが、こちらでは一般社会の常識に合わせて「名前」を用いる。「源信義」という「姓名」を名刺に書いたりはしない。一般社会で人名として機能するのはあくまで「名前」だけだからである。

歴史的経緯からいえば、「姓名」こそが、古代日本で用いられていた人名には違いない。しかし江戸時代には、もう「名前」が人名になっている。その現実からは逃れられない。ゆえに朝廷でも、通常は「称号＋官名」を「名前」、すなわち人名として使用したのである。

## †武家官位の申請手続き

武家官位の場合も、朝廷向けにはやはり「姓名」を用いて、同じように「姓名」を宛名とした叙位任官の書類が発給されたのである。

第一章で、南部三郎が南部信濃守となる手続きを示した。実態は「三郎」から「信濃守」への「改名」だが、朝廷への「任官」の手続きでは、南部三郎の姓名である「源《みなもとの》嵩信《たかのぶ》」に宛てて、従五位下・信濃守への叙位任官の書類が発給された。

武家官位の叙位任官手続きでは「申文」ではなく、「姓名書」が作成・提出される。料紙《りようし》は申文と同じ小折紙《こおりがみ》だが、そこには「従五位下」「宝暦十一辛巳《かのとみ》年十二月十八日」「南部信濃守」「源嵩信」と書いてあり、「申」の文字はない。江戸時代の武家官位は、将軍が完全に決定権を有しており、朝廷にこれを拒否する権利はなくなっている。ゆえに書類作成の必要情報を書き付けただけの「姓名書」だけで叙位任官が支障なく行われたのである。

ただしこれを受けて朝廷側が発給する叙任の書類は、地下に対して発給されるものとおよそ同じ書式で違いはない（ただし武家官位では口宣案《くぜんあん》に加え、朝廷官位ではおよそ省略される位記《いき》や宣旨《せんじ》という書面までも作成される。武家側はそれら〝叙任の記念品〟などに対する、各方面への多額の礼金を事実上請求された）。

## †長い〝フルネーム〟は存在しない

第一章から述べてきた江戸時代の人名には「名前」と「姓名」とがあり、それらは①称号（苗字）、②官名・通称、③姓、④尸、⑤名（実名・名乗）という要素に分解できる。④尸は通例「朝臣」ばかりで、ほぼこれを書かない。よって人名関係の要素全てを記載する場合、④尸を除き、次のように連続して記載することが、当時刊行された堂上・地下の人名録などにみられる。

池田① 左馬大允② 源③ 正韶⑤　／池田① 左馬大允② 正韶⑤

人名録などでは、「名前」と「姓名」の情報を示すため、便宜上このように繋げた書式で示すことがあるが、江戸時代の人間は、「名前」（①〜②）と「姓名」（③〜⑤）は別の用途で用いる。この二つの人名の要素、あるいは人名にかかわる要素全てを無駄に繋げた状態を、長い〝フルネーム〟――人間の「本名」のように心得ているのではない。

①〜②を「名前」といい、③〜⑤を「姓名」（姓尸名）という。「名前」と「姓名」は、江戸時代には全く別の用途に用いた。この点は江戸時代、武家や一般、また朝廷社会でも、

およそ共有されている常識であった。

## †朝廷の人名常識

朝廷では、「姓名」と「名前」の関係を次のように認識していた。

――「姓名」が何より先に存在してきた人名である。「姓名」が人名の本体である。その姓名に、位階や官名（官位）が与えられる。名を遠慮して呼ばぬために、官位、または排行などの通称でその人のことを呼び、その官名・通称に、識別のための「称号」――武家などでは「苗字」と呼んでいるもの――という要素が後から設定・付与されて、「称号＋官名（または通称）」を構成する。世間一般ではこれを「名前」といっているが、それは人の名そのものではない。

「姓名」が主体で、「名前」はせいぜい、「姓名」の従属的・副次的要素である。今や「名前」が日常生活で使用されているが、それはあくまで「姓名」、特に「名」を忌避する意識より出たものである。「姓名」がなくて、世にいう「名前」だけしか持っていない、などという状況は、あるべきではない。そんな状況は本来の意味からすれば、間違っている――。

彼らはこう信ずるがゆえに、かくのたまうのである。

「「名前」なぞ、人の名ではない。「姓名」こそが、人の名なのだ。もしもそう認識されていないのなら、それは世間一般の連中が間違っている。——正しいのは、我々だ」と。

## 3 官名と職名

### †古代を夢みる者たち

朝廷でも「官名」は、その人の地位を示すタイトルとなり、事実上日常の「名前」に用いるものと化している。官職名ともいうが、そこに実務、すなわち「職」は伴っていない。平時におけるほとんどの公家たちは、おおかた昼夜交代で御所《ごしょ》内の番所に詰めるだけである。もっとも朝廷では多くの年中儀式が古代に擬して行われる。その儀式の時、それぞれに任じられた「官名」に応じて、「大納言」役、「参議」役などを果たす。それは古代の服装（だと彼らが考えたもの）を身にまとい、おおかた威儀《いぎ》を正して座っているだけか、〝台本〟通りに、毎度お決まりの台詞《せりふ》や所作《しょさ》を繰り返すだけのことである。

江戸時代、朝廷での「官名」も、本来の官職名（国家を運営する役職名）としての実態を失い、極端にいえば、せいぜい儀式というその日限りの、いわば古代を擬した演劇の舞台で、演じる役を示すものでしかなくなっている。

そんな「官名」を負う公家たちは、江戸時代を通じて、「中絶」していた古代の儀式の「復興」を図っていった。自分たちの先祖が輝いていた（と彼らが考えている）平安時代の行事を理想として、その復活（「復古」）にある種の努力を傾注した。

そんな彼らは、禁裏《きんり》に必要な、実際の日常的雑務にはほとんど従事しないのである。

## †職名の存在

ならば禁裏の日常は誰が運営しているのか。天皇の食事や身の回りはもちろん、色々な雑務をこなすものたちが必要である。

「官」が形骸化している以上、実際の「職」を担うものたちが別に存在した。彼らは「職名」という役職名を肩書とし、この「職名」には文字通り「職」の実務が伴っていた。むろんその職務に対し、役料という給与も支給されたのである。

禁裏の運営は、ごく簡単に摂関（天皇が幼年なら摂政《せっしょう》、成人していれば関白《かんぱく》）・伝奏《てんそう》（武家伝奏）・議奏《ぎそう》の職があり、これに任じられた少数の公家たちがとりしきった。摂関は「官名」でありながら朝廷の総括者という「職」でもあり続けているが、古代の摂関と違い、ただ朝廷関係者の総支配頭といった職務を果たしていた。

その下にいる議奏・伝奏は官名ではなく職名である（写真3－2）。伝奏は幕府との伝達奏聞を担い、議奏はそれ以外の御用を差配する。議奏の下に職事（蔵人所の職名に任じられている）が位置付けられており、叙位任官などの事務を扱った。

写真3－2でいえば、議奏の広幡《ひろはた》大納言は「大納言」という「官」に任じられ「議奏」という「職」に就いている。職名は名前にはならない。つまり〝広幡議奏〟とか〝中御門職事〟などとはいわない。「議奏　広幡大納言」「伝奏　飛鳥井中納言」、などと、「職名」は称号の上ないし右肩に付けて使う肩書である。

さらに禁裏のいわゆる御台所向き、すなわち日常の雑務は、口向役人《くちむきやくにん》と呼ばれる者たちが担った。詳細を略して現実をいえば、彼らは幕府が京都に置いた禁裏《きんり》付《づき》（付武家《つきぶけ》）という旗本の指揮・監督を受けている。

口向役人には御《お》取次《とりつぎ》を筆頭に、御賄頭《まかないがしら》、御勘使《かんづかい》、御膳番《ごぜんばん》以下、数多《あまた》の職名がある。幕府から派遣された御家人と、朝廷に属する地下とがこの役職に就任していた。写真3－2でいえば、御賄頭の高津儀《ぎ》一郎《いちろう》、御勘使の坂本柳左衛《りゅうざえ》門《もん》は無位無官の御家人、御膳番の水口左近将監《みなくちさこんのしょうげん》や近藤大舎人大允《おおとねりのたいじょう》らは、その「名前」からも明らかなように、有位有官の地下である。彼らがこまごまと働いて、禁裏の日常は成り立っていた。

もちろん〝高津御賄頭〟とか〝水口御膳番〟などと呼ばれたり名乗ったりはしない。水

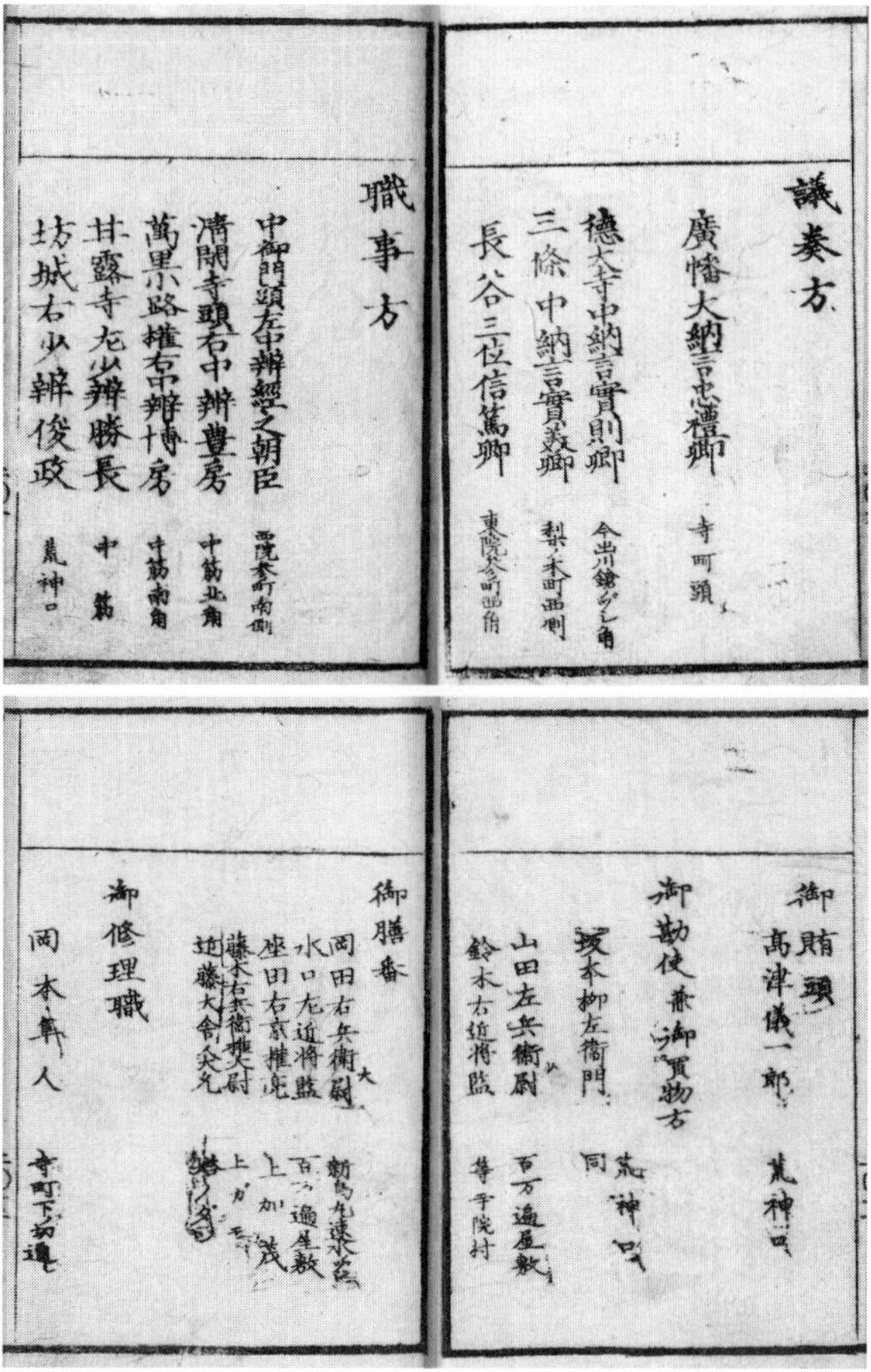
議奏方
廣幡大納言忠禮卿 寺町頭
徳大寺中納言實則卿
三條中納言實美卿
長谷三位信篤卿

職事方
中御門頭左中辨經之朝臣
清閑寺頭右中辨豊房 中筋北角
萬里小路權右中辨博房 中筋南角
甘露寺左少辨勝長 中筋
坊城右少辨俊政 荒神口

御賄頭
高津儀一郎 荒神口
御勘使 兼御買物方
坂本柳左衛門 荒神口
山田左兵衛尉 同
鈴木右近將監

御膳番
岡田右兵衛大尉
水口左近將監
林田右京權亮
藤木右兵衛權大尉
近藤大舍人允

御修理職

**写真 3-2　江戸時代朝廷の「職名」**

出典：文久 3 年（1863）刊『雲上明覧大全』

口なら、御膳番・水口左近将監といって、やはり職名は肩書で、「名前」にするのは左近《さこん》衛府《えふ》の判官という意味の「左近将監」という正式の官名である。「官」と「職」とは全く違うのである。

ちなみに朝廷儀式の運営要員として「地下役人《じげやくにん》」と呼ばれる集団もいる（江戸時代後期には彼らのことを地下官人《じげかんじん》ともいう）。「主殿寮《とのもりよう》」とか「図書寮《ずしよりよう》」などという職名に世襲で任じられた地下で、朝廷の日常にはかかわらないが、儀式に関する職務や役割を果たした。この地下役人の「主殿寮」などは、図表3-2にみえる「主殿寮」などの官庁そのものではなく、「議奏」とか「御膳番」などと同じような、肩書にする「職名」である。

### †名実の不一致

だが官名は、本来官職の名ではないか。遥か昔、官と職は一致していたはずである。官名と職名が分離しているこの状況は、おかしいのではないか。

左近将監という官名は左近衛府《さこんえふ》の三等武官という意味である。禁裏を守衛する武官でなければおかしい。それなのに現実の水口左近将監は「御膳番」という職名で、板元《いたもと》に指示して天子の御膳の御用を務めている。真面目に考えれば考えるほどおかしい。

これをおかしいと感じるのは、「名」と「実」が一致していない、すなわち名実の不一致が原因である。

　こうした官名と職名の分離・不一致は、武家でも同じことである。「町奉行」という職名に任じられている大岡越前守《おおおかえちぜんのかみ》は、「越前国の長官」という意味の「越前守」という官名を称しているが、越前国とは何の関係もなく、江戸の市政などを担当している。官と職が一致していない。〝正論〟を持ち出せば、これはどうしたっておかしい、ということになる。

　だが江戸時代の大半の人々は、このような名実の不一致を気にしていないのが常識なのである。この名実の不一致で、別に誰かが困るわけでもない。「官名」はただ偉い人間が名乗る「名前」、「通称」の一種で、その実務、職とは関係ない――そういうものとして受け入れられていた。

　だが一般の人々が受け入れていた常識とは相反する〝正論〟が、やがて幕末に向かうにつれて、無視できない流れを作り出していく。

「天皇から任じられた征夷大将軍《せいいたいしょうぐん》なるものが、どうして日本全国を統治し、政治をしているのか。名と実が一致していない。名実は一致しているべきじゃないのか――」

第四章
# 揺らぐ常識

伊勢貞丈肖像（国立国会図書館所蔵・野村文紹『肖像』）

# 1　正論を説く者たち

## †正しさはどこにあるか

江戸時代には、人名をめぐる二つの常識が併存していた。

とはいえ、朝廷社会における人名の常識は、朝廷という、ごく特殊な集団の内部でしか実質受け入れられていない。人名についての認識は、武家や一般の常識が圧倒的に優勢なのである。

人名の歴史的変遷の事実をいえば、古代の人名は藤原道長《ふじわらのみちなが》、源　義経《みなもとのよしつね》などという「姓《せい》＋名」であった（あるいは尸《し》を加えた「姓尸名」。例・「源《（姓）》朝臣《（尸）》義経《（名）》」など）。時代が下るにつれ、「名」を呼ぶことを遠慮し、代わりに相模守《さがみのかみ》とか源太《げんた》郎《ろう》などの「官名」や「通称」で呼ぶこと・名乗ることが広まったのである。

その結果、官名や通称、またはその上に称号や苗字を付けた日野中納言《ひののちゅうなごん》とか土岐十郎《ときのじゅうろう》などが人の名として用いられ、やがて「姓名」は人名としての実用性を失っていった。かくして江戸時代には、「名前」だけが人名だという一般常識が確定し、浸透するに至っていたのである。

こうした歴史的経緯に基づけば、朝廷の常識は、古い人名の〝本来の形〟を残している――ともいえよう。

ただし江戸時代のすべての人が、人名の歴史を忘れたわけではない。過去の史料を研究する江戸時代の有識者たちは、当然この歴史的経緯を理解していた。彼らはそれを研究すればするほど、古代・中世とはすっかり変わってしまった現行の人名――江戸時代における「名前」の一般常識が〝本来の意味〟では「おかしいことだらけ」であることを見出していく。

とりわけ有識者たちが「おかしい」「問題がある」と目を向けたのが、通称に用いられる「官名」であった。さらには何兵衛《なにべえ》、何右衛門《えもん》、何左衛門《ざえもん》など、ごくありふれた名前についても、あるまじきものとして憤《いきどお》ったのである。

これらの名前の、何が問題だとみなされたのだろうか。

### †何右衛門らの起源

本来、兵衛《ひょうえ》・左衛門《さえもん》・右衛門《うえもん》は禁裏を守衛する諸衛《しょえ》（衛府《えふ》）の官名である（第三章）。

もともと何右衛門・何兵衛などという通称は「藤大納言《とうのだいなごん》」のように、官名の上に本姓の一字などを書いて、他者と識別したものに起源がある。

例えば源氏で右衛門《うえもん》の官（主に尉《じょう》）に任じられた人物を源右衛門《げん(う)えもん》、平氏で兵衛の官なら平兵衛《へいびょうえ》、また長男（太郎）で左衛門の官にあれば太郎左衛門《たろうざえもん》などといった（『貞丈雑記《ていじょうざつき》』。なお、何兵衛は古くは「なにビョウヱ」と訓じたが、江戸時代には転訛《てんか》して「ベヱ」と読むのが普通となっている）。

「何太夫《なにだゆう》」もこれに類する。本来五位に叙位された人物を「大夫《たいふ》」（転訛して「タユウ」）といい、これに本姓・排行・官名を接続して源太夫《げんだゆう》、次郎太夫《じろうだゆう》、左近太夫《さこんだゆう》などといったのが由来である（ちなみにくずし字の運筆《うんぴつ》の都合から、江戸時代には「何大夫」ではなく「何太夫」と表記するのが一般的）。

何右衛門・何左衛門・何兵衛・何太夫は、その本来の意味を言えば、勅許によって叙位任官した人物だけが名乗りうる「官名」に由来する。

ところが江戸時代、こうした本来の意味は全く失われていた。「源兵衛」という名に、「源氏だから」「兵衛の官に任じられている」などという意味は含まれていない。それは第一章で述べたように、ただの名頭と〝お尻〟（人名符号の選択肢）でしかなくなっていて、庶民が勝手に名乗って構わないものになっていた。

なぜ、こんなことになってしまったのだろうか。

## †官名僭称とその名残

官名は、天皇が任命する官職の名である。むろん任命されていない人間が勝手に名乗ってはいけない。ところが朝廷の力が弱くなった戦国時代には、下級の地侍《じざむらい》までも「宮崎安房守《あわのかみ》」だの「米良民部少輔《めらみんぶのしょう》」だのと、ろくに意味も知らないくせに、勝手に正式な官名を名乗った。むろん勅許なぞない。ただカッコいい偉そうな名前として、許可も得ずに勝手に名乗ったのである。

さらに戦国大名の中には、官名を家臣に授与する者までも現れて、勅許があるべき官名の僭称《せんしょう》は、もはや止《とど》めようがなくなってしまった。こうした状況のもと、官名を通称（名前）に用いる習慣は一般庶民にも広がった。何右衛門《なにえもん》・何兵衛《なにべえ》などという通称は、戦国時代の官名僭称に由来するものである。

しかし江戸時代、戦国の世が終わり、「官名を勝手に名乗ってはいけない」という本来の社会秩序が回復されると、官名の僭称は将軍権力のもとで制約されていった。衛府の四部官《しぶかん》である「左衛門大尉《さえもんのたいじょう》」とか「右兵衛佐《うひょうえのすけ》」などは、勅許なしでは名乗りえない正式な官名として、再びその価値を回復していったのである。

ところが何兵衛、何右衛門、何左衛門などの名前は、もはや一般の通称として浸透し過ぎていた。戦国時代に蔓延した官名僭称の習慣には、完全に是正しきれない部分が残ったのである。

江戸時代、正式な官名から下司《したづかさ》を省いた「右衛門《うえもん》」「左衛門《さえもん》」「左兵衛《さひょうえ》」「右兵衛《うひょうえ》」などは、百官名《ひゃつかんな》（擬似官名）と呼ばれ、格の高い名前として用いられた。だが源右衛門《げんえもん》や平兵衛《へいべえ》のような、名頭《ながしら》＋右衛門・左衛門・兵衛は、「百官名」の範疇ですらないとみなされ、ありふれた一般通称として定着している。「官名」由来であることさえ、ほとんど忘れられようとしていたのである。

江戸時代の有識者たちは、ここにある種の憤りのもと、〝正論〟をぶつけていった。

### †官名を盗むな

有職故実家《ゆうそくこじつか》として知られる伊勢貞丈《いせさだたけ》は『四季草《しきくさ》』（安永七年〔一七七八〕頃成立）において、官名が通称に利用されるに至った由来と江戸時代の現状を、次のように述べている。

何兵衛、何右衛門、何左衛門と名乗る事《こと》、近世の風俗なり。兵衛、右衛門、左衛門、皆《みな》官名なり。官は天子《てんし》より任ぜらるるものなれば、（勝手に）官名をなのるべき事にあらず。然《しか》るに永禄《えいろく》・天正《てんしょう》の頃以来、大乱世《だいらんせ》の時代には、天子の御威勢《ごいせい》も衰へて、武士どもの威勢盛《さか》りに起り、無法我《むほうわが》ままになりて、我心《わがこころ》まかせに何《なに》ノ守《かみ》、何ノ介《すけ》などと官名をぬすみて名のれども、天子よりこれを咎《とが》めたまふ事もなく、其《その》ままに打捨置《うちすておか》れしゆゑ、あまたの年月を経《へ》るままに、いつなく武士の風俗となりて、官名を心まかせに名のる事となり、後には農民・商人・穢多《えた》・乞食《こじき》に至るまで、何兵衛・何左衛門・何右衛門と名のる事になり来《きた》れり。

要するに、①官名は勅許なく名乗るものではない。②しかし戦国乱世の時代は、そんな官名を心まかせに名乗るのが「武士の風俗」となってしまった。③さらにその風俗が庶民にも及び、一般に身分を問わず何兵衛・何左衛門・何右衛門と名乗ることが広まってしまった——と述べている。既に説明した通りの歴史的経緯で、これは江戸時代の有識者たちの間で、おおよそ共通認識となっている。

何兵衛、何右衛門、何左衛門は、〝本来の意味〟では官名由来なのに誰でも普通に名乗っている。貞丈はこれらを「官名をぬすみて」名乗る行為だと、強く非難の目を向けているのである。

ちなみに江戸時代初期の検地帳《けんちちょう》（村の土地台帳）に記載された百姓の名前をみると、孫《まご》右衛門尉《えもんのじょう》とか吉兵衛尉《きちびょうえのじょう》など、下司の「尉」を付けた名前がかなり多くみられるが、下司付きの官名が規制される影響か、江戸時代中頃までに百姓・町人らが「尉」つきの通称を公称することは、公式の文書上ではほぼ姿を消していく。

ただし西川如見《にしかわじょけん》著『町人嚢《ちょうにんぶくろ》』（享保四年〔一七一九〕刊）には「塔婆《とうば》の銘などに、町人の俗名《ぞくみょう》何左衛門尉《なにざえもんのじょう》、何兵衛尉《なにひょうえのじょう》と書《かき》たる多《おお》し。尉《じょう》は衛府《えふ》の官名にして、五位六位《ごいろくい》の人にあらざれば尉といふべき理《ことわり》なし」といって非難しており、墓石に彫る名前など、私称ではまだ「尉」を勝手に付ける者がいた。何兵衛は何兵衛尉、何右衛門は何右衛門尉などと書くのが正式だ、とみなす意識は、その後も残った形跡がある。これまた戦国期に発生した、官名僭称の名残といってよい。

### †紛々たる称

伊勢貞丈はこの他にも、江戸時代当時の人名の現状が、〝本来の意味〟からみればおかしい点を、いくつも指摘して非難している。

例えば第一章でも述べた排行について、「太郎は惣領《そうりょう》の子（長男）なり。次郎は二男なり。三郎は三男なり。今の世には惣領の子を何次郎・何三郎と名付け、二男・三男に何太郎と名付くるもあり、あやまりなり」（『貞丈雑記』）と述べている。つまり江戸時代には、〜三郎などの通称が兄弟の順番を示す排行の意味を無視し、単なる〝名前のお尻〟として使用される。この現状を〝本来の意味〟からみれば、「あやまり」だと指摘する。

さらに擬似官名の百官名《ひやつかんな》（京百官）についても「官名をぬすみたるなり」といって憚《はばか》らない。「何左衛門・何右衛門・何兵衛などは、百官名にあらずと心得たる人もあり。おかしき事なり」（『四季草』）とも述べており、〝本来の意味〟では「何左衛門・何右衛門・何兵衛など」も「百官名」というべきなのに、それすら理解できていない一般の認識に憤っている。

また何之助《すけ》、何之丞《じよう》のような「助」とか「丞」などの〝名前のお尻〟も、官名の下司に由来するから、その使用は官名の僭称だ、勝手な使用はあるまじきものだ、という非難も加えている。

東百官《あずまひやつかん》についてはさらに辛辣《しんらつ》である。「古書《こしよ》に東百官の名付たる人は一人も見えず」と述べて、戦国以前に名前としての使用が確認できず、おおかたは江戸時代になって流行した意味不明な珍名だと指摘した（事実その通りである）。東百官は平将門《たいらのまさかど》がつくった、という一般の説についても「俗説《ぞくせつ》の妄言《もうげん》なり」と冷ややかに一蹴している。

幕末期、喜田川守貞《きたがわもりさだ》は、その著書『近世風俗志（守貞謾稿《もりさだまんこう》）』において、源氏でも兵衛でもない源兵衛、三郎という名の長男など、〝本来の意味〟からはおかしな名前の現状を「姓氏《せいし》にも兄弟《きようだい》の序《じよ》にも拠《よ》るなき紛々《ふんぷん》たる称《しよう》」といって、否定的に観察している。

一般には名頭や排行と組み合わせた「源右衛門《げんえもん》」や「太郎兵衛《たろべえ》」などは、擬似官名（百官名）ではなく一般通称だと認識されている。だが〝本来の意味〟からすれば、それも官名の変形であって僭称に他ならないじゃないか――。

有識者たちのなかでは、こうした〝正論〟が、ずっと燻《くすぶ》り続けたのである。

**†今世の風俗は……**

しかし伊勢貞丈は、〝本来の意味〟に基づいて、こうした現状を是正しようとは考えない。『四季草』において、次のように指摘している。

――今の世（江戸時代中期）は、子供の時に、何太郎・何次郎・何之丞・何之助などと名付けている。しかし「何丸《まる》」「何千代丸《ちよまる》」などは、元服以前に名乗る「わらは名」（童名。幼名）であるべき名である。「何太郎・何次郎」などは、元服の日、幼名から改名する「烏帽子名《えぼしな》」（成人名）に用いるのが「古風」である。「何之丞・何之助」は官名である（勝手に名前に使ってはいけない）。これらが全く区別されず、幼名にも成人名にも同様に使用されている。それは〝本来の意味〟からみれば「あやまり」だ――。

貞丈は古来の人名の意味や区別が失われた現状に対し、一種の憤激を抱いてはいる。だが彼はその批判を「今世《こんせい》の風俗はせんかたなし」と締めくくる。つまり現状の「あやまり」を、どうしようもないものとして、一種の諦念とともに受容する立場をとった。
これは貞丈の基本姿勢でもある。例えば武家では従四位下に叙せられることを「四品《しほん》」といったが（第一章）、本来の「四品」とは親王に限って与えられる「品位《ほんい》」の一つである（一品《いっぽん》から四品まである）。ゆえに従四位下《じゅしいのげ》のことを「四品」と呼ぶのは、全くの誤用から定着した呼称だが、貞丈はこれについて次のように述べている（『貞丈雑記』）。

今時《こんじ》武家の輩《ともがら》、四位《しい》に成《な》りたるを四品と云《い》う事あやまりなり、四位と云うべき事なり（中略）しかれども今武家の四位を四品と云い習《なら》わしたれば、世の風俗に随《したが》うべし。

四品を四位の意味に用いるのは〝本来の意味〟では「あやまり」である。しかし既に、その誤用が世の中に通用している現状がある。そこは現状の「世の風俗」に従っておくべきだ——と、貞丈はいう。
貞丈は「世の風俗」、いわばその時代の中で形成され、前提として共有される社会的慣習や文化——つまり〝常識〟の変化を、渋い顔をしながらも、理解して受け入れる。彼は学者として実証的に過去との違いを「あやまり」だとは指摘するが、現在の「世の風俗」をそれに基づいて〝是正〟すべきだとは主張しない。

## †武家のルールにご用心

江戸時代、武家や一般においても正式な官名は勝手に名乗れなくなった——と先に説明した。しかし厳密にいえば、戦国時代に蔓延した僭称の名残は、正式な官名についても完全には排除しきれなかったのである。

伊勢貞丈が「治世《ちせい》になりては、守《かみ》・介《すけ》・頭《かみ》・助《すけ》等の字《じ》をば憚《はばか》りてつけず。その中《なか》に縫殿《ぬいの》助《すけ》・内蔵助《くらのすけ》などは、今も猶憚《なおはば》からぬもあり」(『四季草』)と指摘しているように、幕府は「内匠頭《たくみのかみ》」とか「上野介《こうずけのすけ》」とか、諸大夫相当の正式な官名の使用を制限・管理した一方で、「内蔵助」や「縫殿助」など、朝廷では正式な官名として扱われた一部を擬似官名の類とみなし、朝廷の許可を得ずに使用することを認め続けた。

そのため一般旗本には何の許可もなく、西尾兵庫助《ひょうごのすけ》、堀《ほり》内蔵助、奥山主計助《かずえのすけ》、近藤縫殿助などと名乗る慣例が明治初年まで存在し続けた。これらは字面も読みも、正式な官名と同じであるから、朝廷から見れば明らかに官名の僭称である(実際に朝廷では六位程度に叙位された人物が任官して使用した)。だが武家の常識では、特に代々「通称」としてこれらを称している者などには認め続けており、擬似官名の位置づけで扱っている。

大名の家来(陪臣《ばいしん》)の場合はどうか。先にも見た『天保武鑑《てんぽうぶかん》』所載の陪臣の名前を見ると、内蔵助、縫殿助、木工助《もくのすけ》、掃部助《かもんのすけ》など、朝廷の常識に抵触する正式な官名の使用者が少数ながら見出せる。家老など上級武士が慣例的に名乗っており、これも百官名などと同様の擬似官名として扱われていた。むろん彼らに勅許などない。

また武士の名前には主税之助《ちからのすけ》、兵庫之介など、読みこそ正式な官名と同じだが、正式な官名ではありえない「之」の字を差し挟んだ、官名と紛らわしいものも多い。とりわけ内《く》蔵《ら》（蔵《くら》）・木工《もく》（杢《もく》）・縫殿《ぬい》（縫《ぬい》）・右馬《うま》（馬《うま》）などは、〜之助・〜之進・〜之丞などの〝名前のお尻〟と接続する「名頭《ながしら》」のように用いられた。そのために木工之進《もくのしん》、内蔵之進《くらのしん》などという通称が普通に使用された。蔵之進《くらのしん》、縫之丞《ぬいのじょう》、杢之進《もくのじょう》、馬之允《うまのじょう》なども、一字に短縮した変形表記で、兵部右衛門《ひょうぶえもん》とか治部左衛門《じぶざえもん》などと、官名を名頭のように用いた例もある。

さらに内匠介《たくみのすけ》、玄蕃允《げんばのじょう》など、実在の下司とは字を変えたものや（助と書くべきを介を使用するなど）、治部助《じぶのすけ》、酒造介《みきのすけ》、隼人助《はやとのすけ》など、官名のようにみえるが、正式な官名としては実在しないものも用いられた（第三章図表3−3を参照）。これらは擬似官名・一般通称どちらにも分類可能である。

朝廷の常識からみれば、内蔵助などは官名そのままの僭称で、右馬之丞《うまのじょう》だの采女介《うねめのすけ》、右《う》衛門介《えもんのすけ》だとかは、正式の官名と下司の字が違っていたり、そもそも実在すらしない似非《えせ》官名であったりする。こんな官名まがいの通称は、有職故実を知っていたら恥ずかしくてみていられない。公家たちは、これらを僭称ぎりぎりの名前として怒るよりも、「官位の常識を知らぬ田舎侍め」と、鼻で笑ったに違いないのである。

## †笑わば笑え

だが武家一般にとって、公家たちの嘲笑などどうでもよいことであった。

武家では大名など「諸大夫」以上の用いる「〜のカミ」系以上の官名（及びそれに準ずるもの、第一章図表1-4・5・6）の無秩序な使用が制限されて、幕府の必要な範囲で、名前による秩序・社会的地位の表示が行われさえすればよかったのである。

そのため諸大夫以上であることを示す「〜のカミ」はおおかた遠慮されるが、「〜のスケ」「〜のジョウ」「〜のシン」は、下司由来ながら一般の〝名前のお尻〟（人名符号の選択肢）と化し、また「杢」や「縫」などのような、官名由来の変形した名頭は、庶民による使用さえも見咎《みとが》められず、一般通称として使用され続けた。

ちなみに「右京大属《うきょうのだいさかん》」など、「〜のサカン」という正式な官名は、官名僭称が蔓延していた戦国時代、朝廷でもほぼ絶滅していたため、武家にもその僭称はほぼ行われていない。サカンの任官は江戸時代中期以降、七位の地下に対して行われた、いわば江戸時代に復活した古代の官名である。ゆえに武家や一般で「〜のサカン」という通称は皆無といってよい。

### †靱負佐になりたい

「～のカミ」という語尾ながら、「市正《いちのかみ》」は陪臣や一般では百官名、つまり擬似官名として用いられた。ただし公儀（幕府）では諸大夫にのみ「市正」の使用を許しており、幕臣の場合、諸大夫以上でなければ選択できない名前であった。これはいわば幕府内部の独自ルールであった。

ちなみに諸大夫となって「市正」に改名する場合、朝廷での任官手続き上は「東市正《いちのかみ》に任じる」という書類が発給されたようである。古例では東市正と書いて「イチノカミ」と読み（トウイチノカミとも読む）、江戸時代、武家の名前として使用する場合、「東市正」ではなく必ず「市正」と表記する慣例となっていた。「参議《さんぎ》」に任じられた人物が唐名《からな》の「宰相《さいしょう》」を名前に用いたように、正式な官名と、日常で「名前」に使用する際の表記とに違いがあるものがいくつか存在した。

大名・旗本が諸大夫となって名乗る「靱負佐《ゆきえのすけ》」もその一つで、これは「右衛門佐《うえもんのすけ》」の異《い》名《みょう》である（江戸時代「靫負」は「靱負」と表記するのが普通）。これについてはこんな話がある。

ある大名が諸大夫となり、「靱負佐」に改名した。その後、高家から朝廷からの書類を受け取ってみると、「右衛門佐《うえもんのすけ》に任じる」と書いてあった。大名は「どうして間違えたんだ……」と胆《きも》を潰した。そこで高家に聞きにいったところ、「靫負佐というのは右衛門佐の別名ですから、口宣案には正式な名称の方で書いてあるのです」と言われて、大名はようやく胸をなでおろしたという。

この逸話は、鳥取藩の支藩若桜《わかさ》新田《しんでん》藩の隠居である池田冠山《かんざん》の『思ひ出草』という随筆に記されている。冠山はこの大名の無知ぶりについて、痛烈な言葉で締めくくっている。

「今の官名は虚称《きよしよう》なれど、己《おの》が名《な》の由《より》ていづる義《ぎ》もわきまへざるは、あまりにうつけたる沙汰《さた》なり」――「官名」は「虚称」（名ばかりで実なきもの）だが「己が名」には違いない。自分の名の由来も知らないでいるのは、あまりにも「うつけ」ではないか――。

「靫負佐《ゆきえのすけ》」と名乗ろうというのに、本人はその名の由来をまるで知らない。ただ自分の好みや先例通りに選択しているだけだからである。大名ですら官名への認識はこの程度でしかない。冠山は彼を「うつけ」というが、むしろこれが普通だったのである。

### †御名差合

大名・旗本らは、老中など幕府重役と同名になるのを避けるのが通例である。そのため新たに就任した老中が自分と同名の場合、遠慮して改名を届け出た。これを「御名《おんな》差合《さしあい》」

という（お名前に抵触する、という意味）。例えば寛政元年（一七八九）四月一一日、松平和泉守《まつだいらいずみのかみ》が老中に就任すると、その翌日、水野《みずの》和泉守は「御名差合」を理由に「越前守」への「改名」を老中に願い出て許可されている。だがどうしても改名したくない場合、事情によっては認められることもあった。

天明四年（一七八四）五月、牧野越中守《まきのえっちゅうのかみ》が老中になった時、松平越中守《えっちゅうかみ》は「私の家は先祖から代々越中守と名乗っている。この度、老中牧野越中守の名前に差し触るので、改名すべきなのでしょうが、できればそのまま越中守でいたい」と申告して認められている。これは松平越中守が、格の高い大名家であるがゆえに認められた例である。

本来、和泉守から越前守になる――という場合、朝廷の常識なら、改めて「任官」する手続きが必要である。朝廷の地下《じげ》であれば、実際にその手続きを行っているのである。しかし武家官位の場合、既に諸大夫となった人間の「改名」に際して、朝廷に「任官」の再申告を行わない。「和泉守改名、越前守」などと「改名」という幕府への届け出だけで済む。「甚太郎《じんたろう》改名、弥左衛門《やざえもん》」のような、一般通称の改名と全く同程度にしか扱わないのである。

「官位」本来の意味を知る当時の有識者たちのなかには、この現状を非難した者もあるが（中井竹山《なかいちくざん》『草茅危言《そうぼうきげん》』など）、武家では「諸大夫になった時、叙位任官の手続きは一度やったから、もういいだろう」という程度の認識でしかなかったのである。

江戸時代の長い平和な時期、朝廷と武家とでは、「官名」への認識や取り扱いに、相当な温度差があった。

## †荻生徂徠の提起

武家にとっての官名は、許可が必要な特別な「名前」――つまり「通称」の一種である。それは「諸大夫」など武家の格式・秩序を表示する役割を負っていて、その用途においてのみ重要な意味があったのである。

それでも形式的にではあれ、これを名乗るために、天皇から叙任の手続きを踏んでいた。この点に憂慮を抱いたのが、幕臣で儒学者であった荻生徂徠《おぎゅうそらい》である。徂徠は八代将軍吉宗に献上した著書『政談《せいだん》』（享保一一年〔一七二六〕頃成立）において、次のように述べる。

――諸大名は、すべて将軍の「御家来」であるが、形式的に官位を天皇から授けられる。ゆえに諸大名の中には、現在は徳川氏の威勢に従って、やむなくその「御家来分」のようになっているだけで、本当の主君は天皇なのだ、という意識が燻《くす》ぶり続けるのではないか。それは将来的に、徳川氏にとって「安心なりがたき筋《すじ》」を引き起こすのではないか――。

徂徠はこの問題を解消するには、朝廷の官位とは全く別に、武家独自の「勲階《くんかい》」を作って諸大名に与えたらよいのではないかとも提案したが、結局実現することはなかった。

幕末期になると徂徠の危惧は現実のものとなる。尊王《そんのう》思想の高まりとともに、大名たちは天皇から「官位」を与えられていることを根拠にして、自らの主君は徳川氏ではなく天皇であり、自分はその臣下——つまり「朝臣《ちょうしん》」（朝廷の臣下）であると認識・主張しはじめる。

実際には形骸化し、「名前」でしかなくなっていたはずの官名が、幕末には政治的活動の根拠・正当化に利用されるようになる。「官位」に対する認識が、幕末期には大きく変化していったのである。

## †名を正せ

尊王思想と密接な関係にあるのが「正名《せいめい》」論である。

孔子は君臣・父子などの社会秩序は、「名」（名称・概念）と「実」（実態）とが一致していることを重要とし、「名を正す」ことを説いた（『論語』子路《しろ》第十三《ていじゅうさん》）。「君主」という名であるのに実は「臣下」であるならば、名と実との不一致であり、それは是正されねばならない——。

こうした正名論は宋代《そうだい》の朱子《しゅし》学《がく》を経て、日本では独自の朱子学理解のもと、名分論《めいぶんろん》などと呼ばれた。特に一八世紀末、水戸藩の藤田幽谷《ふじたゆうこく》が『正名論』において、君臣の名分を正しくすることが社会秩序を安定させる要件だと説くと、それは水戸学、やがてその影響を受けた尊王論において、その動向を正当化する理論的根拠の一つともなった。

　正名を希求する立場からすれば、江戸時代の現状は、多くの「名」と「実」との不一致がある社会である。「名」においては全国の統治者であるはずの天皇より、天皇から内大臣・征夷大将軍に任じられた徳川氏が政治の「実」を握っている。時に将軍が天皇をも処罰する。そんな現状は、あるまじき名実不一致《めいじつふいっち》である。名実は一致させねばならない——。そのような理論が、討幕・尊王思想に深く関わってゆくのである。

　ここまでみてきたように、「名前」に用いられる正式な官名は、叙位任官の手続きが形式的に行われながらも、全く有名無実であった。その他擬似官名にせよ、一般通称における何左衛門にせよ、「官名」の〝本来の意味〟が無視されて、ただの名前と化している。越前守《えちぜんのかみ》に任じられながら越前国《えちぜんのくに》の長官にあらず、左衛門府《さえもんふ》とも源氏《げんじ》とも関係がない庶民が源左衛門《げんざえもん》などという名を持つ——。そのような現実は、名分論の立場からすれば名実の不一致であり、正すべき問題とみなされたのである。

　もっとも、多くの識者は、「正名」の実行は困難だと認識していた。例えば大坂の儒学者中井《なかい》竹山《ちくざん》は、その著『草茅危言《そうぼうきげん》』（寛政元年〔一七八九〕頃成立）において、「名を正す」べきとの意見に立ちつつも、「何右衛門・何兵衛、何太夫、何の丞《じよう》・何の佐《すけ》などを、庶民が名前に使うのはおかしい。だがそれは、もはや「一風習」として定着しており、今さら是正は難しい」と述べている。

## †山県大弐の正名論

山県大弐《やまがただいに》による『柳子新論《りゅうししんろん》』（宝暦九年〔一七五九〕成立）は、幕末期の尊王論に影響を及ぼしたといわれる著作である。彼は強く「正名」を主張した。

大弐は、天皇から任じられた「将相《しょうしょう》」（大臣・将軍）という「名」（名目）である徳川氏が、実際は南面《なんめん》の位（天皇）の地位を盗んでいると批判する。そして天皇がその「名」の通り、天下の大権の「実」を握るべきだと主張した。

彼は江戸時代の「名前」における名実不一致についても、次のように強く非難している。

――大名などを従五位下に叙し、何々守や何々少輔などに任じているが、本来の意味と乖離して「名ありて実なし」という状態である。さらに庶民らが、何兵衛・何右衛門などと名乗っているが、これらは「官を私《わたくし》し、官を犯す者」であり、古代なら重罪犯だ――。

しかしこう非難する彼も、官名を通称にする現状の是正は困難だと自覚している。だいたい彼自身が「大弐《だいに》」などという百官名を名乗っているではないか――。

彼は無位無官であり、もちろん「太宰大弐《だざいのだいに》」に任じられているわけでもない。山県大弐は、学者として偉そうな人物だと認識されるために、世間一般で通用した「大弐」という百官名を名乗っている。この時代の名は体を表す――。社会的地位を示すものである。「正名」を説く彼ですら、そうした一般の常識からは逃れられていない。それが現実だったのである。

だが「正名」論の影響を受けた尊王論者は、名実不一致の現状を是正すること、すなわち「正名」の実現を目標に掲げるようになる。

名実は一致させねばならない――それが、明治初年に〝実行〟された「王政復古」の根底にある思想である。この「正名」の希求こそが、明治初年における人名の混乱に、大きく関係していくことになる。

## 2 人名部位の総整理

### †「名字」に注意

人名の各部位の呼称については、江戸時代においてもかなり混乱している。ここで江戸時代の人名の要素と、その呼称を整理しておこう。

まず注意すべきものは「名字《みょうじ》」である。

武家や一般では、本来の個人名（姓名の「名」）、つまり「信長《のぶなが》」とか「家康《いえやす》」とかいうものを「名《な》乗《のり》」といい、「山田」とか「鈴木」などのファミリーネームを「苗字《みょうじ》」（「名字《みょうじ》」）といった。しかし公家の世界では、一般にいう「名乗」（実名《じつみょう》）、つまり「経之《つねゆき》」とか「信《のぶ》堅《かた》」などを「名字《みょうじ》」といい、苗字（名字）にあたるものを「称号」といったのである。

一般常識で「名字」といえばいわゆるファミリーネームのことだが、朝廷で「名字」といえば実名を意味する――。同じ「名字」という言葉が全く異なる意味で使用されていた。

この紛らわしい呼称の差異は、早くも一六世紀の時点で「武家方には称号を名字と云《い》い、名字を名乗と申すなり」（『大諸礼集《だいしょれいしゅう》』）、「公家衆には名字を称号といひ、名乗を名字と申す也《なり》」（『書簡故実《しょかんこじつ》』）と説明されている。「名字と云《いう》は、名乗を云也《いうなり》。今、武家には称号在名《ざいみょう》を名字と云《いえ》り、理にかなはぬ事なれとも、錯《さく》を以《もっ》て錯に就《つい》て云習《いいなら》はせる事也」（清原宣賢《きよはらののぶかた》『貞永式目抄』）といい、武家側の表現は「錯」（まちがい）が重なった結果とみなされながらも、既にその呼称の差異は定着していた（「在名」は武家の用語で、「足利」など領地や本貫地の地名に由来する苗字をさす。なお朝廷のいう「名字」は「苗字」とは表記しない）。

享保三年（一七一八）刊『官職知要《かんしょくちよう》』もまた「名字」という語の「公武差別《こうぶしゃべつ》」――つま

り公家と武家とで異なるものを指すので、注意するようにと述べている。それはどちらの表現が正しい、ということでもないのだが、小野高尚《たかひさ》（国学者。幕臣）著『夏山雑談《なつやまざつだん》』（寛保元年（一七四一）成立）では「名字といふべきを俗に名乗といふ、又称号といふべきを俗に名字と云《いう》（或《あるい》は苗字）」と述べられており、朝廷側の表現を〝本来の意味〟から正しいものとし、世間一般の名字・名乗という表現を間違いとみなす認識も生まれている。

ちなみに有職故実の書物では「姓名」（姓＋実名、または姓＋尸＋実名）のことを「姓名字《せいみょうじ》」ともいうが、ますますややこしくなるので、本書ではこの表現は使わないでおこう……。

## †通称なるもの

一般常識で個人の「名」といえば「通称」のことを指した。一般常識における通称は、第一章で述べた通り、大きく分けて①正式な官名、②擬似官名、③一般通称があり、そのいずれにも官名がかなり深く関係していた。この人名部位のことを、通称、俗称《ぞくしょう》、俗名《ぞくみょう》、仮名《けみょう》などといったが、時には中国人の「字《あざな》」になぞらえて「字《あざな》」とも呼んだ。

中国の「字」とは、例えば有名な「諸葛亮孔明《しょかつりょうこうめい》」の場合、姓は「諸葛」、名は「亮」、字は「孔明」である。中国でも実名忌避の習俗から、普段相手を呼ぶのに用いたのが「字」である。いわば日本の「通称」に似たものだと考えて、通称のことを「字」と呼ぶことも行われた。

伊藤東涯《とうがい》は、その著『制度通《せいどつう》』（享保九年〔一七二四〕成立）において、「いまや日本では「名乗」（実名）を呼ぶことはほとんどなくなり、「通称」――官名や排行など――を人名にしている。それは中国の「字」と同じような用途だから、日本の通称のことを「字」と表現しても、まあいいんじゃないか――」と鷹揚《おうよう》な意見を述べている。

しかし伊勢貞丈は、より厳密な実証的研究の立場から、日本には中国の「字」に該当する人名の要素はそもそも存在しないと批判し、「何太郎・何次郎・何兵衛・何右衛門その外《ほか》百官名の類は、字《あざな》という物にはあらず。これをあざな〔字〕と心得たる人あるは、あやまりなり」（『貞丈雑記』）といって、通称を「字」になぞらえることは「あやまり」だといっている。

江戸時代の「名前」（通称）とは、一体何なのだろうか――。その用途は、中国の「字」に似たところがあるが、中国の字は日本の通称のように官名とは関係ないし、歴史的経緯からも「字」が日本に輸入されて「通称」になったのでもない。通称は本来の「名」（「実名」）に対して「仮名《けみよう》」ともいうが、実情は「仮」の名とは言い難い。

江戸時代、人々が普段「名」としていたものは、通称、俗称、俗名、仮名、そして字（誤用）などと、最初から呼称さえも一定のものがない。江戸時代の通称は、官名や戦国期における官名僭称の影響を強く受けながら、江戸時代にさらに発展していった、日本独自の人名文化の産物なのである。

## †苗字・称号・氏・姓

江戸時代、一般には苗字のことを氏《し》とか姓《せい》といって、吉田氏とか山田姓などと表現する。もちろん氏・姓という語の持つ〝本来の意味〟でいえば誤用だが、江戸時代には普通に使用された。そもそも本来の氏《うじ》と姓《かばね》についても、早くから呼称の混乱が生じている。

江戸時代には、氏のことを姓・本姓という呼び方が定着しているが、これも「中古以来、源《げん》・平《へい》・藤《とう》（藤原）・橘《きつ》などの氏《うじ》を姓《（せい）》と云い誤りて、朝臣《あそん》・真人《まひと》などの姓《（かばね）》の事を尸《し》と云う事になりたり。皆とりちがえなり」（『貞丈雑記』）と、やはり伊勢貞丈による正確な指摘がある。この「氏」と「姓」の「とりちがえ」から、カバネのことを姓というと通じなくなり、カバネを「尸」というようになった。

同じ人名の要素を称号・名字・苗字・氏・姓などと様々に表現し、その各用語にも複数の違う意味があるため、なんともややこしい。この問題は当時の有識者たちも認識していた。

だが混乱しているのは、あくまで人名各部位の呼称だけである。人名を構成するそれぞ

| | | | | |
|---|---|---|---|---|
| 名前（苗字名・姓名・氏名・俗名） | 下村 | 池田 | ← | **①家の名前**<br>称号・苗字（苗氏・名字）<br>※通用した誤称：氏・姓・本姓・姓氏 |
| | 熊蔵 | 左馬大允 | ← | **②事実上の個人名**<br>官名・通称・俗称・仮名・名<br>※通用した誤称：字（あざな）<br>※朝廷の常識では、官名と通称を異なるものと解釈 |
| 姓名（姓戸名・姓名字） | 橘 | 源 | ← | **③古代擬制上の一族名**<br>氏・姓（セイ）・本姓 |
| | 朝臣 | 朝臣 | ← | **④③に附属する爵位的要素**<br>姓（カバネ）・戸 |
| | 兼貞 | 正韶 | ← | **⑤古代擬制上の個人名**<br>名・名字・名乗・実名・諱 |
| | 号・初日庵 | 号・東籬亭<br>字・鳳卿 | ← | **⑥その他の私称**<br>号・字、その他（肩書・屋号など） |

**図表4-1　江戸時代における人名の実態と各部分の名称**

れの部位自体は用途が異なるため、その使用上混同されることはない。江戸時代の認識に基づいて整理すると、図表4－1のようになる。

①〜⑤がここまでみた「名前」と「姓名」を構成する人名の要素である。これらの各用途は厳然と分かれている。もっとも、「氏」といった場合に①③、「姓」は①③④、「名字」は①⑤という、同じ語が全く別のものを指すことがあり、呼称の上では確かに混乱がある。だが①〜⑥の各部位そのものを取り違えて混同することは、まずはありえないことだったのである。

## 屋号と苗字

なお江戸時代には、「越後屋」や「大黒屋」などの屋号が通称の上に接続して「名前」のように用いられるが、もとは「号《ごう》」ともいうべき私称に由来する。屋号の使用は江戸時代に隆盛を迎えて人名の一部のように用いられた。江戸時代の人名に関する要素の中で、最後に出現した新規のものといえる。

こうした商家の屋号は、百姓における「百姓」や「庄屋」などの肩書と同等に用いられることもある。これらの肩書は、名前の右肩に書くほかに、百姓《ひゃくしょう》庄左衛門《しょうざえもん》、組頭治兵衛《くみがしらじへえ》などと、通称の上に接続して「名前」の一部のように機能しており、「山城屋《やましろや》佐兵衛《さへえ》」などと、公的にも使用される「名前」にもなっていた。

屋号は「家号《や(か)ごう》」ともいわれるが、江戸時代の著名な豪商である加島屋《かじまや》久右衛門《きゅうえもん》が「廣岡《ひろおか》」、鴻池屋《こうのいけや》善右衛門《ぜんえもん》が「山中《やまなか》」という苗字を持っていたように、屋号は苗字（図表4－1の①）とは全く別に存在する。苗字は血縁者間で共有するが、屋号は血縁者間では必ずしも共有しない。例えば鈴木という苗字を持つ百姓の悴《せがれ》の何太郎さんが、越後屋八郎《はちろ》右衛門《えもん》（苗字は三井）に長年奉公して、暖簾《のれん》分けで屋号をもらって独立し「越後屋何太郎」などと名乗っても、苗字は「三井」ではなく、その本来の苗字である「鈴木」を必ず用い続ける。

あるいはどこかの村の石田さんちの兄弟が、別々の商家に奉公して暖簾分けによって独立すれば、長男は分銅屋《ふんどうや》何兵衛で、二男は恵比須屋《えびすや》何右衛門などと、兄弟で違う屋号を称することになる。だが苗字は二人とも、やはり「石田」を共有するのが普通であった。明治以降の現在の「氏」（苗字）には、屋号に由来する苗字が存在するが（理由は第七章）、江戸時代の社会における屋号は、苗字とは絶対に混同されない全く別の私称の号、ないし肩書の一種である。

### †名前でも姓名でもないもの

このほか人名の要素には、図表4－1に⑥として示したように、「名前」でも「姓名」でもない、号《ごう》や字《あざな》などといわれるその他の私称がある。ここでいう字《あざな》はもちろん「通称」の意味ではなく、中国文化を真似た文雅《ぶんが》の世界などで、号とともにペンネーム的に使用されたものを指す。⑥は「名前」のように支配側から把握されることはなく、また朝廷で本名として使用される「姓名」とも別のものである。

例えば第三章に登場した池田左馬大允《いけださまのたいじょう》は、姓名を源正詔《みなもとのまさつぐ》と称し、書家で著述家でもある文雅人である。文政一三年（一八三〇）版『平安人物志《へいあんじんぶつし》』によると、字は鳳卿《ほうけい》、号は東籬亭《とうりてい》。他に尚古館《しょうこかん》という号も称した。彼はその著書『増補都名所車《みやこめいしょぐるま》』（文政一三年刊）

を「東籬亭主人」の名で執筆したが、同書の序文では「尚古館主人」と署名し、同書所載の画賛の書では「左馬大允正韶《さまのたいじょうまさつぐ》」と署名して「鳳卿」「正韶」と彫られた二つの落款《らっかん》を押している。

号や字は文雅の世界で用いるが、当然借用証文など日常の「名前」（通称）には使えない。ただし宗門人別帳などで号を自分の名前（通称）としても登録している場合、それは公的にも使用される「名前」（通称）としても用いられる。

例えば江戸時代後期の京都に、水原三折《みずはらさんせつ》と吉益復軒《よしますふくけん》という著名な医師がいた。「三折」と「復軒」はともに号だが、嘉永五年（一八五二）版『平安人物志』をみると、三折は号の「三折」を「名前」としても使用して「水原三折」と称している。一方吉益は、数代にわたり「吉益周助《よしますしゆうすけ》」を「名前」として襲名しており、公的な名前は「吉益周助」で、「復軒」はあくまで私的な号である。つまり当時町奉行所などに名乗る「名前」として「水原三折」は通用するが、「吉益復軒」は通用しない。号が「名前」であるかどうかは、当時の史料に当たらない限り、なかなかわかりにくいのである。

また人は亡くなると、多くの場合、戒名《かいみょう》・法名《ほうみょう》などで呼ばれる。それは「名前」「姓名」いずれの系統にも属さない。「名前」は「名前」として改名していき（例・南部三郎→南部信濃守）、「姓名」は「姓名」として改名していく（例・源　嵩信《みなもとのたかのぶ》→源利謹《としのり》）のである。墓石に彫られることの多い戒名や法名は、「名前」や「姓名」のいずれかが〝改名〟したものではない。いわばそれらとは全く別に付与される、最後の人名といえるものである。あえて分類すれば⑥「その他の私称」ということになろう。

## 3　官位の褫奪と「王政復古」

### †解官する常識

幕末期、嘉永六年（一八五三）のペリー来航以降の社会情勢のもと、朝廷が次第に影響力を強めていくなか、武家の「官位」に対する認識が次第に変わっていった。その特徴的な現象の一つが、「官位」の褫奪《ちだつ》（剥奪すること）をめぐる動向である。

朝廷の官位には「解官《げかん》」という措置が存在した。江戸時代以前にも行われていた朝廷の慣習で、何かしらの罪を犯した者の官職を解く、すなわち解任・剝奪することをいう。

江戸時代の「解官」は、官位を持つ公家や地下《じげ》が、刑事事件などで公儀（幕府）の吟味を受け、いわば有罪判決を受けて処罰される場合に行われた。しかし江戸時代の官位は「名前」として使用されているので、解官は名前の剝奪ともなる。その場合、その人の名前はどのようになってしまうのだろうか。

安永三年（一七七四）に発生した御所口向役人《くちむきやくにん》の不正事件では、一〇〇人以上の口向役人が処罰された。当時の口向役人のうち、上級の者の多くは官位を有する地下であったから、処罰に伴って「解官」が行われた。この事件では、高屋《たかや》遠江守《とおとうみのかみ》は「高屋遠江」、山《やま》口《ぐち》日向守《ひゅうがのかみ》は「山口日向」、世《よ》継右兵衛大尉《つぎうひょうえのたいじょう》は「世継右兵衛」などの名で処罰されている。

つまり解官によって、名前にしていた正式な官名が剝奪されるが、名前がないと刑罰を申し渡すにも都合が悪い。そこで元の官名から下司《したづかさ》を除去したものを自動的かつ強制的に名前にされたのである。

先に見たように、正式な官名を「官名」たらしめているのは、「〜のカミ」とか「〜のジョウ」などという下司である。官名が名前として利用される近世社会において、解官は正式な官名から擬似官名へと強制的変更をもたらす。その人物は、身分の下降を名前によって内外に示される。いわば恥辱を与える刑罰としての意味も持ったのである。

もう一例見よう。寛政八年（一七九六）六月、詐欺事件への関与で摂家二条家の家臣である津《つ》幡民部少輔《ばたみんぶのしょう》が幕府評定所で吟味された。同人は地下で、従四位下・民部少輔、また伊《い》予守《よのかみ》も兼官していた。当初「津幡民部少輔」の名前で吟味されたが、寛政九年六月に有罪決定の際は「津《つ》幡《ばた》伊《い》予《よ》」の名前で追放刑に処されている。彼の場合、解官によって格の低い方の官名「伊予守」から下司を除去した「伊予」が強制的に名前にされたのである。

## †解官しない常識

しかし「解官」という処罰は、朝廷独自の常識なのであった。幕府には武家官位に対して「解官」を行なう習慣などなかったのである。

実際、寛政一二年（一八〇〇）七月、幕府評定所では「大名・旗本を処罰する際には「解官」の措置をとっていない。朝廷の地下を処罰する場合も、そんなことをする必要はないのではないか」と評議している（『御仕置例類集』）。ここにも官位をめぐる公武における〝常識〟の違いがあった。

ところが幕末期、朝廷が政治に干渉するようになると、朝廷内部の「官位」の常識が、次第に武家にも押し広げられていったのである。

これまで武家官位の叙任に際し、武家側は必要な情報を記した「姓名書」の提出のみで勅許されてきた。しかし文久三年（一八六三）、幕府は朝廷側の要請を受けて、武家官位の場合も朝廷の官位と同じように、叙任の申請を「申文」の形式に改めさせられている（箱石一九九六）。

将軍が武家官位の叙任を掌握する実態こそ変わらなかったが、形式的には武家官位も朝廷の常識に同化されたのである。一般には忘れさられていた官位の〝本来の意味〟が、時代の趨勢をうけて、次第に着目され始めていた。

同じく文久三年頃には、処罰としての官位の褫奪《ちだつ》、すなわち「解官」の措置を、武家官位にも利用する動向がみられるようになる。

### †長門宰相から毛利大膳へ

それが実行されたのはいわゆる長州藩毛利氏、すなわち名前でいえば長門宰相《ながとさいしょう》（松平大《まつだいらだい》膳大夫《ぜんのだいぶ》。姓名は大江慶親《おおえのよしちか》）に対してである。

元治元年（一八六四）七月一九日、長州藩兵は京都御所の近辺で会津・薩摩藩兵と軍事衝突を起した。いわゆる禁門《きんもん》の変である。この事件に対し、朝廷は幕府の要請に応じて、長門宰相らの官位褫奪を公表した。さらに幕府も毛利氏に許していた松平の称号を剥奪するなど、かつてない種類の処罰を行ったのである。

この措置により、長門宰相ないし松平大膳大夫と呼ばれた男は、従四位上・参議（宰相）・大膳大夫の官位を剥奪され、その嗣子《しし》たる松平長門守《まつだいらながとのかみ》（大江定弘《おおえのさだひろ》）も、従四位下・少将（左近衛権少将《さこんえのごんのしょうしょう》）・長門守の官位を剥奪された。その結果、名前はどうなっただろうか。写真4-1は、官位褫奪前後における『袖珍武鑑』での毛利氏の記載箇所である。「長

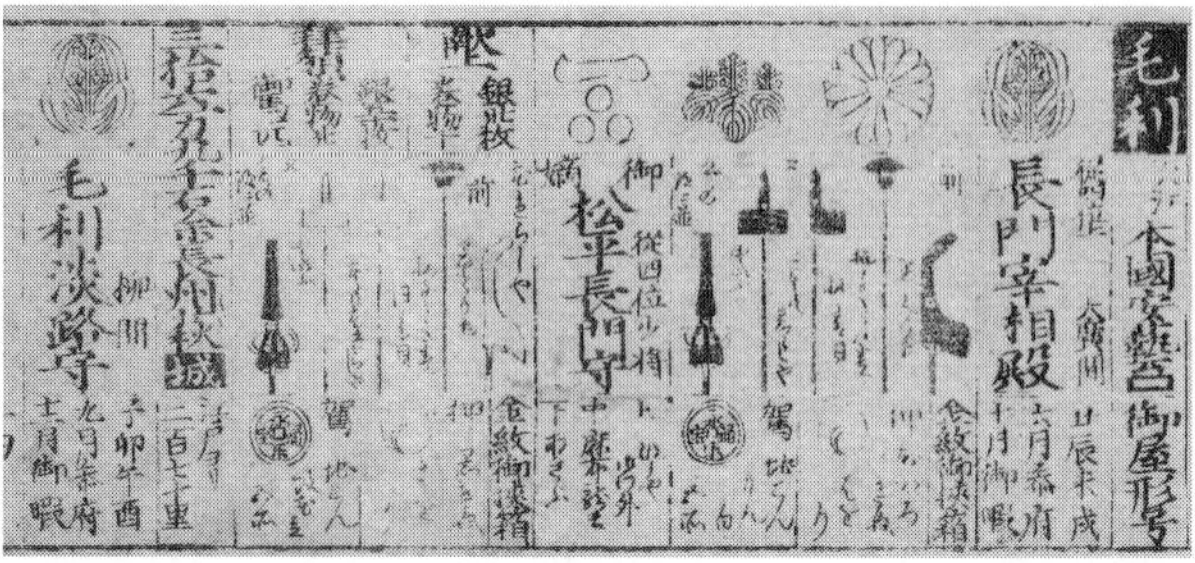


官位褫奪前（文久３年〔1863〕刊『袖珍武鑑』）

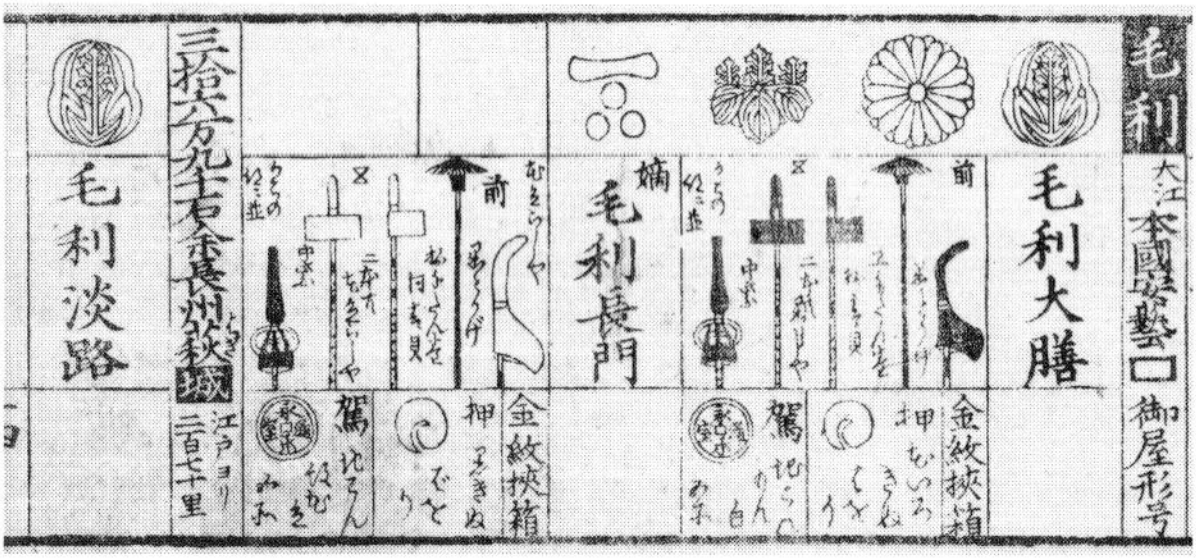


官位褫奪後（元治２年〔1865〕刊『袖珍武鑑』）

**写真 4-1　長門宰相（松平大膳大夫）から毛利大膳へ**

門宰相殿」が「毛利大膳」、「松平長門守」が「毛利長門」と、本人の意思とは関係なしに変更されていることがわかる。また一族の支藩である「毛利淡路守」なども同じく官位を剝奪され「毛利淡路」にされている。官位褫奪は、従来朝廷で取られてきた「下司」を除去した名前への強制的下降という方法で処理されたのである。

写真４－１の武鑑記載をよく見ると、官位・殿席《でんせき》などその身分格式の記載はも

ちろん、江戸屋敷や参勤交代の情報も完全に削除され、普通の大名なら「御嫡《ごちゃく》」「金紋御《きんもんお》挟箱《はさみばこ》」などと記載されていた箇所も、貴顕であることを示す「御」の字が意図的に削られ、「嫡」「金紋挟箱」に修正されている。彼らは諸侯として敬意を示される地位ではなくなったことを、この記載によって一般の人々にまで広く晒《さら》されたのである。「毛利大膳」や「毛利長門」という名前への強制変更は、そのような地位の下降を最も端的に示すものであった。

従来、大名には行わなかった官位褫奪を、幕府は自ら朝廷に要請して行ったのである。それは「官位」をただの格の高い「名前」ではなく、天皇の勅許による「官位」としての価値を幕府自らが認めたことをも意味していたのである。

幕末期、武家の「官位」への常識は、着実に朝廷側の常識に侵食され始めていた。

### †一新と復古

慶応三年（一八六七）一〇月一四日、将軍徳川慶喜は大政奉還《たいせいほうかん》の上表を天皇に呈し、翌一五日勅許された。一一月一五日と一七日、朝廷は慶喜や在京の諸侯らに対して「王政復古」を目指すことを表明しつつも、現状の「諸藩封建《しょはんほうけん》」（領主が各地の領地を治める）の政体《せいたい》を「往古《おうこ》」のような「郡県《ぐんけん》」の制度（天皇が地方官を任命して派遣する）に戻すことは現実的に困難であるから、現状をみながら「名分《めいぶん》」の立つ形で「王政復古」を模索したいと述べ、彼らに意見を求めている。

王政復古といっても、第三章図表3－2のような変形した古い官制、あるいはもっと古い太政官制をそのまま復活させても、実際の国家運営がままならないことくらい、朝廷もよく理解していた。

同一七日、朝廷は「御政務筋《ごせいむすじ》、往古の通《とお》りには迚《とて》も相運《あいはこ》び難《がた》く思し召《おぼめ》され候《そうら》えども、総《すべ》て新法《しんぽう》のみの御政務に相成候《あいなりそうらい》ては甚《はなは》だ宜《よろ》しからず候間《そうろうあいだ》、なるべき儀は旧儀《きゅうぎ》に基《もと》き候様思《そうろうようおぼ》しめされ候事《こと》」と表明している。つまり、古代そのままのしくみを「復古」することはできないが、全く新規の政治機構を作ることもよくないから、王政の昔に基づきながら進めるのだ――という、なかなか難しい注文が、「王政復古」の大改革の基礎に置かれた。

ゆえに「朝政一新《ちょうせいいっしん》、追々旧典復古《おいおいきゅうてんふっこ》」する（一二月八日布告）――という、日本を「一新」しながら「復古」するのだという、一見相いれない要素が同時に掲げられ、それが明治初年の動向の大前提となった。

かくして一二月九日、朝廷はいわゆる「王政復古の大号令」によって、幕府や摂政《せっしょう》・関《かん》白《ぱく》など、王権を代行しうる官職の廃止を宣言した上で、新たな政府（機構は次章で述べる）

を発足させ、「王政復古」をめざす「御一新《ごいっしん》」を内外に表明した。王政復古の根底にあるのは、名・実の一致を社会秩序の基礎とする「正名」の理論である。

これまで朝廷の常識は、狭い朝廷社会という、ごく少数派の意見でしかなかった。だがここにおいて、その少数派を戴くものたちがこの国の政権を掌握した。もちろん朝廷に属していた公家たちは、古代を夢見る自分たちの常識こそが正しく、一般常識を「あやまり」とする意識のもと、「名」を正す「王政復古」をめざしていく。

旧幕府の時代を「一新」しつつ、王政に「復古」するという注文の多い社会の〝再編〟がここに始まった。江戸時代の人名は、官名と切り離せない関係にあったから、この潮流のなかに否応なく巻き込まれていく。

人名をめぐる朝廷の常識と、武家や一般の常識。

この二つの相いれない常識は、この条件下で併存しうるはずもない。もはや前者が、断然優位に立ったのであるから――。

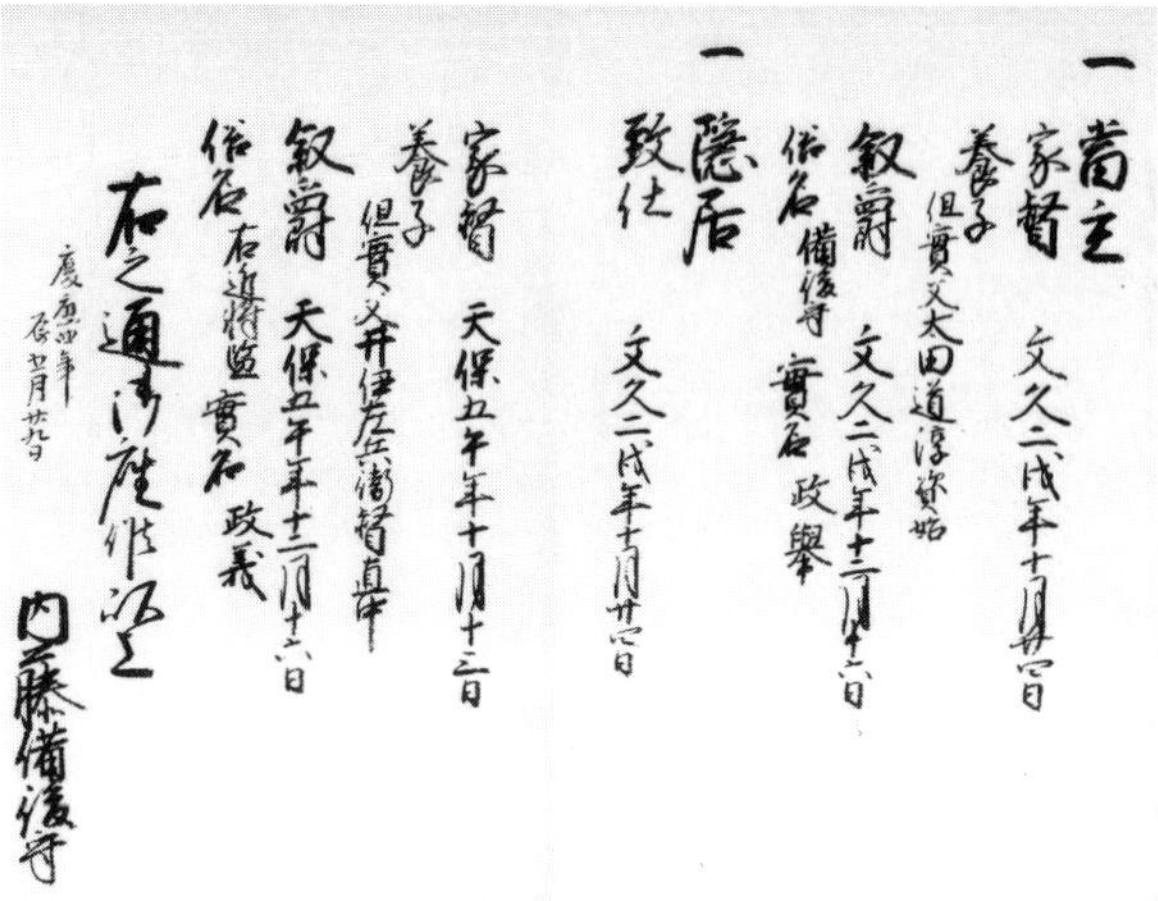

第五章
# 王政復古のはじまり

「諸侯明細書」(慶応4年、国立公文書館所蔵)

## 1　官位と職名

### †夢の実現へ向けて

王政復古の実現した社会では、「官名」がその名の通り、国家を運営する職務と合致している――「名」と「実」の一致した社会が当然理想とされた。

だがそんな名実一致の実現のために、どうしたらいいのだろうか。

よもや禁裏の御執次衆《とりつぎしゅう》（地下《じげ》。口向役人《くちむきやくにん》）である土山淡路守《つちやまあわじのかみ》に向かって、「さあ、今日からその名前通り淡路に赴任してくれ」と命じることはできまい。大名の酒井《さかい》雅楽頭《うたのかみ》に「あなたは雅楽寮《うたりょう》の長官だから、朝廷で音楽に関する仕事をしろ」といっても、困惑するばかりであろう。

地方には大名などの領主たちがいて、古代の「国」という行政区分とは関係なく統治している。雅楽寮であれ大蔵省であれ、そういう古代の役所は当時もう実在しない。おまけに朝廷の国司や武家官位は、定員制限なしで〝名誉あるタイトル〟として授与されているから、定員一名であるはずの長官――出羽守《でわのかみ》であれ采女正《うねめのかみ》であれ――が、合計何人も存在してしまっているのが現実である。

現在任じられている「官名」に応じて、その官名が本来担うべき「職」の実務を復活させる――という形での「復古」の実現は、到底不可能であった。

とはいえ彼らの「官名」は、その人の社会的地位を示す格の高い「名前」として、極めて重要な役割も持っている。そんな「官名」を、ただ「名実の一致しない不適切なもの」として、いきなり使用を禁止するわけにもいかない――そういう現実が横たわっていた。

ゆえに明治新政府は、「名前」としての「官名」は当面そのままにした。そしてそれとは別に、国家・政府を運営する各役職と組織（「職名」・「職制」）を作ることから始めたのである。

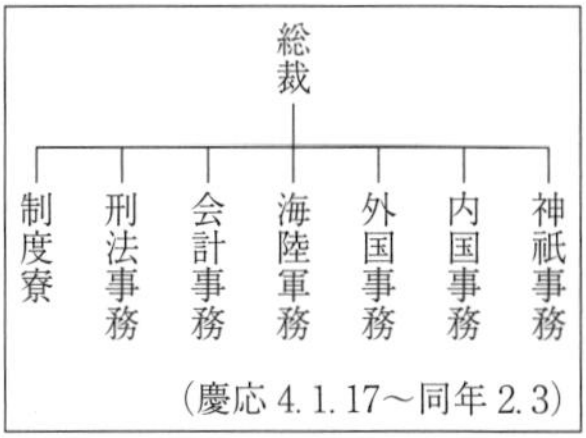


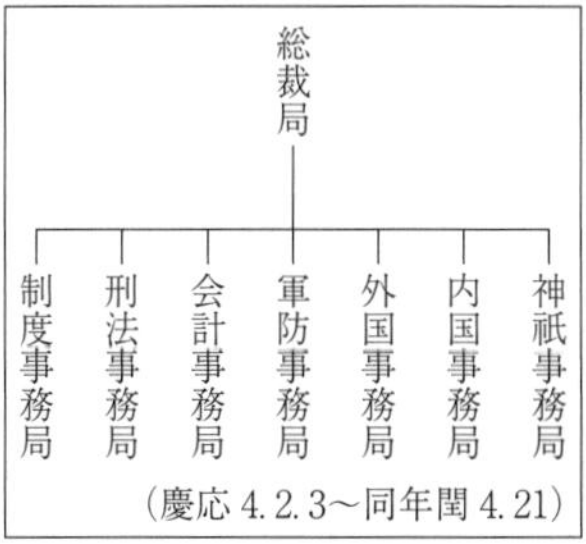


**図表 5-1（上）　三職分課（七科）**
**図表 5-2（下）　三職八局**

## †新政府職制の登場

慶応三年（一八六七）一二月九日、朝廷は、総裁《そうさい》・議定《ぎじょう》・参与《さんよ》の三職を設け、いわゆる新政府を発足させた。古代に国家を運営した「太政官《だじょうかん》」を漸次復興することも予告している。それから一カ月後の翌四年一月一七日、新政府は国家の諸事務を七つに分掌《ぶんしょう》することを定め（三職七科制《しちかせい》。図表5-1）、さらに翌月三日にこれを八局に改組する（三職八局制。図表5-2）。

三職のうち最上位とされた総裁には有栖川宮帥熾仁親王《ありすがわのみやそちたるひと》（帥は太宰帥《だざいのそち》の略称）が任命された。議定には山階《やましな》（山階宮）常陸太守晃《ひたちのたいしゅあきら》親王ら「宮」（親王）と、中山前大納言《さきのだいなごん》ら「公卿」（堂上はこの頃より公卿と総称される）、及び尾張大納言ら、幕末以来の政治動向に関与してきた一部の「諸侯」が任じられた。

参与には西園寺《さいおんじ》三位中将《さんみのちゅうじょう》ら公卿と、薩摩藩の西郷吉之《さいごうきちの》助《すけ》、土州藩の後藤象二郎《しょうじろう》ら諸藩士が任命されていった。こうした新政府の役職に徴用された藩士を「徴士《ちょうし》」という。なお当初は公卿から選ばれた参与を「上の参与」、徴士から任じられた参与を「下の参与」といって区別した（写真5-1）。また七科制の頃より「副師」（のちの副総裁）も置いている。

七科制では主に議定が各事務の長官である「総督」（「外国事務総督」などの職名）を兼任し、その下で実務にあたる「掛《かかり》」（「外国事務掛」などの職名）が下の参与から任じられた。例えば「海陸軍務総督」は議定の仁和寺宮《にんなじのみや》・岩倉前中将《さきのちゅうじょう》・薩摩少将、「海陸軍務掛」は参与の広沢兵助《ひろさわひょうすけ》と西郷吉之助が兼任している。

八局制《はちきょくせい》では、総裁局に総裁・副総裁のほか輔弼《ほひつ》・顧問・弁事《べんじ》などの職名が置かれ、各局には督《かみ》・輔《すけ》・権輔《ごんのすけ》・判事《はんじ》・権判事《ごんのはんじ》などの職名が設定された。長官・次官にあたる督・輔・

権輔には議定や上の参与が任じられ、判官にあたる判事には七科制の「掛」を務めた人物がおおよそ就任している。判事には大久保市蔵《いちぞう》（利通《としみち》）、福岡藤次《とうじ》（孝弟《たかちか》）など、のちに明治新政府を主導する徴士たちが任命されているが、この時点での長官など上層部は、宮・公卿と一部の諸侯で占められていた。

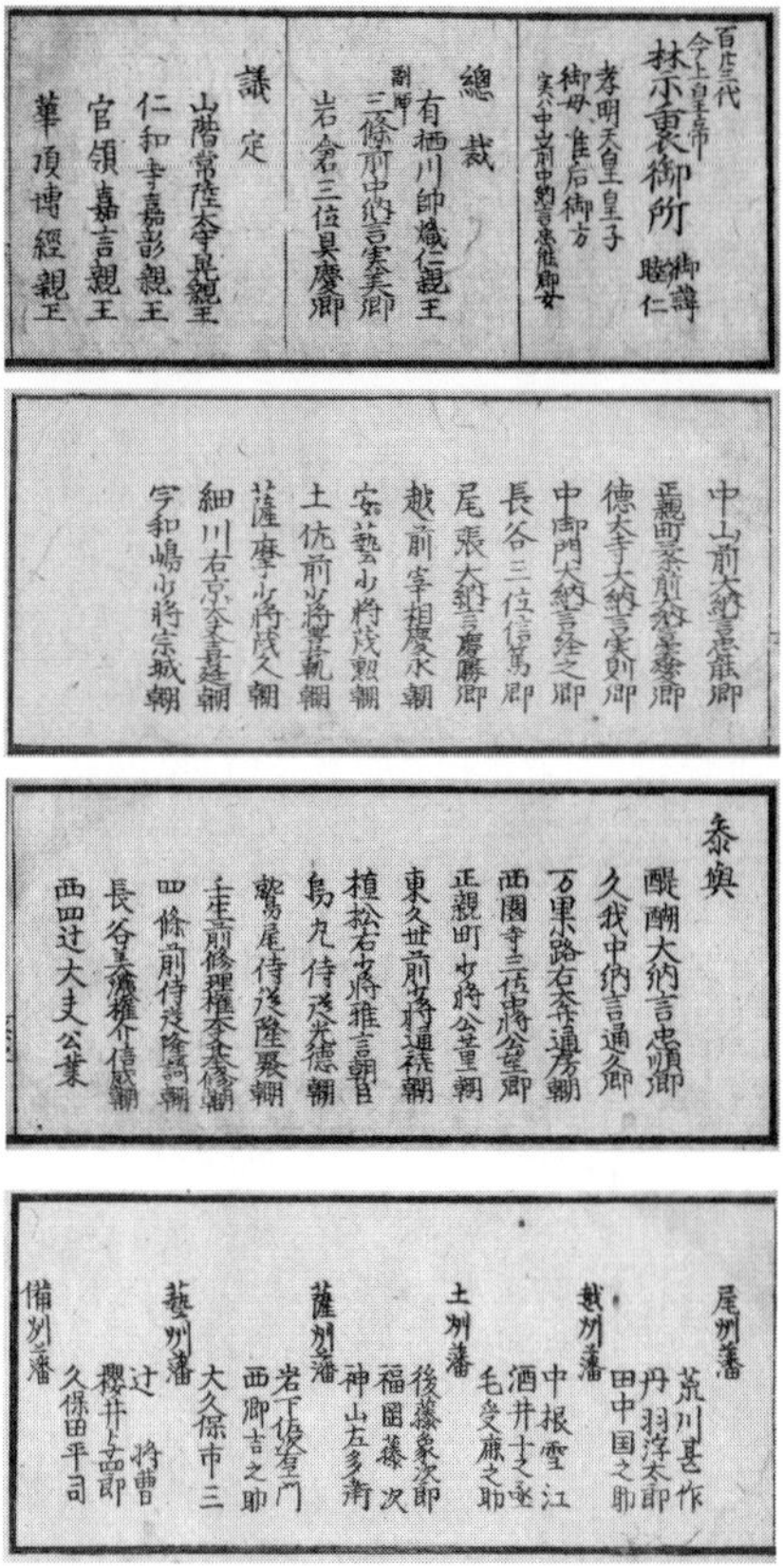

議定

上の参与

下の参与（部分）

**写真 5-1　三職と名前（慶応 4 年 2 月頃。七科制）**

出典：慶応4年2月版『雲上便覧大全』。下の参与は同じ「参与」でも、公卿・諸侯のように敬称はないのはもちろん、文字も一段小さく下付けで記載されている。なお同書の記載情報には誤りもある。

## †並行する官名と職名

八局制では督や輔などという「官名」のような語感の「職名」も導入されたが、これはあくまで「職名」である。つまり江戸幕府における「町奉行」とか「大目付《おおめつけ》」などのような役職の名称であった。

ゆえに「細川右京大夫《うきようのだいぶ》」が「議定職・刑法事務局輔《けいほうじむきよくすけ》」に任命されても、「右京大夫」という官名は、そのまま変わらない。名前はあいかわらず「細川右京大夫」である。職名は官名ではないから〝細川議定〟とか〝細川刑法事務局輔〟などと「名前」の用途で使用することはない。

つまり「細川右京大夫」は、〝右京職《うきようしき》（平安京の右京の市政を司る）の長官〟という官名を称しつつ、実際の職は「議定」と「刑法事務局輔」である。なんだかおかしな状態だが、この時期「官名」と「職名」は、これまで通り全く別に存在し続けた。

官位は新政府の職名とは全く別に、明治二年（一八六九）七月まで新規の叙位任官も行われ続けた。そのため公卿の三条前中納言《さきのちゆうなごん》（のちの「三条実美《さねとみ》」）の官名は、慶応四年二月に権大納言、四月に左近衛大将《さこんえのたいしよう》、五月に右大臣に任じられ、また長谷美濃権介《みののごんのすけ》も明治元年一二月に少納言、岩倉前中将も慶応四年二月に右兵衛督《うひようえのかみ》、明治二年正月に権大納言に任じられている。この間、彼らは「外国事務総督」とか「副総裁」など七科制・八局制の職名にも任じられているのである。

「官名」と「職名」が別個に「任命」されて併存する。それは旧幕府時代と変わらないこの時期の特徴であった（写真5－2）。

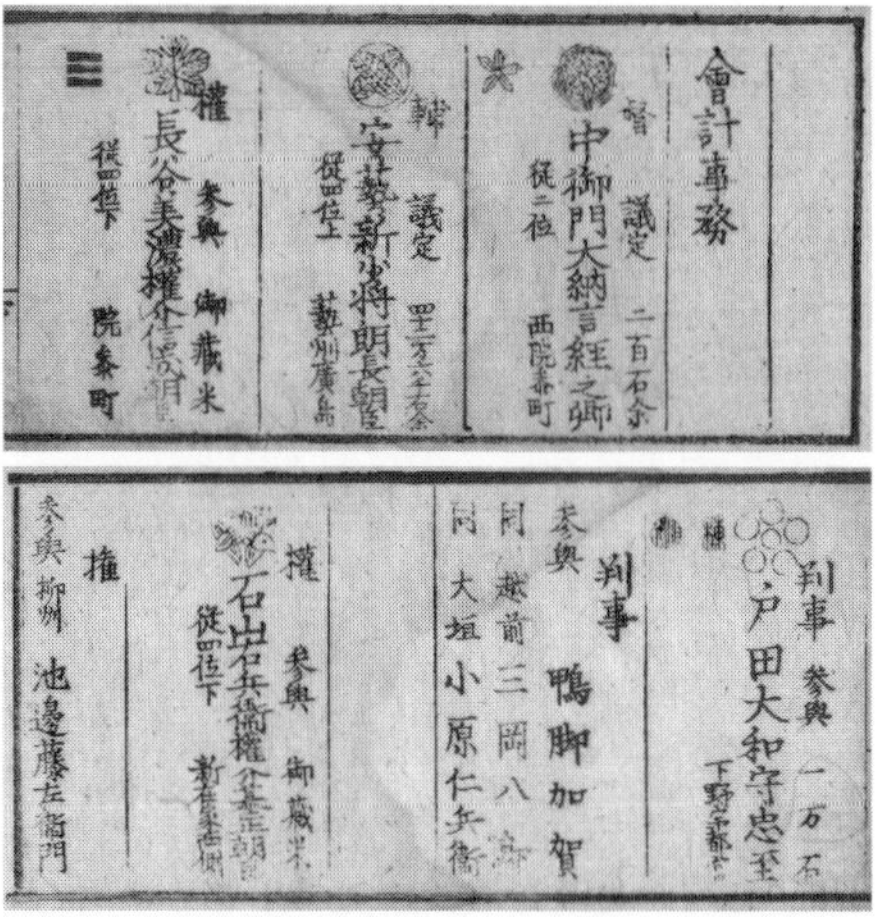
會計事務
督 議定 二百石余 中御門大納言經之卿 從二位 西院参町
輔 議定 四十二万六千石余 安藝新少将朗長朝臣 從四位上 藝州廣島
權 参與 御藏米 長谷美濃權介信篤 從四位下 院参町
權 判事 参與 一万石 戸田大和守忠至 下野宇都宮
判事 参與 鴨脚加賀
同 越前 三岡八郎
同 大垣 小原仁兵衛
權 参與 御藏米 石山右兵衛權介基正朝臣 從四位下 新在家西側
權 参與 柳州 池邊藤左衛門

**写真5-2　会計事務（部分。慶応4年3月頃。八局制）**

出典：慶応4年3月刊『雲上便覧　御役之部』。八局制新政府役職者の名簿。

## †七官制

慶応四年閏四月二一日、新政府は八局制を廃し、新たに発した「政体《せいたい》書《しょ》」によって七官制と呼ばれる機構に改組する（図表5－3）。ここに新政府は中央政府そのものを「太政官」と総称して、その職務を「議政官」以下、七つの官に分掌《ぶんしょう》したのである。

七官制では立法府に位置付けられた議政官が上局と下局に分かれてお

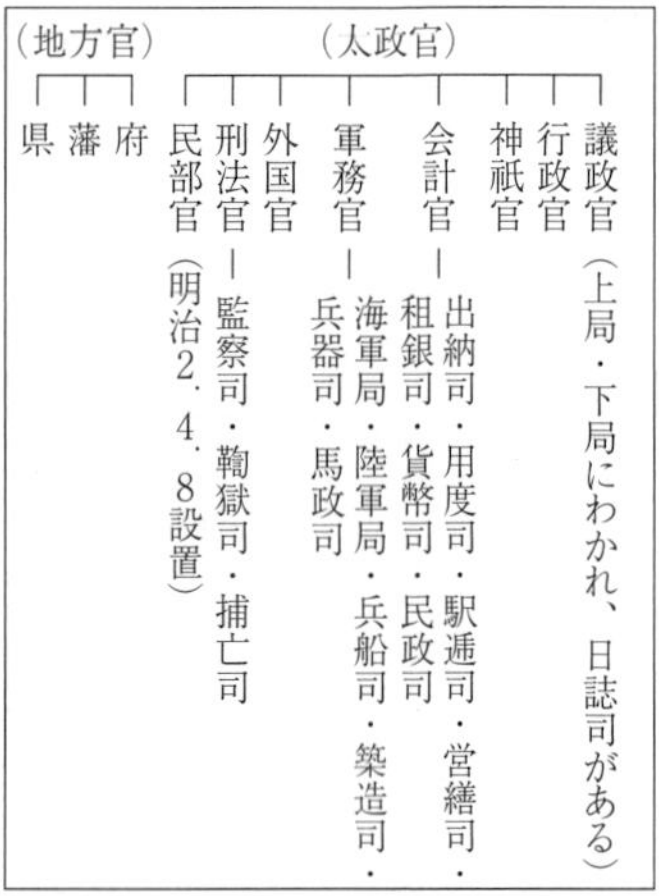


**図表5-3　新定官制（政体書七官制）（慶応4.閏4.21〜明治2.7.8）**

註：当初は議政・行政・神祇・会計・軍務・外国・刑法の七官だが、後に「弾正台」や「民部官」が設置、追加された。

り、この上局のなかに、議定・参与などの職名がある。従来の三職のうち、「総裁」だけは七官制への改組とともに廃止されたため、七官制では「議定」が政府最高の職名である。

　行政官は、いわば行政府の中枢組織で、輔相《ほしょう》（議定が兼任）・弁事《べんじ》・権弁事《ごんべんじ》などの職名が設けられた。その他の五官は行政官の指揮下で実務を担う、いわば八局制の「局」の系統に属し、その下位部署として「出納司《すいとうし》」などの「司」があった。

　議政・行政を除く各官には長官・次官にあたる職名として、知官事《ちかんじ》・副知官事、判官事《はんかんじ》・権判官事、各司には知司事・判司事・権判司事などの職名が設けられた。職名としては「外国官知事《がいこくかんちじ》」とか「出納司《すいとうし》判事《はんじ》」など部署名＋知事・判事という形で使用される。

　明治初年、新政府の職制は目まぐるしく変わってきたが、一応この七官制で落ち着き、明治二年七月八日まで続くことになる。なおこの間、慶応四年九月八日に改元し、明治元年となっている。

## †官等の設定

七官制には三職七科・八局制にはなかった特徴がある。それは知官事が一等官、副知官事が二等官などと、各職名に一〜九等の「官等」が設定された点である（図表5－4）。新政府が任命した職の上下は、従来の官位とは全く関係ない。ゆえに職の序列を示す官等を新たに設定して、職と官等による秩序を設けようとしたのである。

| | 議政官 上局 | 議政官 下局 | 行政官 | 神祇官 会計官 軍務官 外国官 刑法官 | 各司 | 府 | 藩 | 県 | 軍務官陸軍局・海軍局 |
|---|---|---|---|---|---|---|---|---|---|
| 一等官 | 議定 | | 輔相 | 知官事 | | | | | 一等 陸海軍将 |
| 二等官 | 参与 | | | 副知官事 | | 知府事 | | | 二等 陸海軍将 |
| 三等官 | | 議長 | 弁事 | 判官事 | | 判府事 | | 一等知県事 | 三等 陸海軍将 |
| 四等官 | | | 権弁事 | 権判官事 | | 権判府事 | | 二等知県事 | |
| 五等官 | 史官 | | 史官 | | 知司事 | | | 三等知県事 一等判県事 | |
| 六等官 | | | | 一等訳官 | | | | 二等判県事 | |
| 七等官 | | | | 書記 二等訳官 | 判司事 | | | 三等判県事 | |
| 八等官 | 筆生 | | 筆生 官掌 守辰 | 筆生 三等訳官 | 権判司事 | | | | |
| 九等 | 使部 | | | 訳生 | | | | | |

**図表5-4　政体書太政官制の官等（慶応4年閏4月21日時点）**

出典：『法令全書』、明治6年刊『職官表』。
註：訳官は外国官のみの職名。この時点の藩は中央政府からの任命によらないので官等はない。その後官に「録事」（六等官）なども置かれた。

明治元年末には、年賀や旧来の朝廷行事での正装について、三等官以上は有位者が衣冠《いかん》、無位は直垂《ひたたれ》、四等・五等官は直垂、六等官以下は麻上下《あさかみしも》と、官等を主たる基準として指定されている。また官員に与えられる邸宅の建家坪数なども、官等を指標にした設定がなされた。

ここに従来の官制に基づく①官名－位階の序列とは別に、新たな職制に基づく②職名－官等が併存することになった。しかしそれが、かえって様々な問題を引き起こすことになったのである。

## †官位秩序との齟齬

明治初年、『官員録《かんいんろく》』や『職員録《しょくいんろく》』などの名称で、新政府の官員（官吏）の名簿が出版された。そこでは行政官輔相の「三条右大臣」、議定で外国官副知事の「東久世中将」などと記載され、七官制になっても、当然官名と職名とは別系統であった。

しかしこれらの名簿では、江戸時代の常識では考えられなかったことも起きている。

写真5－3の上段は、明治元年一〇月頃の『官員録』のうち、軍務官知事・副知事（准副知事を含む）の部分を抜粋したものである。長岡左京亮《ながおかさきょうのすけ》・有馬中務大輔《ありまなかつかさのたいふ》・大村益次郎《おおむらますじろう》・久《こ》我《が》大納言《だいなごん》の名前が同じ大きさの文字で肩を並べている。いずれも参与から軍務官副知事を

兼任している二等官であるから、職の上では全く同格である。

だが旧来の官位でいえば、久我は正三位《じょうざんみ》の公卿、長岡と有馬は従四位下《じゅしいのげ》の諸侯、大村は無位無官の徴士である。この三組は江戸時代の官位秩序のもとでなら、決して肩を並べることはない。「名前」で地位の高下は明らかなのである。だが『官員録』では職名・官等の序列をもって編集したため、彼らの名前を並べて載せている。

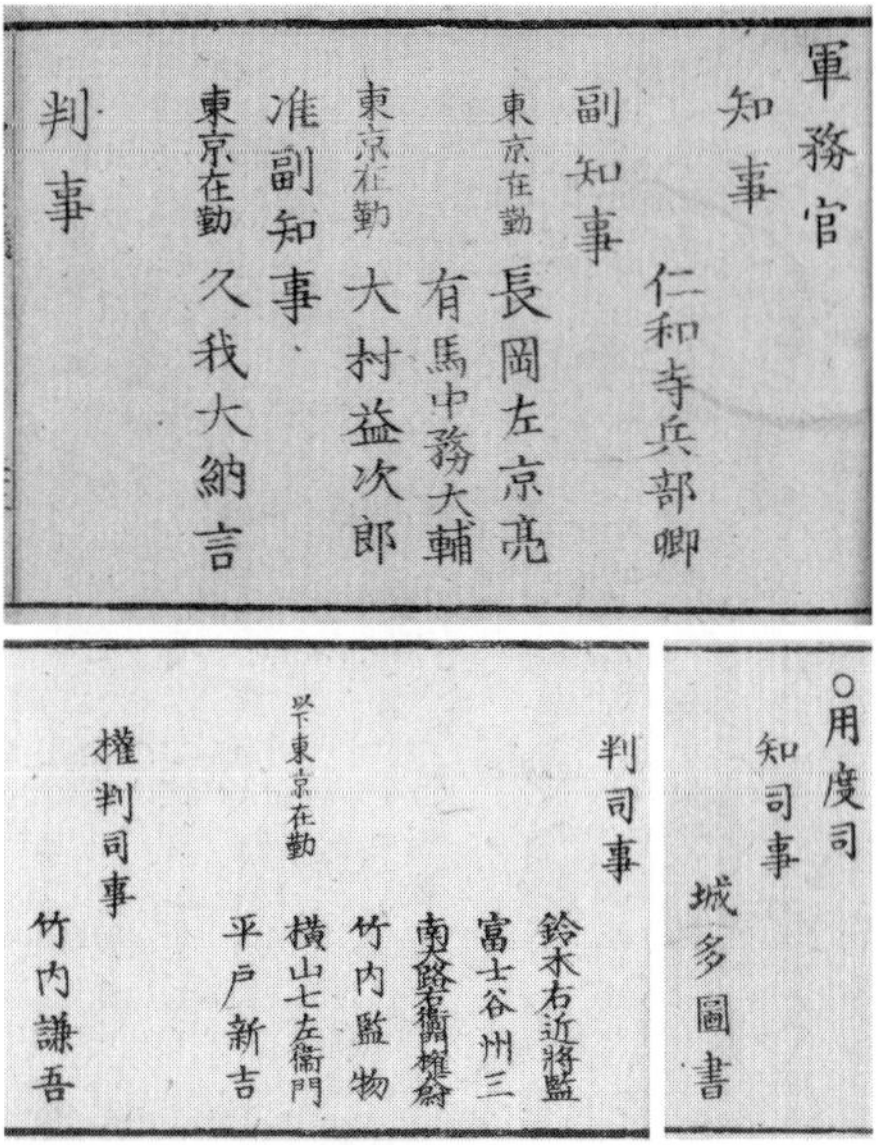

軍務官
知事 仁和寺兵部卿
副知事 東京在勤 長岡左京亮
有馬中務大輔
東京在勤 大村益次郎
准副知事 東京在勤 久我大納言
判事

○用度司
知司事 城多圖書
判司事 鈴木右近将監
富士谷州三
南大路右衛門権尉
竹内監物
以下東京在勤 横山七左衛門
平戸新吉
権判司事 竹内謙吾

**写真 5-3　七官制下の官員**
出典：明治元年 10 月頃刊『官員録』（須原屋茂兵衛・和泉屋市兵衛版）。（上）軍務官の一部。（下）会計官用度司の一部。

このように職名の序列を優先すると、官位においてはおかしなことも生じてしまう。例えば同書の会計官用度司《ようどし》をみると（写真5－3の下段）、長官である知司事は城多図書《きだずしょ》という無位無官の徴士（水口藩士）だが、その部下の判司事には鈴木右《う》近将監《こんのしょうげん》（地下・従五位下）など、有位有官の地下が混じっている。

従来の官位によらず職に任命した結果、官位でいえば上司より部下が偉い。官位の違う人間が肩を並べている——。そんな状況が生じてしまったのである。

これでは「名前」によって社会的地位を判断できないし、かえって名実の不一致を拡大しているではないか——。それは「王政復古」した社会の「官位」のあり方としても、また当時の常識においても、放置しがたい状況だったのである。

## †混乱の序曲

官名は「名前」となる。公私のあらゆる場面で使用され、常に目に見える形で社会的地位を示す機能がある。その「名前」によって、どの程度偉いか察しがつくのが常識であった。ところが職名は肩書にしかならないから、「官名」ほど明確な身分標識としては機能しない。

そのため「広沢兵助《ひょうすけ》」と「浅井伊予介《いよのすけ》」。名前だけみてどちらが偉いか？と問われれば、後者が偉いと判断される。それが江戸時代以来の常識である。「兵助」は一般通称で、「伊予介」は勅許を要する正式な官名だからである。

だが明治元年一〇月頃の両者の官・位／職名（官等）を示せば、次のようになる。

広沢兵助――無位・無官／参与（二等官）
浅井伊予介――正六位上・伊予介／行政官守辰《しゅしん》（八等官）

つまり①官位でいえば、浅井が広沢より上である。ところが②職と官等では、広沢が浅井の遥か雲の上である。このようなちぐはぐな状況が、この時期かなり生じてきた。

その発生の直接の理由は、官位秩序の範囲にあった朝廷や諸侯の世界に、無位無官の「徴士」が入り込んできたためである。

徴士は諸藩士、すなわち旧幕府時代でいえば陪臣（諸大名の家来）である。彼らは政府の高官である「参与」の職に任命されても、無位無官のままであった。そのため政府の高い役職にありながら、後藤象二郎《ごとうしょうじろう》、岩下佐次右衛門《いわしたさじえもん》、辻将曹《つじしょうそう》、十時摂津《とときせっつ》など、一般通称や擬似官名を名前としていた。

これでは名が体を表さない。「名前」によって社会的地位がわかるようにせねばならない――。そう考えるのは、むしろこの当時では常識であった。

この常識に基づく是正意識こそが、人名をめぐる明治初年の混乱劇の、まさに幕開けであったといってよい。

## †徴士の叙位

これは徴士が無位無官なのがいけない。「朝臣《ちょうしん》」（朝廷に仕える臣下）として政府の高い役職に就いている以上、それにふさわしい官位を与え、それを名前にすればよい――と考えられた。

七官制となった慶応四年閏四月二一日以降、新政府は二等官の役職に任じた徴士を従四位下、三等官の徴士を従五位下に叙位した。武家官位の諸大夫と四品に近いものがあるが、「何々守」などの官名には任じずに、叙位のみとした点に特徴がある。「大和守」など、職と無関係の官名を与えれば、これからなくそうとしている余計な名実不一致を大量に増殖させることになる、との判断であったろう。

叙位された徴士はその位階を名前として用いた。すなわち「三岡《みつおか》八郎」は「三岡四位《しい》」、「中根雪江《なかねゆきえ》」は「中根五位」、「大隈八太郎」は「大隈五位」などと、位階が新たな「名前」（通称）になった（写真5－4）。

江戸時代の朝廷でも、位階のみあって官なき地下は、古来「五位」とか「四位」とか位階から正・従と上・下を省いて通称に使用するのが常識であった。徴士の「何々五位」などの名前は、その朝廷の慣習に倣ったものである。ちなみに学者として新政府の職に任じられた徴士には、「平田六位」や「中沼六位」など、無官で六位に叙位された者も少数存在する。

徴士を叙位して位階を通称にする発想は、名実不一致を是正するとともに、徴士の「朝臣」としての身分を明確にする――そういう目論見《もくろみ》でもあったろう。

だが、これがうまくいかなかったのである。

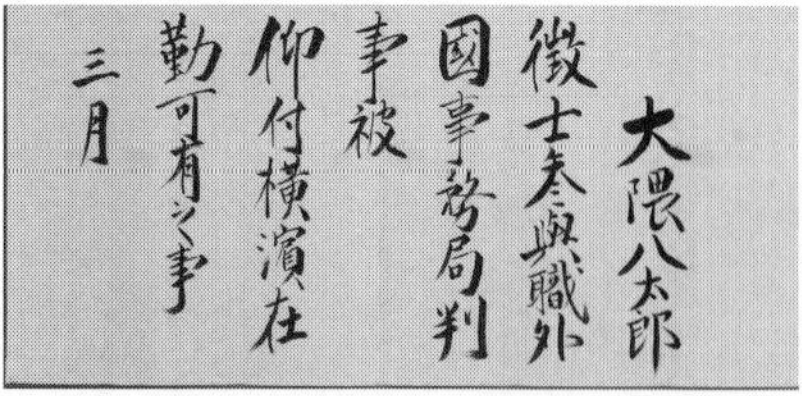
大隈八太郎
徴士参与職外
国事務局判
事被
仰付横濱在
勤可有之事
三月

①　慶応4年3月・大隈八太郎への辞令書（部分）

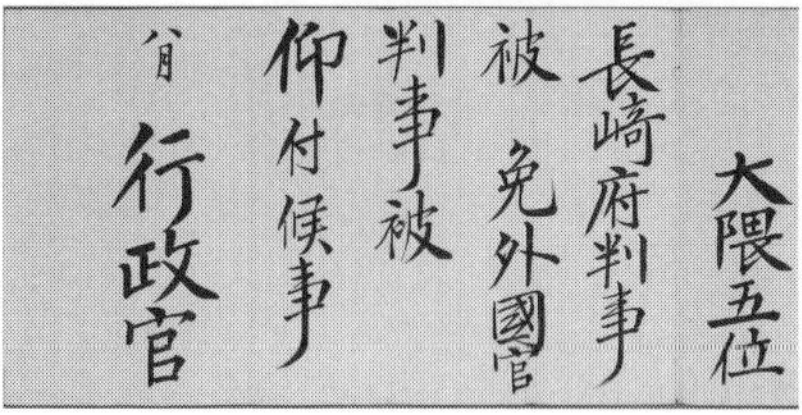
大隈五位
長崎府判事
被　免外國官
判事被
仰付候事
八月
行政官

②　慶応4年8月・大隈五位への辞令書（部分）

**写真5-4　大隈八太郎から大隈五位へ**

出典：すべて早稲田大学図書館所蔵。明治2年1月には「大隈四位」となっている。

### †辞退者との混合

徴士の叙位によって、新政府には何々五位・四位という、位階を通称にする官員が続出することになった。しかし位階をありがたく拝受した者ばかりではなく、多数の辞退者が出たのである。これは旧朝廷側の勢力にとって、想定外であったらしい。

徴士は元来藩士である。その藩との関係から、主君（諸侯）と同格の位階

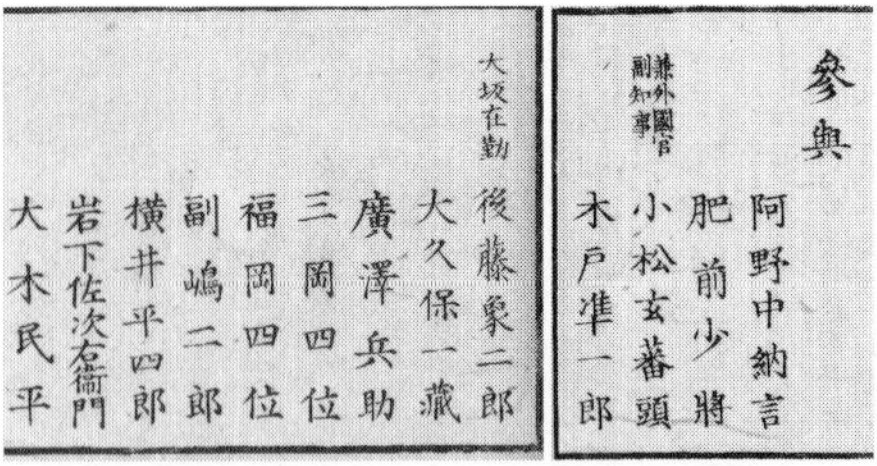

参與
阿野中納言
肥前少將
兼外國官副知事 小松玄蕃頭
木戸準一郎

大坂在勤 後藤象二郎
大久保一藏
廣澤兵助
三岡四位
福岡四位
副嶋二郎
横井平四郎
岩下佐次右衛門
大木民平

**写真 5–5　徴士の叙位**
出典：明治元年10月頃刊『官員録』（須原屋茂兵衛・和泉屋市兵衛版）。なお薩摩藩士で徴士の小松帯刀も従四位下に叙せられたが辞退した。しかし元年九月に外国官副知事となった際に無位のままで「玄蕃頭」に任じられ、「小松玄蕃頭」と名乗る。これは二等官の徴士にして無位・有官というほぼ唯一の例外である（「玄蕃寮」は外交使節を接待した古代の部署であるから、「外国官」との関係での任官か）。ただし朝廷官位（つまり定員のある京官）としての玄蕃頭（定員一名）は、この時期でも堂上徳大寺家の家臣である従五位上・物加波玄蕃頭（姓名は藤原懐要）が持っていて空きはない。小松玄蕃頭は同時期に存在した田沼玄蕃頭（諸侯）と同様に「員外」の武家官位系列での任官（改名）である。

を帯びることに抵抗があったのか、叙位を遠慮する者も続出した。そのため同職の徴士のなかに、位階を拝受した有位者が「三岡四位」と名乗る一方、辞退した無位者が「後藤象二郎」など従来の一般通称を称し続け、両者が混在する状況が生じてしまった（写真5－5）。

　これでは「名前」による地位の判別はできない。それどころか、同じ徴士の参与でも、官位の秩序でいえば、三岡四位と後藤象二郎が同列でないことになってしまう。

　では位階拝受者と位階辞退者とで、待遇に差を設けることになるのだろうか？

　――話が余計に、ややこしくなってしまったのである。

## †官等と位階

徴士の叙位という方策は場当たり的な対応であり、深謀遠慮《しんぼうえんりょ》に出たとは言い難い。その結果は、さらなる混乱要因を新政府自ら増やしてしまった、といわざるを得ないのである。

明治元年一〇月二八日、行政官は、三等官以上の徴士の座席の順序について、「位階の有無にかかわらず、職の先任者が上席」だと決めた。つまり同じ参与の「三岡四位」と「後藤象二郎」なら、位階によって差異は設けないと明言したのである。

だが一方では、それ以外の「従来官位これある面々」は、やはり官位の序列に従って座順を設定するとも決めている。

これでは結局、むちゃくちゃではないか。官・位と職・官等、いずれも絶対的な身分指標にはできなかったのである。

この二つの指標の齟齬。それは新政府自らが引き起こした、いわば自業自得の結果だが、とにかくこの是正が喫緊《きっきん》の課題となった。

特に邪魔になってきたのが、下級官員に採用した朝廷の地下たちであった。彼らは江戸時代に四位〜七位の位階に叙せられており、小幡大和介《おばたやまとのすけ》とか、福井右馬大允《うまのたいじょう》とか、その位階に見合った御大層《ごたいそう》な官名を名乗り続けていた。名前だけみれば、さぞかしお偉い方にみえるが、新政府内で彼らに与えられた役職は、たいてい「筆生《ひっせい》」(書記よりも下位にあって字を書く係)や「守辰《しゅしん》」(時刻を知らせる係)など、最下級に近い八等官だったのである。

そのため刑法官の下っ端である筆生が従六位上の「赤尾左衛門権大尉《あかおさえもんのごんのたいじょう》」で、その上司の判官事(三等官)が「土肥謙蔵《どひけんぞう》」という無位の徴士(土肥も従五位下辞退者)である——。

そんな状況になっている。当時の常識において、これはなんとか解消したいと考えられた。

そこで新政府はこうした地下たちに対し、当座的方法での是正策に乗り出していく。

## †五等官以下の官位停止

明治元年一一月八日、行政官は五等官以下の官員に登用された地下らに対し、「在勤中官位を返上」せよと命じた。つまり、従六位上の赤尾左衛門権大尉なら、筆生に在任している期間だけ、「従六位上」の位階を帯びるのをやめて、「左衛門権大尉」と名乗るのもやめてくれ、というのである。

行政官はその理由を「従前《じゅうぜん》の爵位相称《あいしょう》し、在勤罷在《まかりあ》り候事、官等に於《おい》て甚《はなはだ》不体裁」だから、と述べている。それは偽らざる本音であろう。

ただし官位を返上させるとなれば、罪もないのに官位を褫奪《ちだつ》することになってしまう。

そのため、官位そのものは保持したままでよいが、官員として登用されている期間だけ、

「官名」以外の名前を名乗るように強要したのであった。問題は官位を持つことではない、低い職にありながら、御大層な官名を「名前」に名乗ることだったのである。

　行政官は該当者に対し、代わりに使用する「通称」を自分で決めて、二日後までに届け出るよう命じている。処罰ではないから、「毛利大膳」などのように、本人の意思と関係なく強制的に「下司《したづかさ》」を除去する方法はとられていない。自分で決めることができたのである。

　ではどんな改名を行ったか。該当者の改名対応は、次の四種類に分類できる（図表5－5）。

A　下司を除去して国名・百官名へと変更。例・入谷駿河守→入谷駿河

B　元の官名と関係のない百官名への変更。例・能勢摂津介《せっつのすけ》→能勢隼人

C　全く異なる通称（百官名除く）への変更。例・小森縫殿大允《ぬいのたいじょう》→小森清《きよし》

D　実名を通称にも使用することにした者。例・橋本左近番長《さこんのばんちょう》→橋本政恒《まさつね》

　多くはAないしCである。Aは官位褫奪と同じ結果になるが、一番手軽な方法ではあったらしい。なおD「実名」を「通称」にも使用するという方法は、ここでは一例のみで極めて少数派だが、ちょっと留意しておいてほしい。

| 名前 | | | 備考 | |
|---|---|---|---|---|
| 変更前 | → | 変更後 | 位階 | 姓名 |
| 入谷駿河守 | → | 入谷駿河 | 正六位下 | 源昌長 |
| 峯大蔵少丞 | → | 峯大蔵 | 正六位上 | 紀孟親 |
| 石川内舎人 | → | 石川要人 | 正六位下 | 源有徳 |
| 能勢摂津介 | → | 能勢隼人 | 従七位下 | 橘頼常 |
| 浅井伊予介 | → | 浅井直也 | 正六位上 | 和気惟純 |
| 垣内尾張介 | → | 垣内尾張 | 従六位下 | 大江匡盛 |
| 三上越前守 | → | 三上登 | 従五位下 | 秦武応 |
| 河合右近番長 | → | 河合光造 | 無位 | 平雅有 |
| 小森縫殿大允 | → | 小森清 | 従六位上 | 和気政徳 |
| 藤木左近番長 | → | 藤木三郎 | 無位 | 秦常久 |
| 橋本左近番長 | → | 橋本政恒 | 無位 | 源政恒 |
| 富島左近将曹 | → | 富島勘十郎 | 正六位下 | 源元起 |
| 茨木左兵衛大尉 | → | 茨木左兵衛 | 正六位下 | 平重麗 |
| 吉村左衛門大尉 | → | 吉村左衛門 | 正六位上 | 平高厚 |
| 木村東市正 | → | 木村東市 | 従四位下 | 源重辰 |
| 鈴木右近将監 | → | 鈴木松菊 | 従五位下 | 紀宗城 |
| 南大路右衛門権大尉 | → | 南大路坦 | 正五位下 | 賀茂維顕 |
| 三澤右近番長 | → | 三澤八郎 | 無位 | 源為淑 |
| 中川右近府生 | → | 中川訥蔵 | 従六位上 | 源意直 |
| 福井右馬大允 | → | 福井浩蔵 | 従六位下 | 源正国 |
| 五十川左京大進 | → | 五十川央 | 正六位上 | 藤原久美 |
| 初川右兵衛尉 | → | 初川信彦 | 正六位上 | 藤原信克 |
| 赤尾左衛門権大尉 | → | 赤尾左衛門 | 従六位上 | 平可功 |
| 小幡大和介 | → | 小幡大和 | 正六位下 | 藤原徳常 |

**図表 5-5　明治元年 11 月布告該当者の改名**

出典：国立公文書館所蔵『官員録』（明治元年 11 月版・同 12 月版・明治 2 年 2 月版、いずれも和泉屋市兵衛・村上勘兵衛版）、明治 2 年『官員録』（早稲田大学図書館所蔵、須原屋茂兵衛版）、明治 2 年 2 月「旧官人名録改」（国立公文書館所蔵）、明治元年 6 ～ 12 月「職務進退録二」（同上）。明治元年 10 月版に見えて、改名を確認できる者を挙げた。なお、「～番長」は近衛府の等外官（四部官の下位にある官名）。

この結果、彼らの「名前」は一般の徴士たちとも区別できないものとなった。しょせん当座的処置であったが、そこまでしてでも表面的是正を図ったのは、「名前」が重要な身分標識であるという、江戸時代以来の常識ゆえである。

もちろん問題は、まだ何一つ解決していないのであるが――。

## 2　武家官位の行方

### †褫奪と復旧

ここで少しだけ時代を遡り、王政復古の開始から七官制が廃止される明治二年七月までの武家官位の動向をみていこう。

王政復古の大号令による新政府発足の前日、すなわち慶応三年（一八六七）一二月八日に、朝廷は毛利大膳父子とその分家たちに対して「官位復旧《ふっきゅう》」（もともと任じられた官位に復帰を許すこと）を決定・通達した。元治以来「毛利大膳」となっていた男は、この時ようやく「長門宰相《ながとさいしょう》」「毛利《もうり》大膳大夫《だいぜんのだいぶ》」の「名前」を取り戻した（「松平」の称号は、徳川氏の許可によるものであるから、もはや必要ない）。

同日には、文久三年（一八六三）の政変などで官位を褫奪《ちだつ》され、京都を追放されていた公卿らも官位復旧を許された。しかし公卿の任じられていた朝廷官位の京官には、第三章で述べたように定員制限がある。既にその定員は別の人物で埋まっているから、定員制限のない武家官位の「宰相」「大膳大夫」のように、容易にもとには戻せない。そのため公卿に対しては位階だけを復旧させて、名前は「前官」（第三章）を称するように指示されている。もちろん京都に戻った後で「闕官《けつかん》」を考慮し、新たな官名を与えることも約束された。

この復旧を通知する文書では、元公卿らの名前を「三条実美《さねとみ》」「四条隆謌《たかうた》」などと、称号＋実名という、この時期としては、いささか奇妙な表記で記載している。彼らは幕末期に「中納言」や「侍従」を褫奪されたが、高位の官名は下司除去による代わりの名前を発生させようがないため、しかたなくこの表記が用いられている。彼らは位階復旧と前官の許可によって、やっと「三条前中納言《さきのちゅうなごん》」「四条前侍従《さきのじじゅう》」などという「名前」を取り戻した。幕府の要請で官位を奪われた者たちが、その復権を「名前」によって内外に示したのである。

### †徳川内府から徳川慶喜へ

江戸時代、朝廷は徳川将軍のことを「大樹《たいじゅ》」と呼んできた。これは将軍の唐名《からな》に由来し、大臣にも任じられているので「大樹公」ともいった。最後の「大樹」であった徳川慶喜《よしのぶ》は、大政奉還に際して「征夷大将軍」を辞官した。だが正二位・内大臣の官位は持ち続けていたので、以降朝廷は、彼を「徳川内府《ないふ》」と呼んだ（内府は内大臣の唐名。ダイフとも訓じる）。しかし慶応四年一月三日の鳥羽《とば》・伏見の戦いにより、「徳川内府」は朝廷に叛旗《はんき》を翻した〝朝敵〟とされ、同月七日にはいわゆる慶喜追討令が発せられた。これ以降、彼は「徳川慶喜」あるいは単に「慶喜」と呼び捨てにされた。

同月一〇日、新政府は徳川慶喜とそれに与《くみ》する奥州会津・勢州桑名《くわな》・讃岐高松・予州松山・備中松山・上総大多喜《おおたき》の六諸侯、および若年寄の永井玄蕃頭《げんばのかみ》以下、大目付、目付ら（戸川伊豆守、榎本対馬守など）の幕臣（旗本）二〇名の官位褫奪を布告した。

幕末以来〝朝敵〟は必ず官位を褫奪されるようになったが、その実行は徳川氏が、朝廷の「解官《げかん》」の慣行を長州毛利氏に適用したことに始まったものである。それが今、徳川氏側に撥《は》ねかえってきた。毛利大膳大夫たちからすれば、報復的思いもあったろう。当然その褫奪は、この時期に発刊された武鑑にも反映されている。

慶応四年刊『御国分武鑑《おくにわけぶかん》』をみると、官位褫奪された六諸侯のうち、四月に官軍に恭順《きょうじゅん》した讃岐高松の松平讃岐守《さぬきのかみ》を除く五人は、「桑名」などの地名を残して、全て黒く塗りつぶされた状態で刊行されている（写真5－6）。

鳥羽伏見以来の内戦、いわゆる戊辰《ぼしん》戦争は明治二年五月一八日まで続くが、その間、新政府に抵抗した東北諸藩主も次々と官位を褫奪された。

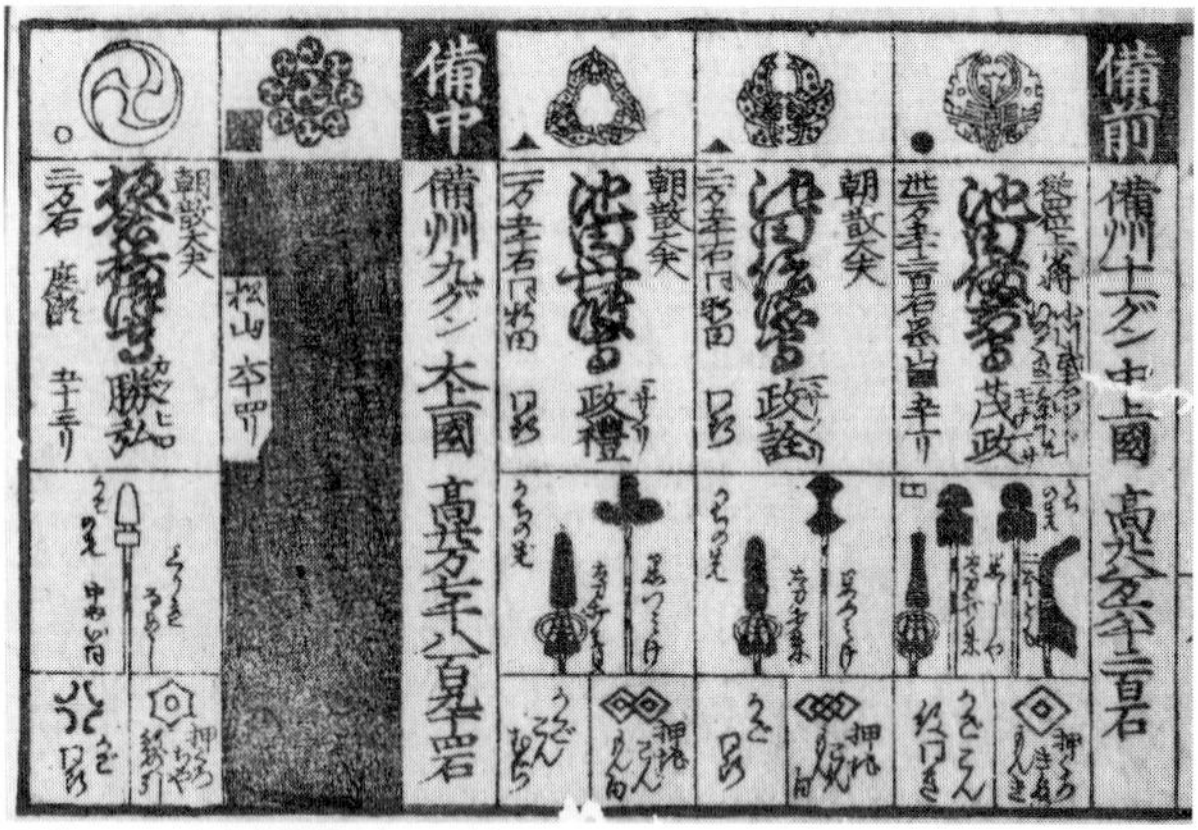


**写真 5-6　官位褫奪による抹消**

出典：慶応４年刊『御国分武鑑』。備中松山板倉伊賀守（勝静）の記載箇所。わずかに板倉氏の家紋と「松山　六十四リ」（京都からの距離）の文字だけを残している。会津なども同じように抹消されている。

会津の「松平肥後守《ひごのかみ》」は「松平肥後」、仙台の「伊達陸奥守《むつのかみ》」は「伊達陸奥」、米沢の「上杉弾正大弼《だんじょうのだいひつ》」は「上杉弾正」などと、強制的に下司を除去した名前で呼ばれた。この頃刊行された『列藩《れっぱん》一覧《いちらん》』（諸侯の名鑑）では、もともと記載されていた「守」や「大弼」などの下司部分、及び石高や官位その他の情報を塗抹または削り取って刊行されており、〝朝敵〟たちは人々の前に、無様《ぶざま》な体裁を晒されたのである（写真5―7）。

## †姓名把握の嚆矢

慶喜追討令後の慶応四年一月二七日及び二月八日、新政府は「松平」の称号を許されていた諸侯に対し、本来の苗字を名乗るように命じた。

「松平」を名乗ることは、徳川将軍が有力諸侯に許していた特典だが（第一章）、もはや元将軍徳川慶喜は〝朝敵〟となったのである。この指示は、徳川氏の権威失墜を示すのはもちろん、有力諸侯の多くが同じ「松平」を名乗ると、名前として十分識別の用を果たし得

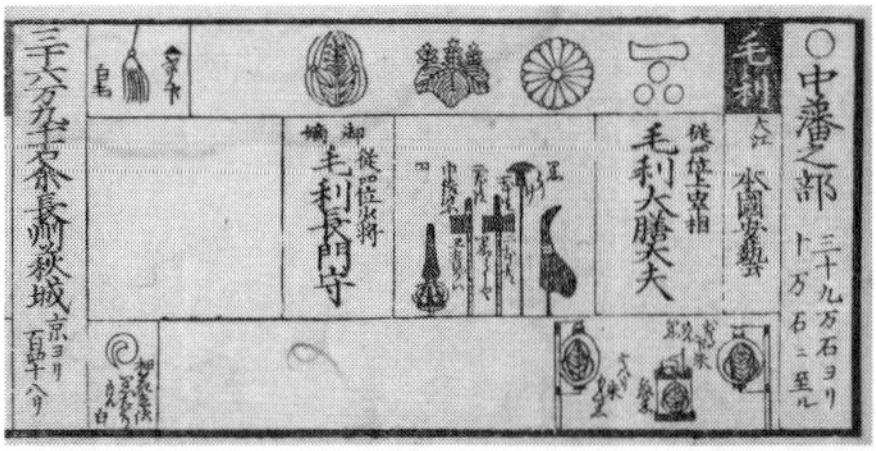

何も削除されていない例（毛利大膳大夫の記載箇所）

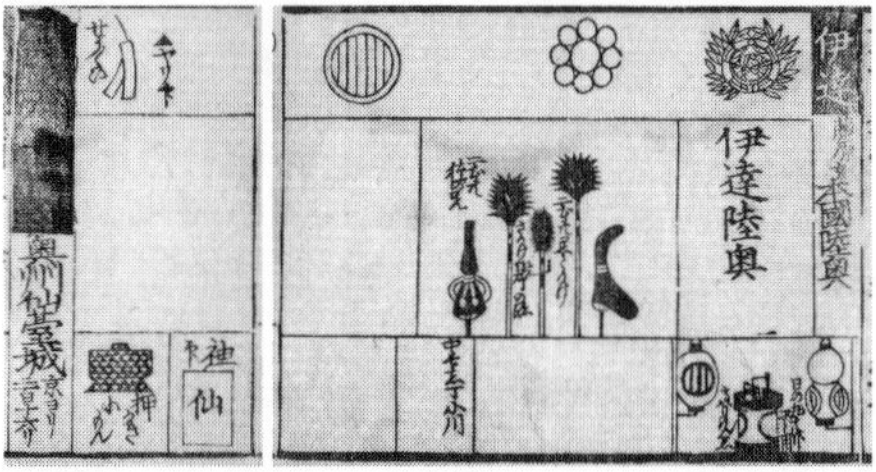

「伊達陸奥」にされた「伊達陸奥守」（官位・石高も削除）

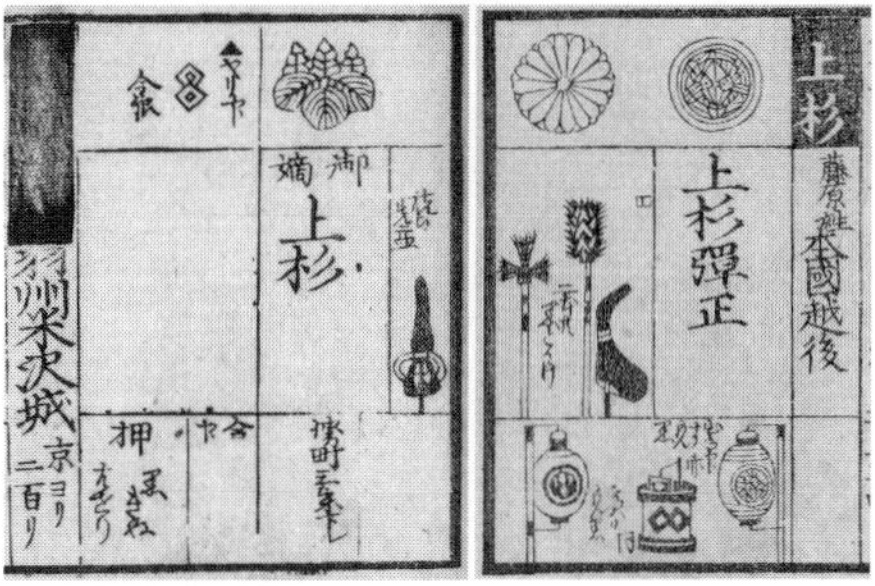

「上杉弾正」にされた「上杉弾正大弼」（同上）

**写真 5-7　『列藩一覧』にみる官位褫奪**

出典：慶応 4 年刊『列藩一覧』。新政府は、同年 8 月に「伊達陸奥」・「上杉弾正」の「討伐」命令を発した際、その領地は最寄りの府県が管轄せよと通達している。『列藩一覧』が石高記載箇所を塗抹しているのは、領地の統治を認められていない事実を反映させたものであろう。

ないという、現実的事情もあったろう。もちろん、もともとの苗字が「松平」である者は変える必要はなかった（それでも一部、変えた大名もいる）。

徳川氏による江戸開城の二日後である四月一三日、新政府は諸侯に対し、当主・隠居・嫡子・庶子の叙爵年月・俗名・実名《じつみょう》などの明細書を提出させ、諸侯の名の把握を進めた。

しかし提出する名前について、新政府は単に「俗名」と「実名」と指定したために、諸侯は各自区々《まちまち》な書式のものを提出してきた（国立公文書館所蔵・慶応四年四月「諸侯明細書《しょこうめいさいしょ》」）。永井肥前守のように「実名　大江尚服《おおえのなおこと》」などと、朝廷が知りたかった「姓名」を申告した者は少数派であり、多くの大名は「俗名　三二郎」「実名　政世《まさよ》」（建部《たけべ》三二《さんじ》郎《ろう》）とか、「俗名　一柳対馬守」「実名　末徳《すえのり》」（一柳《ひとつやなぎ》対馬守）などと、武家でいう「俗名」（官名を含む通称）と「実名」（名乗）だけを申告してきた。それは第一章で説明した武家や一般の人名常識からいえば、当然の結果であったといえよう。

しかし朝廷の常識では「姓名」が人名の本体であり、「姓名」を把握しておきたかったらしい。ゆえに一〇月二三日、新政府は明細書の雛形《ひながた》を示して書式の統一を図り、名前の記入も「氏《（苗字）》・通称・姓・実名」だと明確に指示した上で、諸侯に再度の提出を求めた。

これは「王政復古」のため、新政府が「姓名」を人名として把握しようとした最初の動向でもあった。

### †肥前少将と鍋島少将

これまで侍従以上の大名などは、「毛利大膳大夫」のような「苗字＋官名」のほかに、「長門宰相」など、「領国名等の地名＋官名」も、同時に名前として使用していた（第一章）。そのため提出された明細書（四月）をみると、金沢藩主は「加賀宰相中将《さいしょうのちゅうじょう》慶寧《よしやす》」「受領名　前田加賀守」の二つを名前として書き上げているし、岡山藩主は明細書を「池田備前《びぜんの》守《かみ》」の名前だけで書き上げているのに、同日提出した別の願書では「備前侍従《じじゅう》」の名前を使用している。どちらも名前として使用する慣例は、紛らわしい行為とみなされたらしい。

一一月一九日、行政官は「諸藩共《しょはんとも》、従来国名・所名等を以《もっ》て姓氏に替《か》へ相用《あいもち》ひ候得共《そうらえども》、向後《きょうこう》総《すべ》て本姓（本来の苗字）を称すべし」と、今後はそのような表記を使用せず、「苗字＋官名」に表記の統一を命じた。ここで「姓氏」とか「本姓」とかといっているのは、無論一般にいう「苗字」のことを指している。人名各部位の名称は引き続き混用されているので、江戸時代同様に注意が必要である（前章の図表4－1）。

この通達以降の『官員録』や当時の官報にあたる『太政官日誌《だじょうかんにっし》』をみると、これまでの「領国名等＋官名」が、全て「苗字＋官名」へと一斉に書き換えられている。例えば「土佐中納言」は「山内中納言」、「尾張大納言」は「徳川大納言」、「肥前少将」は「鍋島少将」などに変更されている。武家で慣例的にみられた「領国名等＋侍従以上の官名」という方式が、まず「名前」の世界から除去されたのである。

### †武家官位は続く

諸侯は旧来の武家官位をそのまま保持した。さらにはその嗣子《しし》などへの新規叙位任官も、明治二年七月まで、新政府の「職名」とは全く無関係に「叙任」され続けた。

例えば諸侯の下野黒羽《しもつけくろばね》藩主「大関泰《おおぜきやす》次郎」が従五位下・美作守《みまさかのかみ》に任じられ「大関美作守」（明治元年一一月）、三河岡崎藩主「本多平八郎」が「本多中務大輔《なかつかさのたいふ》」（明治二年二月）など、武家官位の先例に沿った叙位任官による改名は、新政府のもとでも行われ続けた（国立公文書館所蔵「東京官中日記」「官中日記」、国立国会図書館所蔵「太政官日誌」）。

なお武家官位の「侍従」などの京官も、朝廷の定員制限とは無関係に行われ続けた。朝廷官位と武家官位は最後まで別系統のままであるが、江戸時代の官位と違い、徳川将軍家の介在がなくなったことで、諸侯と朝廷（新政府）とを直接結びつけるものとなっている。

江戸時代にはなかった、新たに生まれた官名すらある。それは明治元年一二月七日、古代以来の区分であった陸奥国《むつのくに》を陸奥・陸中《りくちゅう》・陸前《りくぜん》・岩代《いわしろ》・磐城《いわき》の五カ国に、出《で》羽国《わのくに》を羽《う》前《ぜん》・羽後《うご》の二カ国に分割したことで発生した。

「出《で》羽守《わのかみ》」は従来多くの大名・旗本が用いたが、分国で出羽国がなくなったので、新たに「羽前守《うぜんのかみ》」と「羽《う》後守《ごのかみ》」という官名が生まれた。この二つは明治元年一二月から同二年七月までの約七カ月間だけ存在した極めて珍しい官名である。菊間藩知事の水野羽後守（出羽守からの改名）、高取藩知事の植村羽前守（家督相続による新規叙任）など、任官者は複数実在する。

武家官位の「陸奥守」は、仙台伊達氏が専用して他の諸大夫は使用しない例だが、この時期は戊辰戦争の影響で、幼年の「伊達亀三郎《かめさぶろう》」が仙台藩主であったから叙任していない。そのため〝陸中守〟など、陸奥分国による新官名は生まれなかったようである。

### †旗本らの官位と整理

一方、旧旗本らの官位は、諸侯と違って早期から冷遇されて処分の対象となった。明治元年五月三日、徳川氏の元を離れ、朝廷に帰順《きじゅん》した旗本は「朝臣《ちょうしん》」となることを許され、中大夫《ちゅうたいふ》（元高家《こうけ》・交代寄合《こうたいよりあい》）・下《げ》大夫《たいふ》（元寄合・知行千石以上）・上士《じょうし》（知行千石以下、百石以上）に再編されてその所領を安堵《あんど》された。当初は官位も「当人限り其儘《そのまま》たるべき事」とされ、褫奪されなかった。

ただし同月晦日《みそか》、静岡藩七〇万石として存続した徳川宗家《そうけ》（徳川亀之助《かめのすけ》）の家来となった旧旗本に対しては、例外なく官位の「停止」が命じられた。実際に徳川亀之助に随《したが》った平《ひら》岡丹波守《おかたんばのかみ》は平岡丹波、川勝備後守《かわかつびんごのかみ》は川勝新蔵、服部筑前守《はっとりちくぜんのかみ》は服部綾雄、河津伊豆守《かわづいずのかみ》は河津伊豆と改名している（『幕末御触書集成』）。

さらに明治二年一月五日、新政府は下大夫以下の官位をすべて停止することを通達する。これは完全な官位褫奪という強硬措置だが、彼ら旧幕臣はそれに異を唱えるべき立場になかった。官位改正の第一歩は、まずは抵抗のありえないところから着手されたのである。

この命令以降、下大夫「高木伊勢守」が「高木伊勢」に、「池田右近将監《うこんのしょうげん》」が「池田右近」など、下司を除去した名前を自ら使用している。彼らは別の通称を選択する自由も与えられず、一律に下司の除去によって改名させられたらしい。

こうして正式な官名を有する者は、堂上・地下・諸侯・中大夫、そのほか一部の神職などにまで整理されたことになる。明治二年二月四日には、堂上・諸侯とも嫡子は一五歳の元服時に初叙初官を受けるとする「叙任規則」が定められ、別系統であった朝廷官位と武家官位の共通化・整理も一部分ながら行われたのである。

## †森有礼の議案

明治二年四月七日、こうした動向とは一切無関係に、軍務官判事森金之丞《もりきんのじょう》（のちの「森有《あり》礼《のり》」）は、「従来、通称・実名と云ふ二つ」の個人名が存在している状況を問題だと主張して、公議所《こうぎしょ》に議案を提出する。公議所とは、明治初年に設置された議事機関である。

急進的な西欧化を異様なまでに希求する森は、人名はただ個人を識別するためだけにあるのだと、当時のあらゆる日本の常識とは乖離した自論を前提に、「通称」と「実名」（名乗）という二つの個人名が併行しているのはおかしい、と主張した。

加えてその通称は「多くは皆《みな》官名」に由来する、官名などを名前にすること自体がおかしい、特に現在「大隈四位」のように「位《い》を以《もっ》てその通称」に用いると「同姓同位の者」が発生して混乱する、などと指摘した。そこで①官位を通称に使用することを禁止すべし、②一般に一切の「通称」を廃して「実名」のみを人名に使用すべし、という二点を提案したのである。

森は「通称」が時に五、六文字以上にもなる「煩雑《はんざつ》」なものだから全廃して、おおよそ一、二文字である「実名」だけの使用を全ての人間に強要すれば、人名が「簡約」なものになる、と述べている。いわば「通称」廃止論の提案であった。
①については、江戸時代から批判のあった問題であるから、公議所でもおおよそ賛同をえた。しかし②については、当然森の前提認識に問題があると指摘された。これまで一般庶民は「通称」だけを「名前」としており、そもそも「実名」は設定すらしていない

（「農工商等は従来実名これなき」などと反論されている）。実名を一応設定していることが多い士《し》分《ぶん》以上はまだしも、庶民に「通称」をやめて「実名」を用いよという提案には無理がある、との反対意見が支持された。あまりにも一般常識からはずれた②は、ほとんど賛同を得られなかったのである。

森はこうした反論を受けて、翌八日におおよそ次のような改正案を提出する。

①士分以上は通称を廃して実名のみを使用すること。②庶民の名前は、今の形のままにしておき、後日議論する。③官位を通称にすることを廃止する。④在位在官の者は、官位を名前の上に書いて使用すること（「官名」を「通称」の位置に書いて名前に使用しない）。

## †無意味な可決

森の改正議案は、公議所で過半の賛成を得て可決された。

しかし公議所は「広く人々の意見を聞く」という大義名分のもと設置された機関であったが、政府はその議論を実際の政策に反映させることはあまりなかった。この議案も政府首脳らは一顧だにせず、森の議案に対応する政策は、その後も一切行っていない。

明治五年に決着する近代「氏名」の帰結点を先に知っていると、森の改正議案は、その結末を予見していたかのように符合する部分もある。しかし実際の「氏名」成立は、森の議案を受けて政府が整理していった結果ではない。それは次章で見るように、毫《ごう》も疑う余地すらもない事実である。むろん「通称」の全廃により、「実名」だけが人名になった、という事実もない。

ちなみに森は同年五月、公議所に「帯刀《たいとう》」する習慣の廃止（「廃刀」）も提案した。当時極めて非常識であったこの議案に対し、公議所は全会一致で否決した。

森はこの廃刀論により猛烈な反発を受け、明治二年六月に辞職のやむなきに至る。同三年閏一〇月に再度任官したが、米国在勤となって渡米し、その帰朝は明治六年七月である。次章で述べる「氏名」誕生までの混乱劇は、明治二年七月から同五年五月まで繰り広げられており、森は近代「氏名」の成立において、全く蚊帳《かや》の外にあって関係していない。

ではどのような事情で、江戸時代の人名は、近代「氏名」へと変わったのだろうか。次章では、いよいよその経緯と結末をみていきたい。

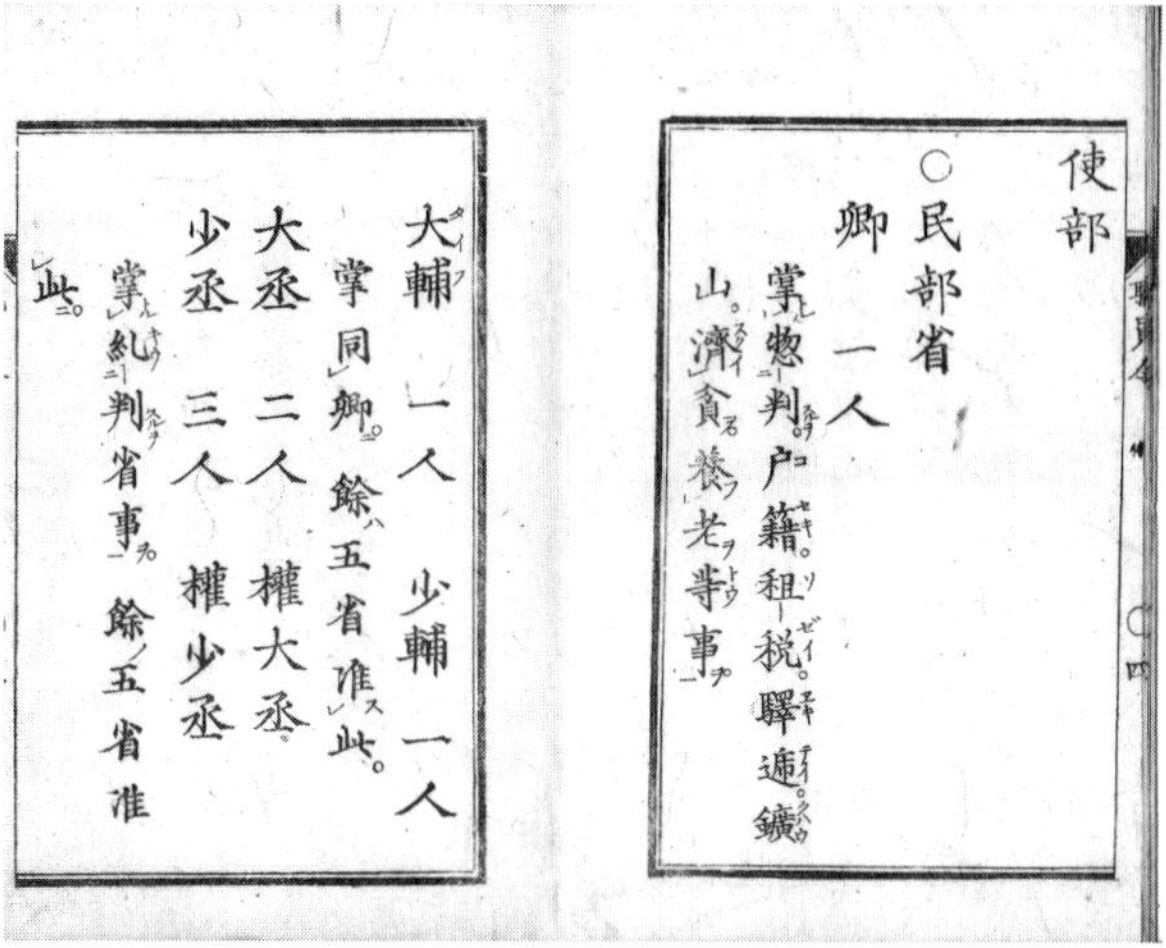

使部

○民部省

卿 一人

掌惣判。戸籍。租税。驛逓。鑛山。済貧養老等事。

大輔 一人 少輔 一人

掌同卿。餘五省准此。

大丞 二人 權大丞

少丞 三人 權少丞

掌糺判省事。餘五省准此。

第六章

# 名を正した結末

「職員令」(明治2年7月刊、個人蔵)

古代の「職員令」を模した古めかしい漢文体で作成されている。

## 1　職員令の波紋

### †旧官の名に拠て更始の実を取る

明治初年の藩は、従来の大名領主（諸侯）が代々の領地を世襲して、その家臣団とともに独自に経営する「私領」の性格が継続していた。しかし明治二年（一八六九）六月一七日の版籍奉還《はんせきほうかん》により、諸侯はその領地と領民を天皇に返還することとなり、ここに藩は府・県同様、日本の一地方行政区とされ、旧藩主は「知藩事《ちはんじ》」に任命された一個人となった。その地位はもう世襲ではなく、中央政府の意思で随時任免されうる一地方官である。

なおこの段階での「知藩事」は、府県の長官たる「知府事《ちふじ》」「知県事《ちけんじ》」と同様、七官制のもとでの「職名」である。ゆえに知藩事に任じられた諸侯は「土浦藩知事・土屋相模守《さがみのかみ》」などと称した。

版籍奉還の同日、「公卿」と「諸侯」という呼称も廃され、ともに「華族」とされた。世襲される貴族的地位は、政治的役職と切り離された「族籍《ぞくせき》」として保証されたのである。

同月二三日、行政官は職名と官名とを一致させる官制改革の断行を決定し、形式的ながら広く意見を求めた。その布告は次のように述べる（傍点は筆者による）。

大宝《たいほう》以降、官名沿襲《えんしゅう》の久しき、有名無実のもの少なからず。昨春更始《こうし》の際、専《もっぱ》ら実用に基づかせられ、職制を設けさせられ候得共《そうらえども》、未《いま》だその名を正され候《そうろう》に暇《いとま》これ無く、依《よっ》て今般《こんぱん》、旧官の名に拠て更始の実を取り、斟酌《しんしゃく》・潤色《じゅんしょく》、別紙の通り相定《あいさだ》められ、更に衆議をも聞こしめされ、職制一定、名実相適い候様遊ばせられたき思召《おぼしめ》しにつき、銘々《めいめい》熟考《じゅつこう》、意見忌憚《きたん》なく申し出《い》づべき事

つまり新政府は、明治元年（慶応四年）の春以降、三職七科、同八局、七官制と「職制」を設けて国家を運営してきた。一方で古代以来の「官名」――つまり大宝元年（七〇一）制定の官制に基づく官職名が、時代とともに「有名無実」と化したもの――が、国家を運営する職制の各役職（「職名」）とは無関係に任じられる現状をそのままにしてきた。しかし新政府はここに「正名」の論理に基づいて「別紙」の通り新官制を施行し、官・職の名実不一致を解消する改革を実行する、と宣言したのである。

ここでいう「別紙」とは、後述する「職員令《しきいんりょう》」とその「官位相当表」そのものである。「意見」を求めるといいつつ、新官制は既に修正不要の形で完成していた。この形式的な

「官名改正御下問《ごかもん》」に対し、知藩事らは「至当《しとう》」のことだと賛意を表明した。

官と職とを一致させる具体的方法を、布告文は「旧官《きゅうかん》の名《な》に拠《よっ》て更始《こうし》の実《じつ》を取」るといっている。ごくわかりやすくいえば、現行の七官制の職名を古代律令制風の官名に改称して再編すること、だといってよい。例えば七官制の「会計官」を「大蔵省」、その長官たる「会計官知事」を「大蔵卿」などと、職制・職名を古代風の官制・官名に改称・置換するのである。

そして職名とは別に運用されてきた「大和守」とか「民部卿」とかいう旧来の官名の方を同時に廃止すれば、官・職が統合された、つまり名実一致している「官名」が誕生する、ということになる。

## †百官廃止と職員令

かくして明治二年七月八日、行政官は「今般官位御改正につき、従来の百官幷《ならびに》受領廃せられ候事」と布告して、まず旧来の官制・官名の全廃を宣言した。ここに名誉ある「名前」（正式な官名）として使用されてきた「主税頭《ちからのかみ》」や「越前守《えちぜんのかみ》」などの旧来の官名は、一切の例外なく全て廃止された。これは「百官廃止《ひやつかんはいし》」とも呼ばれる。

そして同日、新たな官制が「職員令」として発せられた。この新官制を二官六省制と呼ぶ（図表6－1）。神祇《じんぎ》官《かん》を太政《だじょう》官《かん》に並列させるなど、古代の二官八省制を極力模している。

二官六省制における「太政官」は、七官制の行政官を改組した国家を統括する一つの部署となり、左大臣・右大臣・大納言・参議・大弁・小弁などの官名が置かれた。七官制での「議定」の職名に就いていた人物が大臣・大納言、参与が参議の一部へと移行している。

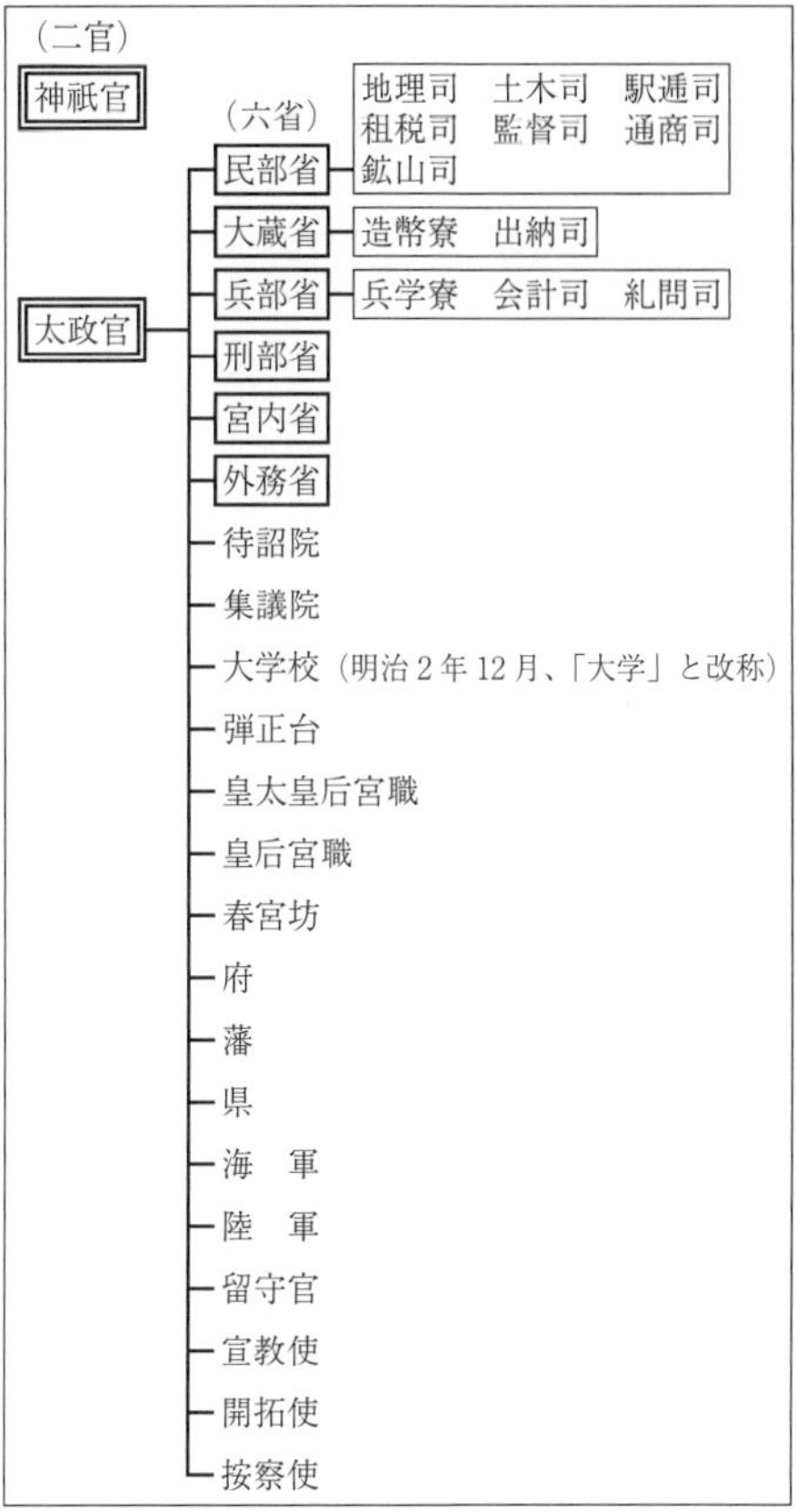


**図表6-1　職員令の組織（二官六省。なお寮・司は明治2年9月頃のもの。以降増加する）**

六省の名称も「外務省」を除く五省は旧官制に存在した名称である。そのおおよその実態は、七官制の民部官が民部省、軍務官が兵部省《ひょうぶしょう》、外国官が外務省などに名称を変えたものである。

七官制の知事・判事などという職名も、新官制ではカミ・スケ・ジョウ・サカンの四部官の官名が作られ、そちらに移行した。四部官の下司《したづかさ》の文字も古代に則《のっと》り、〜省なら〜卿《きょう》、大輔《たいふ》・少輔《しょう》、大丞《たいじょう》・少丞、大録《だいさかん》・少録、〜寮なら〜頭《かみ》・助《すけ》・允《じょう》・属、〜司ならば正《かみ》・佑《じょう》・令史《さかん》(司にはスケを置かない慣例も維持)、弾正台には尹《いん》・弼《ひつ》・忠《ちゅう》・疏《さかん》の字を用いた。いうまでもなく旧官名と同じルールである。権大丞などの権官は正官の一等下に設けられた。

肩書にする七官制の「職名」(職名)が、苗字の下に書いて通称にも用いられる二官六省制の「官名」(官名)に統合されたことで、民部官知事松平中納言は松平民部卿、軍務官副知事大村四

| 正一位并大少初位虚位仍テ之ヲ省ク | 神祇官 | 太政官 | 民部省 | 司 | 大蔵省 | 寮 |
|---|---|---|---|---|---|---|
| 従一位 | | 左右大臣 | | | | |
| 正二位 | | | | | | |
| 従二位 | 伯 | 大納言 | | | | |
| 正三位 | | 参議 | 卿 | | 卿 | |
| 従三位 | 大副 | 大弁 | 大輔 | | 大輔 | |
| 正四位 | 少副 | 中弁 | 少輔 | | 少輔 | |
| 従四位 | 大祐 | 少弁 | 大丞 | | 大丞 | |
| 正五位 | 権大祐 | | 権大丞 | | 権大丞 | 頭 |
| 従五位 | 少祐 | 大史 | 少丞 | | 少丞 | 権頭 |
| 正六位 | 権少祐 | 権大史 | 権少丞 | 正 | 権少丞 | 助 |
| 従六位 | 大史 | 少史 | | 権正 | | 権助 |
| 正七位 | 権大史 | 権少史 | 大録 | 大佑 | 大録 | 允 |
| 従七位 | 少史 | | 権大録 | 権大佑 | 権大録 | 権允 |
| 正八位 | 権少史 | 主記 | 少録 | 少佑 | 少録 | 大属 |
| 従八位 | 史生 | 官掌 | 権少録 | 権少佑 | 権少録 | 権大属 |
| 正九位 | 官掌 | | 史生 | 大令史 | 史生 | 少属 |
| 従九位 | | | 省掌 | 少令史 | 省掌 | 権少属 |

| | | | | | | | | | | | | | | | | | |
|---|---|---|---|---|---|---|---|---|---|---|---|---|---|---|---|---|---|
| 司 | | | | | | | | | | 正 | 權正 | 大佑 | 權大佑 | 少佑 | 權少佑 | 大令史 | 少令史 |
| 兵部省 | | | | 卿 | 大輔 | 少輔 | 大丞 | 權大丞 | 少丞 | 權少丞 | | 大錄 | 權大錄 | 少錄 | 權少錄 | 史生 | 省掌 |
| 寮 | | | | | | | | 頭 | 權頭 | 助 | 權助 | 允 | 權允 | 大屬 | 權大屬 | 少屬 | 權少屬 |
| 司 | | | | | | | | | | 正 | 權正 | 大佑 | 權大佑 | 少佑 | 權少佑 | 大令史 | 少令史 |
| 刑部省 | | | | 卿 | 大輔 | 少輔 | 大丞 大判事 | 權大丞 中判事 | 少丞 少判事 | 權少丞 | 大解部 | 大錄 中解部 逮部長 | 權大錄 少解部 | 少錄 逮部助長 | 權少錄 | 史生 | 省掌 逮部 |
| 宮内省 | | | | 卿 | 大輔 | 少輔 | 大丞 | 權大丞 大典醫 | 少丞 中典醫 | 權少丞 少典醫 | | 大錄 | 權大錄 | 少錄 | 權少錄 | 史生 | 省掌 |
| 外務省 | | | | 卿 | 大輔 | 少輔 | 大丞 | 權大丞 | 少丞 | 權少丞 | 大譯官 | 大錄 中譯官 | 權大錄 少譯官 | 少錄 | 權少錄 | 史生 | 省掌 |
| 待詔院 | | | | | | | | | | | | | | | | | |
| 集議院 | | | | 長官 | 次官 | | 判官 | 權判官 | | | | 大主典 | 權大主典 | 少主典 | 權少主典 | 史生 | 院掌 |
| 大學校 | | | | 別當 | 大監 | 少監 | 大丞 | 權大丞 大博士 | 少丞 中博士 | 權少丞 少博士 | 大助教 | 大主簿 中助教 大寮長 | 少主簿 少助教 中寮長 | 大舍長 少寮長 | 中得業生 大寫字生 | 史生 少得業生 中寫字生 | 校掌 少寫字生 |
| 彈正臺 | | | | 尹 | 大弼 | 少弼 | 大忠 | 權大忠 | 少忠 | 權少忠 | 大巡察 | 大疏 | 少巡察 | 少疏 | 巡察屬 | 史生 | 臺掌 |
| 皇太后宮職 | | | | | 大夫 | | 亮 | | 大進 | 權大進 | 少進 | 權少進 | 大屬 | 權大屬 | 少屬 | 權少屬 | 史生 職掌 |
| 皇后宮職 | | | | | 大夫 | | 亮 | | 大進 | 權大進 | 少進 | 權少進 | 大屬 | 權大屬 | 少屬 | 權少屬 | 史生 職掌 |
| 春宮坊 | | | | 傅 | 大夫 | | 亮 | 學士 | 大進 | 權大進 | 少進 | 權少進 | 大屬 | 權大屬 | 少屬 | 權少屬 | 史生 坊掌 |
| 府 | | | | | 知事 | | 大參事 | 權大參事 | 少參事 | 權少參事 | | | 大屬 | 權大屬 | 少屬 | 權少屬 | 史生 |
| 藩 | | | | | 大藩知事 | 中藩知事 | 小藩知事 | 大藩大參事 | 大藩權大參事 中藩大參事 | 大藩少參事 中藩權大參事 小藩大參事 | 大藩權少參事 中藩少參事 小藩權大參事 | 中藩權少參事 小藩少參事 | 小藩權少參事 | | | | |
| 縣 | | | | | | | 知事 | 權知事 | | 大參事 | | 少參事 | 大屬 | 權大屬 | 少屬 | 權少屬 | 史生 |
| 海陸軍 | | | 大將 大將 | | 中將 中將 | | 少將 少將 | | | | | | | | | | |
| 留守官 | | | | 長官 | 次官 | | 判官 | 權判官 | | | | 大主典 | 權大主典 | 少主典 | 權少主典 | 史生 | |
| 宣教使 | | | | | | | | | | | | | | | | | |
| 開拓使 | | | | 長官 | 次官 | | 判官 | 權判官 | | | | 大主典 | 權大主典 | 少主典 | 權少主典 | 史生 | 使掌 |
| 按察使 | | | | | | | | | | | | | | | | | |

図表 6-2　職員令官位相当表

出典：『法令全書』明治 2 年第 622 号

位は大村兵部大輔《ひょうぶのたいふ》、出納司知事林又七郎は林出納正《すいとうのかみ》などと、官員たちの「名前」に変化をもたらした。

なお地方官については、現状の地方行政単位が府・藩・県で、「国」を単位とした古代の四部官を模倣するのは難しかった。そのため、七官制の知府事・知藩事・知県事などの職名がそのまま「官名」となり、その下に大参事《だいさんじ》・少参事などの官名が設けられた。

同時に位階も改正され、従四位上・従四位下などの「上」「下」を廃し、正九位・従九位を新たに加えた二〇階に整理され、新たな官名と位階との官位相当が定められた（図表6-2。七官制の官等は廃止）。旧位階を与えられていた者は「上」「下」を除いた形で位階を保持することとされた（つまり従五位上・下の保持者は、同じ「従五位」となる）。

二官六省制は、従来別に存在した職名と官名とを統合させて新たな「官名」とし、これまでの「職制」を古代風の「官名」によって構成される新たな「官制」に改組したものである（旧官名を廃止した上で、職名を新官名に置換した、ともいえる）。ゆえに職員令による「官制」と七官制までの「職制」とは、その点で根本的に異なるものであった。

### †官名は官員のみ

百官廃止と職員令とによって、「官名」と「職名」とが統合され、官・職の一致という

「正名」は実現した。もっとも官名の上に苗字（称号）を記す、「苗字＋官名」を「名前」の用途で使用する江戸時代の常識・習慣は、その後も変わらないと一般には考えられた。

実際に「下野義《ぎ》一郎《いちろう》」が大蔵少録《おおくらのしょうさかん》に任官すれば、以後は「下野大蔵少録」と名乗る。任官すれば、一般通称が「官名」に置き換わり、「称号（苗字）＋官名」を公私の「名前」に用いる。一見江戸時代と同じようだが、そこには大きな違いがある。

明治二年七月まで、旧官名で「大河内《おおこうち》刑部大輔《ぎょうぶのたいふ》」を名乗っていた人物は、三河豊橋藩知事であった。その「刑部大輔」なる官名は、「従四位下」の位階を帯びた諸侯としての社会的地位を示すために、「任官」の手続きを経て、格の高い通称としてこれを名乗っていた。「刑部大輔」という官名の意味する〝刑部省の次官〟としての実務は一切伴わなかったのである。

しかし新官名の「刑部大輔」に任じられた「佐々木刑部大輔」は、実際に刑部省の次官という職を担う。新たな官名は職名でもある。本来の意味で、名実ともに官職名なのである。新官名はその官名の職務を担う官員（在官者）のみが名乗る「名前」となったのである。

七官制まで、「外国官知事」の「伊達中納言」といえば、「外国官知事」が職名で、「中納言」は官名であり、この二つは無関係である。仮に「外国官知事」から「軍務官知事」

へと職の異動を命じられても、「名前」にしている「中納言」という「官名」は変わらない。職名は実務、役職そのものの名称で、官名はその人の地位を示す名誉あるタイトルとして「通称」に用いる。官名と職名は、全く別のものとして「任」じられてきたのである。

だが二官六省制の新官名は職名と統合されたものである。ゆえに「佐々木刑部大輔」が、他官の「民部大輔」に異動を命じられた場合、「佐々木民部大輔」と名乗り、職場も仕事も変わってしまう。引き続き「刑部大輔」と名乗り続けることは、もちろんできない。

そんな新官名は、旧官名と同じように、公私における「名前」、格の高い「通称」として、用いることができるだろうか。

にわかに雲行きが怪しくなってきたのである。

## †どうすればいいの？

新たな「官」に任じられた者（在官者）は、官名を「通称」（名前）とする。だがそれ以外の人々で、これまで「大和守」とか「玄蕃頭」などと旧官名を「名前」にしていた人間は、百官廃止で「名前」を一律に喪失することになった。ただし位階の方は引き続き保持を許された。位階があって官職に就いていない者は、「非役有位者《ひやくゆういしゃ》」と呼ばれる。

七月八日の百官廃止の布告において、非役有位者は、今後新位階を通称に用いるようにと指示された。つまり畠山《はたけやま》侍従は畠山従五位《じゅごい》、徳岡大膳大進《だいぜんのだいしん》は徳岡従五位、諏訪土佐介《とさのすけ》は諏訪正七位などと名乗ることになった。なお旧位階では「大隈五位」などと称したが、新位階では必ず「正・従」をつけて「正五位」「従四位」などと称するように指示されている。

だが旧官名の廃止、それによる職名と統合した新官名の設定という、かつてない状況を前に、今後名乗るべき自身の「名前」について混乱する者もいた。

尼崎藩（藩知事は桜井《さくらい》氏）は、七月八日の布告の二日後、①職員令における藩の「知事」（知藩事）も「通称」（名前）に使用する「官名」なのか、②在官者でも位署書《いしょがき》（「姓名」を使用）以外の場合には、位階を通称に使用するのか、と政府に問い合わせた。

七官制のもとでは「尼崎藩知事　桜井遠江守《とおとうみのかみ》」と名乗っていたが、今回旧官名の廃止によって「遠江守」を名乗れなくなった。では今後〝尼崎藩知事　桜井従五位〟か、〝桜井尼崎藩知事〟か。自分の名乗るべき名が、どうにもわからなかったのである（非役有位者への指示とも混同している）。

新政府は①については、その通り心得てよい、②については「在官中は官名称すべき事」と回答した。つまり在官者は、官名を通称として使用することを求めている。非役有位者のように位階を通称にする必要はないのである。

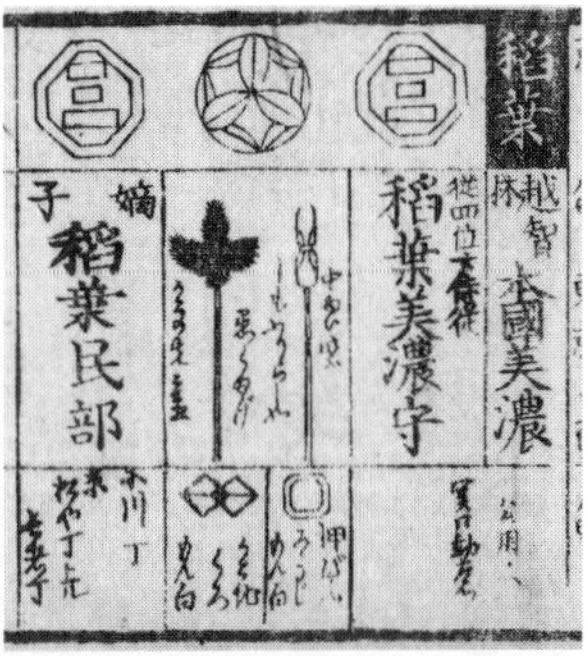


明治２年６月版『列藩一覧』・部分

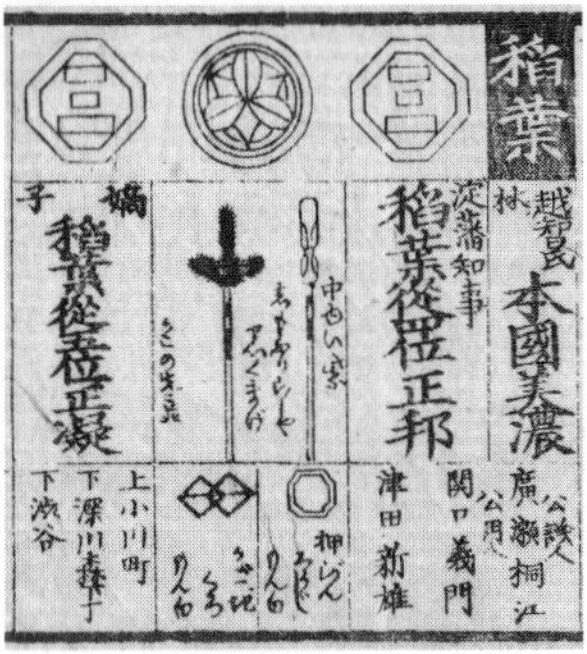


明治３年春版『列藩一覧』・部分

**写真 6-1　淀藩稲葉氏の記載（職員令前後での変化）**

ただしこの頃出版された『列藩一覧《れっぱんいちらん》』（明治三年春版）をみると、「淀藩知事」を肩書にして「稲葉従四位正邦《まさくに》」などと、位階を「通称」部分に充当させ、実名《じつみょう》も記載する方式を採っている（写真6－1）。これは必要情報を提示するための表記方法で、当時の公文書ではやはり「稲葉淀藩知事」などと、「苗字＋官名」が用いられたのである。

かくして職員令により、日常の「名前」は次のように整理された。①官員（在官者）は「苗字＋官名」、②非役有位者は「苗字＋位階」、③その他の無位無官の者は、これまでどおり「苗字＋通称」（あるいは「通称」のみ）。これらが「名前」となったのである。

## †波紋の第一波

職員令と同日の「従来の百官 幷《ならびに》受領廃せられ候事」という布告によって、旧来の正式な官名は「名前」として使用できなくなった。さらにこの布告は、人々に次のような疑問をも抱かせた。

――廃止される「百官」「受領」とは、一体どこまでなのか？

「受領」は因幡守《いなばのかみ》とか大和介《やまとのすけ》とか、「国名＋下司付きの正式な官名」を指す。では「因幡《いなば》」とか「佐渡《さど》」とか、これまで擬似官名に分類された「国名《くにな》」も名乗ってはいけないのか。

また一般に「百官」とか「百官名」といえば、正式な官名のことではなく、いわゆる下司なしの京百官・東百官などの擬似官名を指す。ならば今後、百官名を名前に使用することも禁止されるのか。何右衛門や何兵衛なども、本来は官名だ、という意見が江戸時代から存在していた。ではこれらも廃止される「百官」に含まれるのか？

元旗本である中大夫《ちゅうたいふ》・下大夫《げたいふ》の代表が、この点を相次いで政府に問い合わせている。

明治二年八月七日、下大夫組頭《くみがしら》の内藤甚郎《じんろう》・横田権之助《ごんのすけ》は、「百官廃止の布告により「官名（百官名）・国名」を名前に使っている者は、ことごとく改名せねばならぬのか。何兵衛・何右衛門なども禁止される官名に該当するのか」と伺い出ている。

さらに同月二〇日には、中大夫触頭《ふれがしら》の畠山《はたけやま》従五位《じゅごい》も「百官名・国名は全て改名せねばならないのか。また何兵衛、何左衛門、何右衛門、何之允《なにのじょう》・丞《じょう》・進《しん》・輔《すけ》・佐《すけ》・介《すけ》なども、改名を要するのか」と伺い出た。

政府はこれらに対して「百官名・国名等の類《たぐい》は相憚《あいはばか》るべし、何兵衛・何之丞等は、先《ま》ず

| | 肩書 | 名前<br>改名前 | → | <br>改名後 |
|---|---|---|---|---|
| 1 | 中大夫 | 小笠原兵庫介 | → | 小笠原長裕 |
| 2 | 〃 | 織田主計 | → | 織田弘ム（ママ） |
| 3 | 〃 | 木下内匠助 | → | 木下俊清 |
| 4 | 〃 | 朽木主計助 | → | 朽木之綱 |
| 5 | 〃 | 高木監物 | → | 高木貞栄 |
| 6 | 〃 | 高木弾正 | → | 高木広 |
| 7 | 〃 | 戸川主馬助 | → | 戸川達敏 |
| 8 | 〃 | 中条兵庫 | → | 中条厳彦 |
| 9 | 〃　父 | 座光寺右京 | → | 座光寺為邕 |
| 10 | 下大夫 | 戸田主水 | → | 戸田倉之助 |
| 11 | 〃 | 浅野隼人 | → | 浅野弥 |
| 12 | 〃 | 池田右近 | → | 池田徹之丞 |
| 13 | 〃 | 石川靫負 | → | 石川鎧勝 |
| 14 | 〃 | 大嶋摂津 | → | 大嶋雲八 |
| 15 | 〃 | 朽木和泉 | → | 朽木廓堂 |
| 16 | 〃 | 小出播磨 | → | 小出清 |
| 17 | 〃 | 小出主水 | → | 小出嘉門 |
| 18 | 〃 | 斎藤宮内 | → | 斎藤鋳之輔 |
| 19 | 〃 | 設楽帯刀 | → | 設楽魁司 |
| 20 | 〃 | 関左近 | → | 関次郎 |
| 21 | 〃 | 武田兵庫 | → | 武田太郎 |
| 22 | 〃 | 内藤弾正 | → | 内藤三十郎 |
| 23 | 〃 | 能勢日向 | → | 能勢源一 |
| 24 | 〃 | 牧相模 | → | 牧春窓 |
| 25 | 〃 | 松井主馬 | → | 松井久之助 |
| 26 | 〃 | 森将監 | → | 森宗七郎 |
| 27 | 〃 | 藤懸左京 | → | 藤懸克己 |
| 28 | 〃 | 松浦左京 | → | 松浦勝太郎 |
| 29 | 〃 | 大給求馬 | → | 大給利雄 |
| 30 | 〃　父隠居 | 大嶋主殿 | → | 大嶋桐江 |
| 31 | 〃　養祖父 | 甲斐荘河内 | → | 甲斐荘同衛 |
| 32 | 〃　養父 | 石川阿波 | → | 石川松軒 |
| 33 | 〃　養父 | 花房近江 | → | 花房文夫 |
| 34 | 〃　養父 | 青木主税 | → | 青木熊三郎 |
| 35 | 〃　養父隠居 | 小出織部 | → | 小出梅堂 |

**図表6-3　中・下大夫の改名**

出典：「公文録」（国立公文書館所蔵）明治二年・第四十巻、明治2年4～8月「大夫士届」、明治2年9～12月「大夫士届請」（同上所蔵・「雑種公文」のうち）。ちなみに中大夫の中条《ちゅうじょう》兵庫改め厳彦の実名は「信汎」で、「厳彦」は実名とは別に設定した「通称」である。

是迄《これまで》の通りたるべく候事」と回答している。つまり国名・百官名の使用者は改名せねばならないが、「何右衛門」等の類は百官名に含まず、改名の必要はない、と明言している。

この確認の後、擬似官名を使用していた中大夫・下大夫らは実際に改名している（図表6―3）。中大夫花房助兵衛《はなぶさすけべえ》をはじめ、何兵衛・何右衛門などの名前の者は改名していない。該当した下大夫二六名は、浅野隼人が浅野弥《ひさし》、小出播磨が小出清、関左近が関次郎など、全員一般通称へと改名した。同じく百官名（東百官含む）・国名を名前にしていた無位無官の地下《じげ》（当時は旧官人《きゅうかんじん》と呼ばれた）らも、二年一〇月頃から続々と改名を届け出ている。例えば田中掃部《かもん》が田中忠太郎、木村造酒《みき》が木村宗兵衛など、百官名や国名の使用者の多くは、一般通称に変更した。

「正名」の理想に基づく職員令と百官廃止により、擬似官名も通称に使用できなくなっていったのである。

## †実名を通称にもする

使用できなくなった擬似官名に代えて、「実名」を「通称」にも使用するという、ほぼ前代未聞の方法をとった者たちも存在する。

中大夫小笠原兵庫介《ひょうごのすけ》は、「私儀《わたくしぎ》、自今《じこん》実名長裕《ながかた》を以《もっ》て、通称に相用申《あいもちいもう》し候《そうろう》」と届け出て、実名（名乗）を普段使う「通称」にすることにして、小笠原兵庫介改め小笠原長裕と改名した。これと同様の届け出で朽木《くつき》主計助《かずえのすけ》が朽木之綱《ゆきつな》、高木《たかぎ》監物《けんもつ》が高木貞栄《さだひで》などと、中大夫九名中六名が改名している。

また百官廃止の布告で職人受領も廃止された。その際、御用御《ごようお》針師《はりし》の福井伊《い》予掾《よのじょう》は「実名を以《もつ》て勝秀《かつひで》と改名」すると届け出て福井勝秀と名乗り、また御用御菓子司《おかしし》の黒川近江大《おうみのだい》掾《じょう》も、同様の届け出によって黒川光正《みつまさ》と改名している（彼らは無位）。

実名を通称にも利用する――。それはいかなる理由によるものであろうか。

従来、名は体を表すものであった。名前（通称）はその人の身分格式を示す役割を持つ。一般に名乗ることのできない偉い名前――正式な官名や擬似官名――を名乗るのは、名前によってその地位を表示するためであった。

ならば擬似官名を名乗れなくなっても、何かしらの特別な「名前」によって、一般との差異を示すことが模索された。そこで格の高い擬似官名の代替措置として生じたのが、この時期における実名の通称利用であったらしい。

実名、つまり一般でいう「名乗」なるものを、庶民は必要ないので普通設定していない。実名（「名乗」）を設定していること自体が、実質的に「士以上」の証でもあった。ゆえに実名を通称――普段の「名前」――に利用すれば、なお一般通称を使用する庶民と自身とを、名前によって差別化しうると考えたのである。

ここに二冊の『列藩一覧』がある。①百官廃止直前の明治二年六月版と、②廃止後の三年春版である。「公用人」など、旧諸侯の留守居役に該当する藩士（藩職員）の名前が記載されている。

## †藩職員の実名系通称

この二冊でその人名を比較すると、②では星合常恕《ほしあいつねのり》（徳島藩）、中野重明《なかのしげあき》（福知山藩）、亀岡勝知《かつとも》（広島藩）など、①では一切みられなかった実名通称系の出現が少数ではあるが確認できる。こうした実名を通称にした名前が、他の一般通称——中村長左衛門（忍《おし》藩）、水野彦三郎（名古屋藩）、石川直之進（岩村田藩）、西村捨三《すてぞう》（彦根藩）、堤正巳《まさみ》（和歌山藩）、小倉熊雄《くまお》（浅尾藩）、片岡静《しずか》（加納藩）などと、肩を並べて記載されている。実名の通称利用は、百官廃止後から、藩職員たちのあいだにも出現したことがわかる。

ここで注意すべきは、この頃出現する実名系の通称が、「実名」と「通称」という、従来異なる人名の要素そのものを統合したものではない、という点である。実名は実名、通称は通称として（第四章図表4－1の②と⑤として）なお全く別の用途で併存している。通称が五郎左衛門で、実名は義貞などと、大多数の人間は「通称」と「実名」を別に設定しているのである。

　実名系通称は、あくまで廃止された百官名・国名の代替選択肢などとして出現した、実名由来の新たな「通称」なのである。

　もっとも当時においても、その認識はやや混乱している。実名の通称利用を届け出た本人の願書をみても、「通称を廃して実名だけを使用する」と表明した者と、「実名を通称にも使用する」と表明した者とが混在している。実名の通称利用には、どうやらこの二つの認識が交錯していたのが実態らしい。

　ただしどのように意識したにせよ、「通称」と「実名」という人名の部位の区別は廃絶されていない。ゆえに先ほどの小笠原長裕を江戸時代の「長谷川平蔵宣以《のぶため》」風に「苗字＋通称＋名乗」で表記すると、「小笠原長裕《（通称）》長裕《（実名）》」ということになる。

　そんな馬鹿な——と思うかもしれないが、これが事実であるがゆえに、後に混乱をひき起こすのである。

　ちなみに〜雄、〜夫という通称が、この頃から士分たちのなかで急増していく傾向にあるが、これらは一字三音の語感をもつ変形東百官（第一章）からの派生であるらしく、実名（名乗）の通称利用ではない。

## †大参事たちの悩み

明治二年八月、篠山《ささやま》藩では職員令にのっとり、藩の「大参事《だいさんじ》」らを任命することにした。しかし同藩では、その任命により「名前」がどうなるのか、どうもよくわからなかったらしい。そのため「大参事を始め、権少参事《ごんのしょうさんじ》までは、その在職中、通称を廃して、公私ともに「苗字大少参事」という形で称呼すればよいのでしょうか」と政府に問い合わせた。つまり旧官名と同様に「大参事」という官名は、公私にわたり使用する「通称」になるのかと確認したのである。この時期としては、ごく普通の常識的な疑問であった。

これに対し、政府は「藩名苗字大少参事」と使用せよ、とだけ回答している。『太政官日誌』などをみると、実際には「苗字＋〇〇藩大参事」の書式が使用されているが、「大参事」を苗字の下に書く、つまり「通称」（＝「名前」）に使用することについて、この時期も何ら疑念の余地はなかったのである。

ところがこの回答を受けた篠山藩は再び困惑した。同藩は大参事に、吉原善《ぜん》右《え》衛門《もん》と吉原三郎《さぶろ》右《え》衛門《もん》を任命したからである。政府の指示通りなら、二人とも「善右衛門」など現在の「通称」を廃した上で「吉原大参事」と名乗ることになる（藩内では当然藩名は省略する）。これでは「同姓同官名」で区別できない。そこで篠山藩知事は「吉原三郎右衛門の方は、苗字を「東吉原」にしたらいい」と判断し、一〇月に政府へこれを届け出た。事実、大参事となった吉原三郎右衛門は、その後「東吉原篠山藩大参事」と名乗っていることが確認できる。

――いやいや、「大参事」を肩書にし、〝大参事　吉原善右衛門〟と名乗ればよいだけではないか。なんで「苗字」の方を改変してまで、大参事を通称として名乗らねばならないのか――。

もしそんな疑問を抱いたのなら、江戸時代の名前の常識を、今一度思い出してもらわねばなるまい。

正式な官名は、公私において「通称」に使用することに意味がある、身分標識だったのである。ゆえに一般通称の「吉原善右衛門」から正式な官名の「吉原大参事」への変化は、かつて「南部三郎」が「南部信濃守」へと改名したのと同様に、地位の変化・上昇を自他内外に示す価値があった。それが「官名」なるものの、絶対に譲りえない役割であった。大参事になって大参事と名乗れないのなら、大参事となる甲斐もない。

### †通称利用は譲れない

明治三年二月、和歌山藩でも同じような問題が起こったらしい。同藩は、「「同官同姓」

（この「姓」はもちろん苗字のことを指す）の者が発生した場合、どのように自分の名前を書けばいいのか」と政府に問い合わせている。

　これに対して政府は、①任官したのが先の者（の官名）に「前ノ字《じ》」を加える（先任者を「前大参事」などとして区別。これは「前官」の意味ではない）。②同じ日に就任した場合は（苗字に）「東西南北之文字」を使用して区別せよ——と回答した。いずれにせよ官名を苗字の下に書いて「名前」にする常識は、どうしても譲れない。その前提の上で、なんとか区別しようとしている。

　しかし「前」だの「東西南北」などの文字を付けても、結局、五、六人の区別が限界である。和歌山藩は政府の回答に満足しなかったらしい。翌月には重ねて政府に対し「同官同姓の者が何人発生しても、絶対に区別できるようにしたいのですが、どう書いたらよいですか」と改めて伺い出ている。

　なかなか無茶な問い合わせをしたものと思うが、これに対して政府は「実名相認《あいしたた》むべき事」と端的に過ぎる回答で処理している。——別に気を悪くしたわけでもなかろうが、「じゃあ実名でも書いておけよ」というような、どこか投げやりな対応にもみえる。政府にしても、最良の対処法を持ち合わせていなかったのは確かである。

　ちなみにこの回答は、公式書面での「実名」使用の指示としては比較的早期のものである。ただしこの時はまだ、同姓同官者を識別する上で、「名前」の補助的役割として「実名」を「名前」に添える方法でしかない。あくまで官名を通称として使用することが大前提で、そこに強い拘泥《こうでい》がある。

江戸時代までの官名（旧官名）は、実際の職務とは関係ない〝名誉あるタイトル〟であった。仮に同名で不都合なら、「御名差合《おんなさしあい》」（第四章）のように、適当な別の官名に「改名」してしまえば済む話であった。

しかし職員令以後、官名は職務と一致している。二人の田中さんが外務大丞になったら、区別するためだけに、「そっちの田中さんは、同格の「宮内大丞」を名前にして、仕事は外務大丞の仕事をしてくれ」と、いうわけにはいかないのである。

官名が職の実態を取り戻した時、「名前」としての利用に支障が生じはじめてきたのである。

## †非役有位者の削減

非役有位者の「何々従五位」といった名前も、やはり同姓同位者を発生させて問題になっている。明治三年七月、北小路《きたこうじ》正六位（実名は俊茂《とししげ》）は従五位に昇叙《しょうじょ》した。すると同家の俊昌《としまさ》と俊親《としちか》が既に従五位であるので、「同位同姓」――つまり全員「北小路従五位」という名前になってしまう。そのため「以来通称の儀、如何相心得申すべき哉《いかがあいこころえもうすべきや》」と政府に伺い出ている。全員同じ名前になるが、どうしたらいいのか――というのである。

政府はこれに対し、「従五位」「新従五位」「従五位名乗《(実名)》」という三種類の体裁を使用したらよいと回答している（新しく叙された方に「新」をつけ、三番目の者には実名を付加して区別）。これまた無理がある調整だと、敢えて指摘するまでもあるまい。

江戸時代の朝廷では、事実上正七位下が最下位の位階であった。七位の地下《じげ》は、実は金で地下家の株を買った町人が多く、六位以上の地下からは「無位の方がよほどましだ」といわれるほど、露骨に軽んじられていた（『幕末の宮廷』）。

しかし新位階の正七位はそれなりの官員に与えられる立派な位階である。幕末・明治の数年間で七位の重さが激変したのだが、江戸時代に七位に叙された地下は、この時期も「正七位」を持ち続けていた。なかには五位以上の位階を持つものさえいたのである。

そのため上司が「従七位」で、部下が「従五位」という状況が、この時期にもまだ残存していた。明治初年、似た状況を「在勤中のみ官位停止」により調整したこともあったが、根本的な解決にはなっておらず、職員令以降、その措置すら行われていなかった。

そこで明治三年一一月一九日、新政府は旧官人、及び元中大夫《もと》ら（明治二年一二月に「士族」という族称に整理されているので、元中大夫などと呼ばれる）に対し、その位階をすべて廃止すると通知した。事実上江戸時代に与えられた位階の取り消しという強硬手段であるが、彼らはこれを時勢として、素直に諦めるほかなかった。これにより位階を通称にしていた諏訪正七位や藤井正七位らは、またも「名前」を失ってしまう。

ただし彼らの場合、叙任の手続き上、もとより「姓名」を設定・把握されていたから、以降一律に「称号（苗字）＋実名」を名前とする方法で処理された。ここに諏訪正七位は諏訪信敏《のぶとし》、藤井正七位は藤井積慶《さかよし》などという名前になったのである（なお翌月「旧官人」も廃され、士族ないし卒という族籍に整理された）。いわばなかば強制的に、実名を通称にも利用させられたことになる。

かくして非役有位者は、華族の非役者と一部の神職のみとなった。有位で官員に登用されている神職については、同日の布告において「在勤中のみ位階停止」という、明治初年同様の一時しのぎの措置がとられたが、明治四年五月一四日、神職の位階もいったん全て停止されるに至った（後年、改めて位階を与えられた神職もいる）。

### †波紋の第二波

明治三年一一月一九日、旧官人・元中大夫らの位階全廃に際して、新政府は「国名《くにな》並《ならび》に旧官名《きゅうかんめい》を以《もつ》て通称に相用《あいもち》い候儀《そうろうぎ》、停《とど》められ候事《そうろうこと》」と布告した。

職員令では受領・百官の廃止が布告されていたが、明確にこれらを「通称」に使用することを一般向けに禁じたわけではなかった。そのため民間には、依然として国名・百官名を通称に使用する者が多くみられたのである。「名を正す」ことを追求する以上、「官名」はその官職に就任した官員だけが名乗るものとせねばならなかった。「旧官名」といえども、「官名」を勝手に「通称」に使用することは、除去すべき名実の不一致だったのである。

だがこの時も、「名前」としての使用が禁止される「旧官名」の範囲について、人々に混乱をもたらした。

同年一二月四日、東京府は政府に対し、「今回の布告によって、何左衛門・何太夫・何兵衛等、全て官名の文字を含む通称は、改名しなければならないのか」と問い合わせている。政府はこれに対して、「改名には及ばない」と端的に回答している。

しかし翌月の明治四年一月晦日《みそか》、白河県からの「旧官名とは、普通、外記《げき》・右京《うきよう》・左京《さきよう》などのことをいいますが、何右衛門・何兵衛・何之助、丞、進なども一切禁止ということなのですか」との伺いに対しては、「伺いの通り、助・丞・進なども、官名に紛らわしい分は、すべて差し止めるべきである」と回答している。こちらは何右衛門や何之助なども禁止される「旧官名」の範疇だといっていて、政府の指示が一定していない。

「何右衛門」などを「官名」とみなすか否か――については、江戸時代以来、有識者と一般とで認識の齟齬（第四章）があった。ここでの政府回答の差異がそれに起因していたことは、改めていうまでもなかろう。

## †何右衛門も禁止？

その認識の齟齬ゆえに、明治三年一一月一九日布告の解釈・対応は、府藩県によっても区々《まちまち》なものになった。何右衛門などの通称について、多くの府藩県は「旧官名」に該当しないと見做《みな》して改名を求めなかったが、改名を強制した地域もあった。

例えば明治四年一月、堺県はこの布告を受けて、何右衛門なども改名せよと県下に命じた。同県管轄下の河内国若江郡長田村《かわちのくにわかえごおりながた》では、田中四郎右衛門《しろえもん》（同村庄屋）が田中四郎与問《しろよもん》と改名するなど、「右衛門」（ゑもん＝yemon）を「与問」（yomon）という、読みの似た字で代替して抵触を回避したが、その翌月にはさらに「田中四郎」と改名している。他の百姓も、栗山武右衛門が栗山武一、村上木右衛門が村上勇などと改名した（井戸田一九八六）。

同様に岩鼻《いわはな》県も何右衛門などを改名対象と解釈して、「今後使用していいのは何太郎、何治郎、何太、何治、何市、何内、何松、何吉、何作、何蔵、何平、何弥だ」と、詳しく例示までして改名を強いた。同県管轄下の上野国那波郡宮子《こうずけのくになわみやこ》村では、八右衛門が友太郎、佐兵衛が佐吉などと、百姓の一斉改名が確認されている（高木二〇〇六）。
だが、何右衛門などを「旧官名」の範疇外と判断した地域の方が多いようで、多くは変更を強いられていない。例えば京都府では、三年一一月一九日布告を府下に通達したが、同府管轄下の山城国《やましろのくに》乙訓《おとくに》郡石見《いわみ》上里《かみざと》村では、これを受けた一斉改名の形跡はみうけられない。

そもそも政府刊行物を出版していた当時の版元「須原屋《すはらや》茂兵衛《もへえ》」（北畠《きたばたけ》茂兵衛）や「和泉《いずみ》屋《や》市兵衛《いちべえ》」（山中市兵衛）らは、布告後もこの名前を奥付に印刷した『太政官日誌』などを出版し続けている。右の布告を理由にした、何右衛門・何兵衛などへの改名強制は、一部の地方官による行き過ぎた独自対応だったらしい。

ちなみに国名・百官名を用いていた村の神職たちの場合、徳永稲葉《いなば》、山脇丹後《たんご》などと、「因幡」や「丹後」という元の名前と同音異字に改名する方法で、抵触を回避した例がみられる（明治四年・近江国神崎郡伊庭《いば》村の例）。

## 2　姓尸名の奔流

### †二つの常識

明治二年七月の職員令によって、官名は官職名としての実を取り戻した。それは旧公家勢力が望んだ名実一致の実現に違いなかった。

もう一つ、江戸時代における朝廷の常識を思い出してほしい。朝廷にとっては「姓名」こそが人名であった。人間にはまず「姓名」が必ずある。藤原実美《ふじわらのさねとみ》とか源忠邦《みなもとのただくに》とかいう「姓名」が、人間の本当の名前、人名の本体だとみなされていた。そして官位はその「姓名」に対して与えられるのであり、何々駿河守などという「名前」（称号＋官名）は、官名（ないし童名などの通称）の上に、識別のための「称号」を加えた俗称であって、本当の人名ではないのだ——という認識に立っていた。

特に官名は勅許によって任じられるもので、何三郎など自分で決めて名乗る「通称」とは同一視せず、全く異なるものと認識していたのである。

しかし武家や一般の常識は、これとは大きく違っていた。

まず「名前」（苗字＋通称）という人名が最初にある（ただし一般には「通称」のみが本体で、「苗字」はその修飾的要素）。そこに、儀礼専用の「名乗」（「名」「実名」ともいう）が適宜設定されて特定の用途で使用される。庶民などには生涯を通じて必要ないので、設定していないことも多い。「姓」（本姓）はその「名乗」に組み合わせる修飾的要素という程度の認識で、「名乗」以上に使用する機会がない。

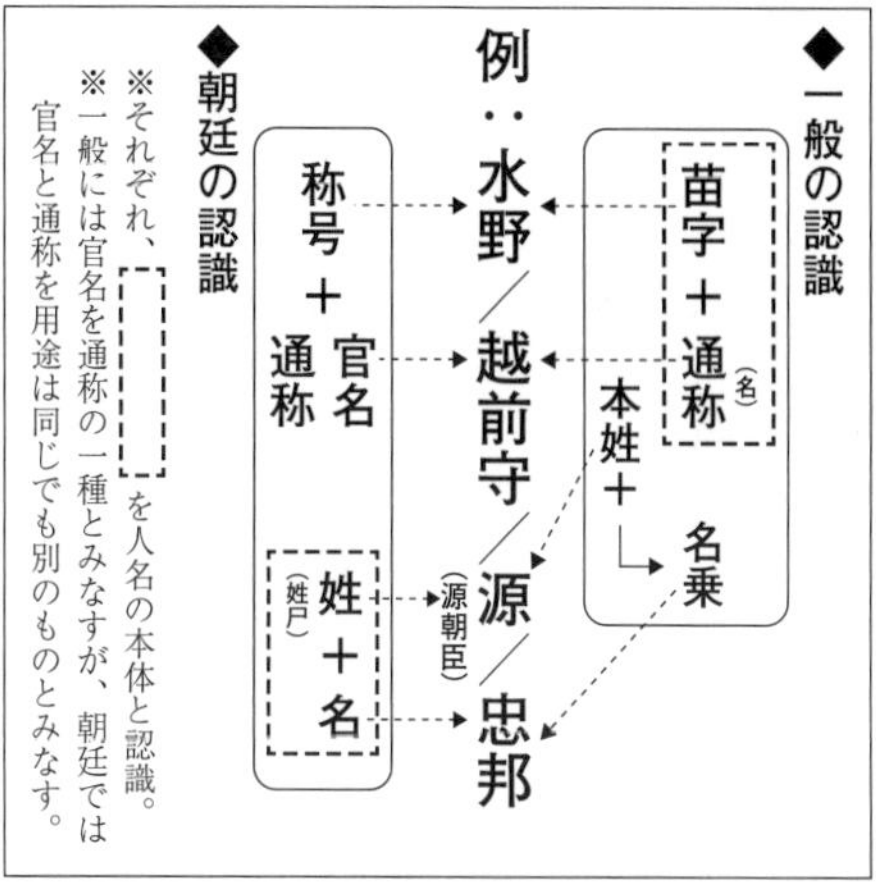


図表6-4　二つの人名認識（常識）

各人に「名前」（通称）は必ずある、だが「姓名」は必ずしもない。それは持っていないのではなくて、いらないから設定していないのであった。

武家や一般の常識では、「姓名」は人名といえるものではなく、「名前」こそが人名の本体なのであった。官名についてもあくまで「通称」の一種、格の高い通称だと認識していたのである（図表6－4）。

この相《あい》反する二つの常識は、ここまで直接、対峙《たいじ》せずにきた。だが職員令による「正名」

が実行されるや、公家など朝廷に属していた者は、古代を夢見た自分たちの常識こそが、「王政復古」後の日本の常識になると信じ、かつそれを説明もなく、当然のこととして、一般社会に押し広げ始める。

一般常識のもとに生きてきた武家や庶民たちは、現実離れした彼らの常識に、戸惑い、悩みつつ、しばらくは律儀に従っていく——。

だが二つの常識は、そもそも決定的に前提が異なる。この二つの常識の衝突が、ある種の悲喜劇をきたし、人名を急速に変えていったのである。

### †姓名の人名利用

職員令以前、役職任命の辞令書は、すべて「久世中納言」「山内中将《やまのうちちゆうじよう》」「大隈四位」「後藤象二郎」など、「名前」を宛名にして「職名」（何々官判事など）に任じていた（第五章）。

しかし職員令に伴い、新政府は新たな官位を叙任する際の「官位記」の書式を制定し、宣旨《せんじ》形式の官位記を正式な辞令書として作成・交付することにした（『諸式録』〈国立公文書館所蔵〉。任官は官記、叙位は位記だが、以下まとめて官位記と表記する）。そこでの人名表記は差出人も宛名も、すべて「姓尸名《せいしな》」を用い、古来の位署書（第四章）にのっとった「官位＋姓＋尸＋名」で記されることになった。

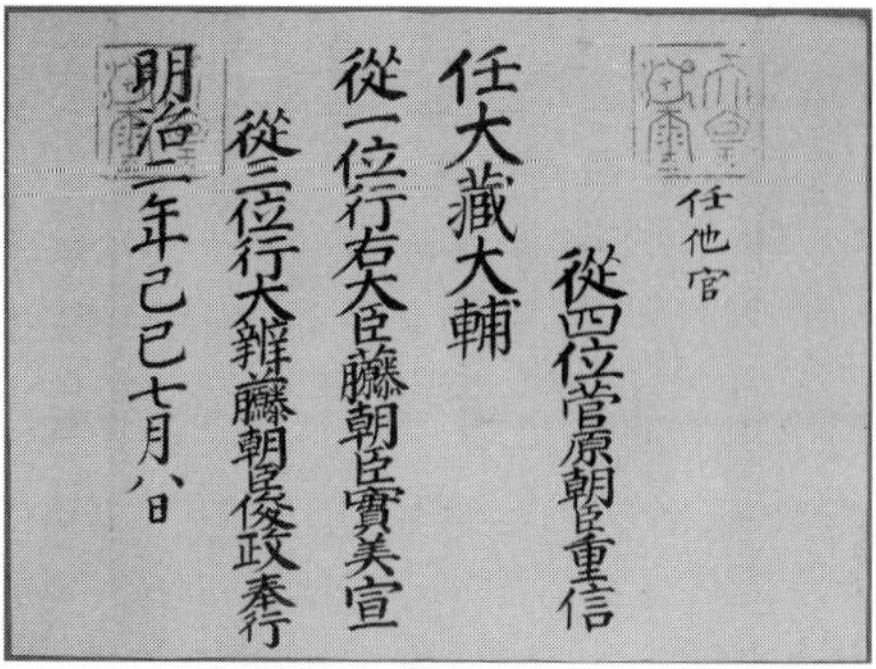
從四位菅原朝臣重信
任大藏大輔
從一位行右大臣藤原朝臣實美宣
從三位行大辨藤原朝臣俊政奉行
明治二年己巳七月八日

写真6-2　菅原重信（大隈大蔵大輔）の官記（明治2年7月8日。勅任官用）（早稲田大学図書館所蔵）

実例を写真6-2に示した。明治二年七月八日、これまで「大隈四位《おおくましい》」という名前で呼ばれた男が「大蔵大輔《おおくらのたいふ》」に任じられた時の官位記である（いうまでもないが、彼は現在「大隈重信《しげのぶ》」という名前で知られる官僚・政治家。明治末には内閣総理大臣となる）。

大隈は本姓を「菅原」、実名に「重信」を設定しているので、彼の「姓名」は「菅原重信《すがわらのしげのぶ》」である。ゆえに「従四位菅原朝臣重信《すがわらのあそんしげのぶ》」という「位姓尸名」に宛てて、「大蔵大輔」に任命する官位記が作成された。官位記の作成者（差出人）である大臣や大弁《だいべん》も「従一位行《ぎょう》右大臣藤原朝臣《ふじわらのあそん》実美」（称号は三条）、「従三位行大弁藤原朝臣俊政」（称号は坊城）と姓名で記されている。大隈だとか三条だとかいう「称号」（苗字）は、ここでは決して用いない。

もちろん普段は官名に称号（苗字）を接続した「三条右大臣」「大隈大蔵大輔」などというのが「名前」として用いられる（大隈は民部大輔《みんぶのたいふ》なども兼官）。普段「菅原さん」だの「重信さん」などとは呼ばれもしないが、古代のように「姓名」を正式な人名と

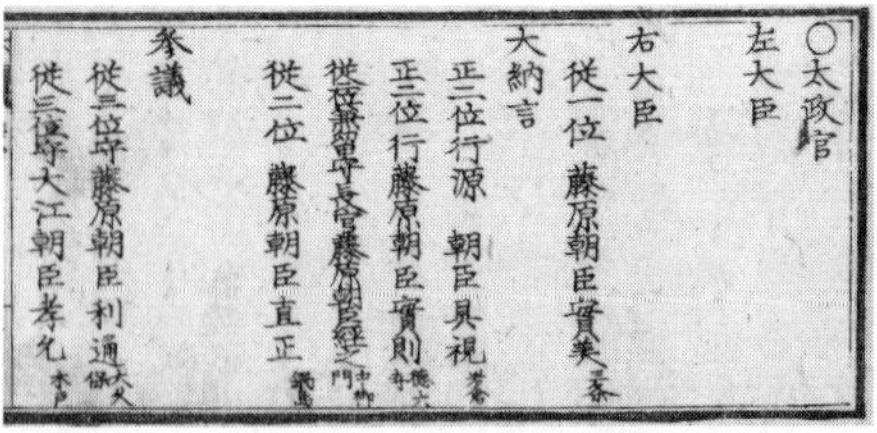
○太政官
左大臣
右大臣
従一位　藤原朝臣實美 三条
大納言
正二位行源　朝臣具視 岩倉
従一位行藤原朝臣實則 徳大寺
従三位兼留守長官藤原朝臣経之 中御門
従二位　藤原朝臣直正 鍋島
参議
従三位守藤原朝臣利通 大久保
従三位守大江朝臣孝允 木戸

太政官・一部

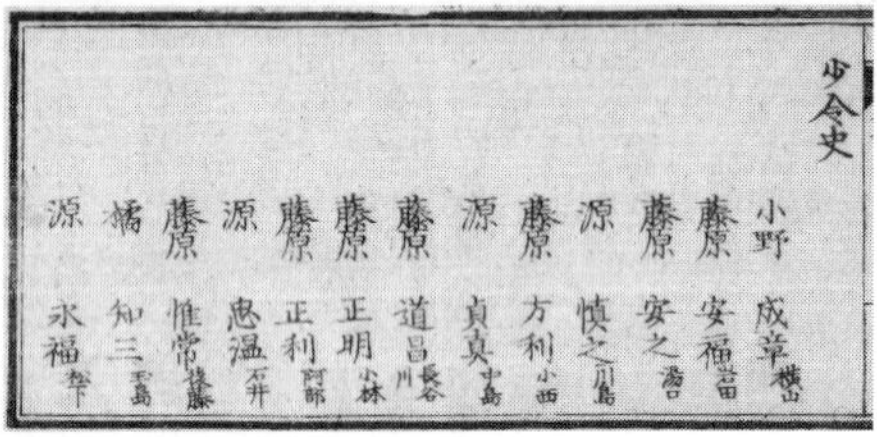
少令史
小野　成章 横山
藤原　安福 岩田
藤原　安之 湯口
源　慎之 川島
藤原　方利 小西
源　貞臭 中島
藤原　道昌 長谷川
藤原　正明 小林
藤原　正利 阿部
源　忠温 石井
藤原　惟常 後藤
橘　知三
源　永福

監督司・一部

**写真 6-3　官員の姓名表記**

出典：明治３年刊『職員録』

定めたことから、任命には朝廷の常識のもとで「姓名」だけを用いたのである。

さらには官員の名簿も、「名前」ではなく「姓名」で記載されるようになる。

写真６-３は明治三年八月頃の『職員録』という官員名簿である。各人名は位・姓・尸・名方式で、「正二位行《じょうにいぎょう》源朝臣具視《みなもとのあそんともみ》」などと書き、その下に「岩倉」などと称号（苗字）を小さく補記している。現在「大久保《おおくぼ》利通《としみち》」の名で知られる人物も「参議」の項に「従三位守藤原朝臣利通大久保」として載っている。なお写真６-３下段にみえるように、無位の場合は「尸」を略する例で、「小野成章《おののなりあきら》横山」「藤原安福岩田」などと表記された。

普段呼ぶべき苗字は小さく補記され、呼びもしない姓名を主体にしている。同様の表記

（実名や「姓名」の横に小さく「称号」を書く）は、江戸時代の朝廷の名簿類でも使用された書式だが、武家や一般の常識になじんだ大多数の官員たちにとって、これは自分の名前にすら見えなかったであろう。

## †姓名を申告せよ

姓名を人名として使用するには、政府が各官員の「名前」のほかに、その「姓名」（姓＋尸＋実名）を把握しておかねばならない。

明治二年八月三日、太政官は各省などに判任官《はんにんかん》（この時期には七位以下の官員）の「姓名」を調査して届け出るように通達を出した。

さらに府県職員の「姓名」の把握も進めた。同年一一月二九日には、府県が判任以下の職員を任命した場合、その人物の「姓実名」を政府に上申することを指示し、さらに三年二月晦日、府県に職員録を毎月作成・提出するよう命じた。

九月には諸府県に職員録の雛形を示して、翌月までの作成を命じたが、その際毎月の提出命令は撤回しており、任命の都度、民部省に届け出ることを指示している。

提出する職員録の書式は刊行された『職員録』と同じように「姓名」を中心としつつも、合わせてその「苗字通称」の申告も指示した。政府は全職員の「官名」「姓名」「苗字通称」の把握を進めようとしたのである。

率直にいって、「姓名」を人名の本体として使用するために、ずいぶん余計な手間が増えたのだが、問題は手間だけの話ではなかったのである。

### †これが実名？

江戸時代の一般常識において、「実名」は人名としての機能を有していない。それはせいぜい、「名乗」というサイン専用に設定している漢字二文字でしかなかったのである。大多数の人間は設定しておく必要もなく、なくても日常生活に支障がない。それがこれまでの常識であった。

しかし明治政府の官員たちは、朝廷の常識に基づき、「姓名」の設定・使用を必須化されて「姓名」を申告せよ――と指示された。どうでもいい「実名」に加え、おまけに「本姓」まで設定し、その「姓名」が人名の本体なのだ、といわれたのである。

「あほらしい」

そう思った人間は、恐らく少なくなかったろう。だが旧朝廷勢力は、新政府の〝正当性〟を担保するのにまだ欠かせない。しばらくはこの懐古趣味に付き合わねばならない。官員たちは「姓名」を設定・申告せざるをえなかった。

だが「名前」に加えて「姓名」を設定すれば、人名に新たな要素が増え、結果として自分の名が複雑化してしまう。そこで自らの工夫により、これを乗り切った者たちもいた。先に見た実名を通称にも用いるという方法も、人名要素の増加を回避する一つの選択肢たりえる。だがこれとは逆に、通称を実名にもした男たちがいた。

例えば小沢武雄《おざわたけお》は、通称「武雄」をそのまま「実名」にもした。ゆえに名前が「小沢武雄」で姓名が「源 武雄《みなもとのたけお》」である。山尾庸三《やまおようぞう》も通称の庸三を実名にもしたから、姓名は「藤原朝臣庸三《ふじわらあそんようぞう》」と称した（前述の通り、有位者には「戸」を加えて表記する）。

また第五章で登場した城多図書《きだずしょ》は、百官廃止以前に「城多董《ただす》」という通称に改名していたが、この通称「董」を実名にもして、姓名を「源 董《みなもとのただし(す)》」と称した。

武雄や董のような、東百官の変形種に多い二字三音や一字三音の通称は、一見実名っぽくみえる。そのため新規の「実名」を作らず、呼ばれ慣れた通称を実名にも流用したのである。

宮本小一郎《みやもとこいちろう》は通称から「郎」を除去した「小一」という漢字二文字を「実名」にして、「藤原朝臣小一」と称した。彼は通称を少し変形させた「実名」を作ることで、「姓名」申告を乗り切ったわけである。

「姓名」記載である『職員録』をみると、この他にも何一《なにいち》、何三《なにぞう》のほか、何雄、何夫、保《たもつ》、誠《まこと》など、通称にも存在する二字三音や一字三音の「実名」を多く確認できる。むろん全てではなかろうが、前記の者たちの〝仲間〟が、ここに含まれるとみてよかろう。

「姓名」設定の指示に対し、彼らはある種の強《したた》かな工夫で凌《しの》いだ。こうした〝工夫〟からは、非実用的な「姓名」利用の動向を、内心嗤《わら》っていた姿が透いてみえてくる。

### †藩職員たちの困惑

だが笑ってばかりもいられない、困った事態も発生してきたのである。

明治三年一〇月一七日、政府は諸藩に対しても、藩職員の名簿を今後毎年一二月に作成・提出するように命じた。提示された職員表（名簿）の雛形《ひながた》をみると、知事は「苗字位姓尸実名」、大参事以下の職員は「苗字通称姓実名」という書式を指定されている。

実際に提出された高鍋《たかなべ》藩職員表をみると、知事は「秋月従五位大蔵朝臣種殷《おおくらのあそんたねとみ》」、大参事は「城勇雄《じょういさお》　橘《たちばなの》重淵《しげすえ》」「財津《ざいつ》十太郎《じゅうたろう》藤原《ふじわらの》吉一《よしかず》」などと書いてあり、雛形に準拠している。

だが自らの姓尸を知らない――従来設定していない藩職員も多かった。「姓名」記入の指示に対して、困惑した藩職員は少なくなかったらしい。

明治四年三月、高鍋藩は政府に対し「当藩職員の内には、「姓尸不分明《ふふんみょう》」（姓尸がわからない）の者もいます。この場合、職員表にはどう書いたらよいのですか」と伺い出ている。

政府はこれに対して、「苗字相認《あいしたた》むべく候事《そうろうこと》」と端的な回答を返している。

藩知事や大少参事などの任官者は、姓がわからなければ官位記を作成できない。だがそれ以下の藩職員には官位記が作成されない。ゆえに「姓」がわからなくても、ただちに影響はないから、政府もそこにはこだわらなかったようである（後述の経緯を踏まえれば、この回答は明治四年三月という時期も関係していよう）。

同藩が三年一二月に提出していた職員表をみると「鈴木逸雄《はやお》清原長敬《きよはらのながたか》」「日高儀一《ひだかぎいち》源《みなもとの》誠実《のぶざね》」などに交じって、「山田関太郎重固《しげかた》」「岩崎健十郎重雄《しげお》」などと、姓なしで記入した人名が既に多数確認される。書かないで済ませる方法が、いわば追認されたわけである。

### †「官名」は「通称」ではない？

府藩県への名簿作成指示において注目すべきは、「官名」とは全く別に「苗字通称」の記入が求められた点である。

――在官者の場合、「通称」は「官名」ではないのか？

武家や一般の常識に生きてきた藩職員たちは、確実にそう思ったはずである。

財津十太郎が「少参事」に任官すれば、「財津少参事」（財津高鍋藩少参事）と名乗る。それは任官により「十太郎」から「少参事」に「改名」した――そう理解するのが、武家官位以来の常識である。官名は格の高い通称、通称の一種、そのように考えられ、実際に通用してきた。

だが職員令以降の新政府は、実は一般の人名常識ではなく、朝廷の人名常識に立って指示を出していたのである。「苗字通称姓実名」という書式の指示は、朝廷の人名常識に基づいて要求されていて、それを知らなければ理解不能に陥る。

思い出してほしい。朝廷における人名の常識では「官名」は「通称」の一種ではなかったことを——。

「官名」「通称」、いずれも苗字（称号）と接続して「財津少参事」（官名）とか「岩崎健十郎」（通称）とか、日常使用する「名前」を構成する。ゆえに実際の用途自体は同じである。これは朝廷でも一般でも共有される認識であった。

だが「通称」は各自が自在に設定・変更する呼称であり、「官名」は勅許によって任命される官職名である。ゆえに朝廷の常識では、もとより両者は全く別のものとされていた。

この常識のもとでは、財津「十太郎」が「少参事」に「改名」するとは当然みなさない。あくまで「藤原吉一」が「少参事」に任官し、その官名に苗字をつけて日常的に「財津少参事」と称するのだとみなす。

その「通称」である「十太郎」は、任官中使わなくなるだけで、「官名」とは別に保持されている――旧来の朝廷の人名常識では、そう解釈されたのである。ゆえに「通称」が保持されていなければ、免官と同時に「名前」がなくなってしまう。任官者に対して「苗字通称姓実名」を申告せよ、と指示したのはこのためである。

だが一般の人名常識に立脚していると、「え？　官名と通称は違うのか？」という、極めて初歩的な段階で思考が停止してしまう。

職員令を境に、前提となる人名の常識がすり替えられてしまっている。しかも一般に何の説明もされずに、である。ゆえに朝廷の常識をよく知らない大多数の藩職員たちは、「苗字通称姓実名」の提出命令を前に、はたと困ってしまったのである。

### †もうわけがわからない

さらに指定の記入書式に沿って名前を記入した結果、図らずも面目を潰すことになったのは、実名を通称にも設定した者たちであった。「通称」と「実名」を同じものに設定した彼らは「苗字通称姓実名」という記載指示に、どのように対応したか――。提出された職員表をみると、彼らの悩みが滲《にじ》み出た、ずいぶんおかしなことになっている。

高鍋《たかなべ》藩職員表をみると、「手塚吉康　源　吉康《てづかよしやすみなもとのよしやす》」「大坪格　平　格《おおつぼただすたいらのただす》」「篠原長光大蔵長光《しのはらながみつおおくらのながみつ》」などと、雛形に従って記載している。実名を通称にも設定したのだから、書式を順守すればこう書くよりしかたがない。だが、これでは他の「財津十太郎藤原吉一」たちと比べて、なんだか不体裁なものが混ざり込んでしまう。

関宿《せきじゅく》藩職員表をみると、「和田捨五郎 平 義正《たいらのよしまさ》」「伊藤 薫《かおる》 藤原直盈《ふじわらのなおみつ》」などに交じって「亀井 源 満次《みなもとのみつつぐ》」「羽太《はた》 源 勝典《みなもとのかつのり》」などと書いているものがいる。彼らは実名と通称が同じだから、通称部分の記入を省略して重複を避けたのだろう。だがこちらも違和感は禁じ得ないし、他の通称・実名が別である者とで書式が異なるから、見た目も浮いて悪目立《わるめだ》ちする。率直に言ってカッコ悪いのである。

こうした問題を解決するためか、四年三月、実名を通称にもしていた関宿藩職員一九名が「実名通称に相用候処《あいもちいそうろうところ》、此度《こたび》俗名清《きよし》と相改《あいあらた》め申し候」などと一斉に届け出た。つまり実名の通称利用をやめ、再び「実名」とは別の「通称」を設定したのである。こうして実名を通称にしていた亀井満次は亀井清《きよし》（姓名は源満次）、羽太《はた》勝典は羽太尚雄《なおお》（姓名は源勝典）などへと改名した。これで先ほどのような、不体裁な表記をしなくて済む――。

この段階での明治新政府は、「姓名」を人名の本体とし、「官名」を名前（通称）とみなさなくなっている。しかしその結果、各官員らの官名（非人名）と、人名である苗字・通称・姓・尸・実名をすべて把握せねばならなくなってしまった。次章で述べるように、これらの人名要素はそれぞれ変更（改姓名）が可能で、各自の申請に応じて随意に変更されたのだから、管理する側もたまったものではなくなっていく――。

江戸時代の一般常識なら、把握される人名はシンプルに「名前」（苗字と通称）だけでよかったのである。しかし二年七月の職員令以降、官名が通称ではなくなってきたうえに、「復古」的な「姓名」の利用を追求した結果、政府が把握すべき人名は、もう手におえないほどに複雑化してしまった。おまけに人名をめぐる二つの常識の齟齬が露呈し、人名をめぐる混乱は、ここにおいてその極《きょく》に達したのである。

「通称とか実名とか、名前のようなものがたくさんあってややこしい」という状況は、明治新政府みずからが引き起こした、この時期限定――明治二年七月から明治五年五月まで――の、全く自業自得の状態だったのである。

一般の人名常識の世界に生きてきた大多数の官員たちにとって、それはひたすら迷惑でしかなかっただろう。「名前」と「姓名」が全く異なる用途で併存していた江戸時代、「通称」と「実名」とを〝一人が二つの個人名をもっている〟とみなすことなぞありえなかった。ましてやこの二つの併存を「ややこしい」と思って暮らしている者なぞ、誰もいなかったのに――。

## 3　正名の破綻と急展開

### †解決策の発明

「姓名」の人名利用を進める新政府——正確には「復古」を希求した旧公家勢力——は、「名」（実名）を呼ぶのを忌避するため、官位や「通称」でその人を呼ぶ古くからの習慣や、「通称」という人名の要素そのものを否定するつもりは全くなかった。ゆえに「苗字＋官名」を「苗字＋通称」と同じように、いわゆる日常の「名前」に用いることも従来通り当然としたのである。

　しかし職員令以降、「苗字＋官名」という江戸時代以来の「名前」の書式は、先に見た「吉原大参事」などの同姓同官の問題を引き起こしていた。明治三年（一八七〇）の末には、ようやくこの問題について、根本的な解決方法が考案される。

　明治三年一一月、大学（大学校が改称。後の文部省《もんぶしょう》の前身）は、「これまで「同官の中《うち》、同姓の者」が二人いる場合、新任者を「新何官」——つまり官名に「新」の字を付加するなどして区別したが、「三名以上」の重複が出た場合どうしたらよいか」と、政府に伺い出た

（ここでの「姓」はもちろん苗字のことである）。

これを受けて、官制改正などを扱う制度局では、「「同姓同官の者」が三名以上いる場合、一・二・三・四、甲・乙・丙《へい》・丁《てい》などの字を付けて区別する以外に、現状では区別する方法がない」と認め、なおかつこの調整方法に相当無理があると判断した。そしてこれを是正するためには、「苗字＋官名」という書式そのものに、問題の根本的原因があると指摘したのである。

「官名」を「通称」と同じ位置に記載して「名前」に用いるから、こんなことになるんだ――というのである。

ゆえに今後は人名を「官名＋苗字＋実名」の順で表記すれば、こんな問題は起こらない、と提案した。つまりこれまで「加藤大学大丞《かとうだいがくのたいじょう》」と書いてきたものを、今後「大学大丞加藤弘之《ひろゆき》」と書く。これなら同姓同官者が出ても問題ない。もし同姓同官が発生した場合には、実名を変更すれば簡単に区別できる――そう判断したのである。

かくして「姓《（苗字）》の下に官名を記す」方式をやめ、「官名の下に姓名《（苗字実名）》を記す」、つまり官名を通称の位置に書くことをやめるという、大きな転換が提案されたのである。

同年一二月二二日、これを明記した太政官布告が出された。すなわち①在官者は「苗字＋官名」という記載方式をやめ、今後は「官名＋苗字＋実名」で署名せよ、②非役有位者もこれまでの「苗字＋位階」をやめ、「位階＋苗字＋実名」で署名せよ、と命じたのである（例：「稲葉従四位」→「従四位稲葉正守《まさもり》」）。

### †苗字＋実名の登場

ここに「苗字＋実名」という、人名の新たな表記方法が創出された。官位はかつての職名同様、名前の上に書く、いわば肩書の位置に収まり、個人の名前（通称）に類似した位置から完全に分離された。官名が通称の範疇ではないことも、これで明確になったのである。

なお布告の翌日には、平日の文書の往復などでは「略式」（これまでの苗字＋官名）の署名も使ってよいが、やはり同苗字同官位の場合には「実名」も書いて区別せよ、という補足の布告が出されている。在官者・非役有位者の人名表記は、次の三種が標準となった。

①最も本式の書き方。官位＋姓尸＋実名――「従五位守大学大丞藤原朝臣弘之」
②標準として用いる書き方。官（または位）＋苗字＋実名――「大学大丞加藤弘之」
③略式の書き方。苗字＋官――「加藤大学大丞」

①は「姓名」による位署書であり、②が新設された標準の署名方式で、③は日常で許容される略式の表記方法である。

三年一二月布告の影響は、『太政官日誌』を見ると一目瞭然である。同布告以前、人名は「河野弾正大忠《だんじょうのだいちゅう》」「花房外務《がいむ》権少丞《ごんのしょうじょう》」「松平西尾藩知事」「松本従七位」などと、「苗字＋官位」の書式であった（もちろん実名は使用されない）。しかし布告後の『太政官日誌』では、「庶務正《しょむのかみ》北代正臣《きただいまさおみ》」「民部権大丞《みんぶのごんのたいじょう》林友幸《はやしともゆき》」「泉藩知事《いずみはんちじ》本多《ほんだ》忠伸《ただのぶ》」「従六位中村博愛《ひろなり》」といった、「官位＋苗字＋実名」式に変更・統一されている。

その後も使用された③略式は、官位の通称利用のようにもみえるが、あくまで官名を人名（通称）ではないと明確に理解した上で用いられた。いわば現在の安倍内閣総理大臣、竹下教授、田中総務課長などというような用法へと変化したのである。

職員令により「官名」が職の実態を取り戻した結果、江戸時代の一般常識であった「官名」の「名前」としての利用は、完全に破綻をきたした。そしてこの時をもって「官名」を公私の人名（格の高い「通称」）としてきた習俗は、名実ともに終焉を迎えたのである。

### †「正名」の終焉

官位の「正名」、そして「姓名」の人名利用など、ここまで旧公家勢力の常識を背景とした「復古」の政策が進められてきた。武家や一般の常識に生きてきた官員たちは、それに付き合わされてきたのである。しかし明治四年の半ば以降、政府の要職に名を連ねていた旧公卿・旧諸侯の退場によって、「復古」優先の動向は、急速に減退していく。

明治四年七月一四日、政府は知藩事の一斉免官を実行し、藩を廃止して県とした。いわゆる廃藩置県である。さらに同月二九日、政府の機構は正院《せいいん》（最高執行部）・左院《さいん》（立法府）・右院《ういん》（行政府）を頂点とする、古代にはない三院制を新設して改組された。同時に政府要職に就いていた旧公卿層のほとんどが、この時免職させられた。

ここまでの政府は、旧公卿・旧諸侯をお飾りの長官として戴いたうえで、主に薩長土肥をはじめとする旧藩士出身者らが政治の実務を担ってきた。しかし三院制への改組において、後者の勢力が政府要職に就任し、名実ともに政府の実権を掌握したのである。この旧公家勢力の退場によって、「復古」を基礎とした「一新」という、当初の制限が強く作用しなくなった。むろん「正名」にこだわる理由もなくなったのである。

## †姓名の退場

そのため、早くも同年八月一〇日には、古代に由来する官位相当制が廃止され、官職の序列には、新たに十五官等制が設定されて、官と位の関係が断ち切られた。「姓名」を正式の人名とすることも、全く実用的でないのだから、早速に廃止すべきものとされた。

同月年九月二七日、正院は左院に対し、「位記・官記及び一切公文《こうぶん》に、姓尸《せいし》を除き氏名《(苗字・実名)》を署する事」について諮問《しもん》した。官位記や公文書に「姓名」（姓尸名）を使用するのをやめて、既に官員の名前の標準となった「苗字・実名」を使用すればよい、と提案したのである。

同月三〇日、左院も「氏《(本姓)》も尸も有名無実に属して、更《さら》に其詮《そのせん》なきが如《ごと》し」と、姓尸なんぞは意味がないものだと断じ、「氏尸《しし》は之《こ》れを廃して、只《ただ》苗字と名を称《しょう》す」べきだと賛成した。

政治の実権を掌握した旧藩士出身者は、江戸時代一般の人名常識に生きた者たちである。彼らから見れば、「姓名」を人名として「復古」することなぞ、現実を無視した、無意味で嗤《わら》うべき愚行でしかなかったのである。

かくして同年一〇月一二日、「自今《じこん》位記・官記を始め、一切公用の文書に姓尸を除き、苗字実名のみ相用《あいもちい》候《そうろう》事」との布告が発せられた。この時をもって、姓名（姓尸名）は公文書での使用が廃止され、官位記も「姓尸実名《せいしじつみょう》」から「苗氏実名《みょうじじつみょう》」へと変更された（写真6－4）。ちなみにこの時期、苗字は「苗氏」と書く例が多い（「苗字」も混用される）。

姓名使用廃止に伴い、官員の名簿も「苗字＋実名」に改められた（写真6－5）。「姓名」

の人名利用は、旧公家勢力の退場とともに、現実的観点からあっさりと否定され、ここに消え去ったのである。

だが新たに誕生した「苗氏実名」（苗字＋実名）は、現在の「氏名」ではない。この段階では、「通称」と「実名」とが、まだ別に存在していたからである。

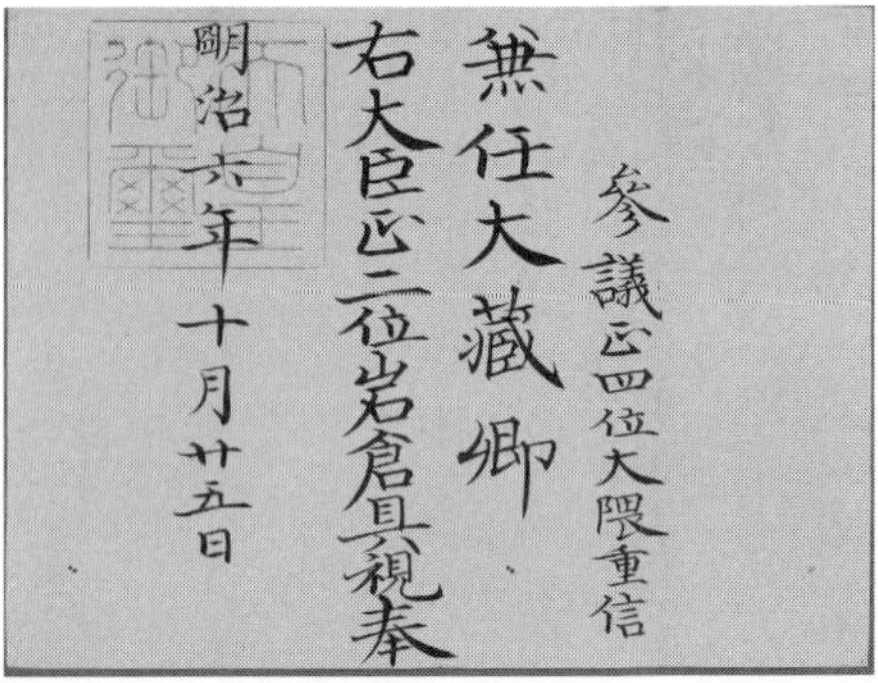

参議正四位大隈重信
兼任大蔵卿
右大臣正二位岩倉具視奉
明治六年十月廿五日

**写真 6-4　大隈重信の官記（明治 6 年）**

出典：早稲田大学図書館所蔵。人名の書き方が「姓名」から「苗氏実名」に変更されている。

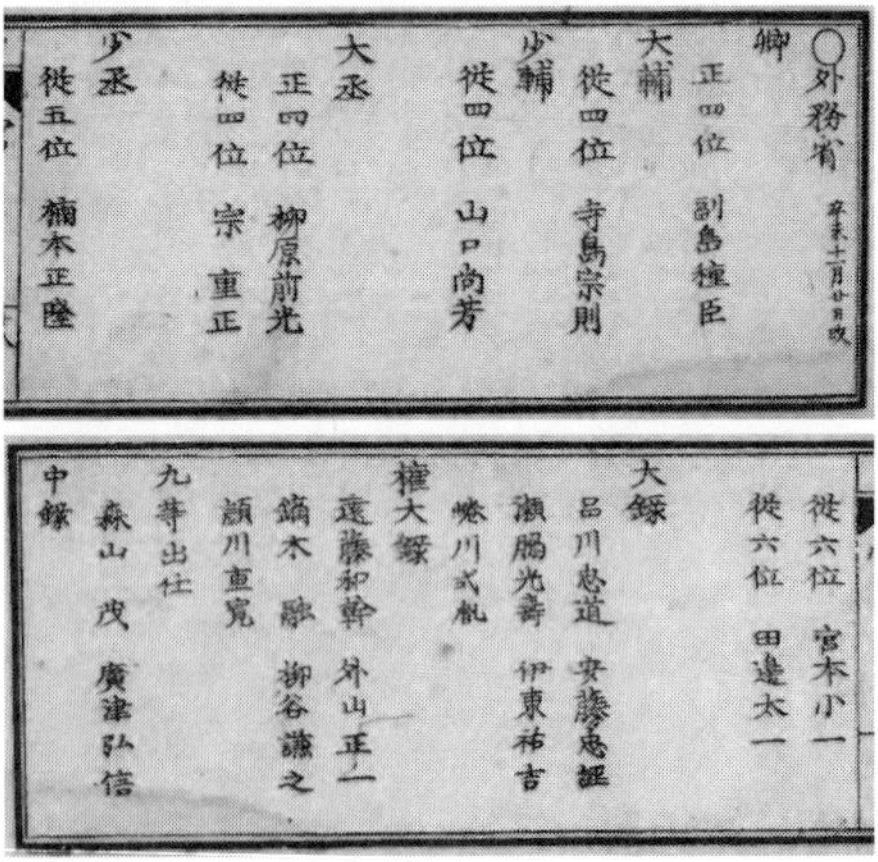

○外務省　辛未十一月廿日改
卿　正四位　副島種臣
大輔　従四位　寺島宗則
少輔　従四位　山口尚芳
大丞　正四位　柳原前光
従四位　宗重正
少丞　従五位　楠本正隆

従六位　宮本小一
従六位　田辺太一
大録　品川忠道　安藤忠経
瀬脇光壽　伊東祐吉
蜷川式胤
権大録　遠藤和幹　外山正一
鈴木融　塩谷謙之
穎川重寛
九等出仕　森山茂　廣津弘信
中録

**写真 6-5　姓名から苗氏実名へ**

出典：国立公文書館所蔵『袖珍官員録』（明治 4 年 12 月版）。外務省の一部より抜粋。

## †通称・実名の同質化

明治五年一月、「児玉七十郎《こだましちじゅうろう》」は「宮内少丞《くないのしょうじょう》」に任じられ、以降は「児玉之修《ゆきのぶ》」という「苗字＋実名」を使用した（官名を書けば「宮内少丞児玉之修」）。

任官すると、公務上の文書等では「苗字＋実名」を普段から使用するので、「七十郎」などの「通称」を使用しなくなる。だが江戸時代の任官のように、「七十郎」が「之修」に「改名」したわけではなく、通称「七十郎」も引き続き保持されている。そのため公務で実名を用いていても、家に帰れば通称を用いるという状況も生じていた。

江戸時代まで、「通称」と「実名」とは、それぞれ「名前」（苗字＋通称）と「姓名」（本姓＋実名）を構成する要素であり、明確な用途の別があった。

ところが職員令以降、「姓名」の人名利用が進められ、官員らには「実名」の設定が必須化された。「姓名」退場の後も「苗氏実名」が官員らの標準的人名表記となった。また擬似官名の使用禁止によって、実名を通称にも利用することも、士族たちのなかでは発生していた。

「実名」が日常の人名として使用される――。かつてあり得なかったその状況は、本来用途の異なった「通称」と「実名」とを「普段遣いする個人名」として、次第に同質化させていくことになったのである。

ここにおいて、「通称と実名。同じ用途のものが二つあって紛らわしい――どちらか一つでもよいのではないか」――という意識が生じてきたのである。

### †「一人一名」への帰結

明治五年五月四日、正院は「従来、士族以下にて通称・実名、両様相唱《りょうようあいとな》へ来《きた》り候処《そうろうところ》、自今一人一名《じこんいちにんいちめい》の外《ほか》、相成《あいな》らず候事《そうろうこと》」について左院に諮問《しもん》する。通称と実名の両様の使用は、個人の特定を難しくするし、かつ江戸時代と違って、両者の用途が同質化してきた以上、もはやどちらか一方だけでよいではないか――、と考えられたのである。

左院もこれに対して「通称・実名の内、自今一人一名を唱《とな》へ候儀《そうろうぎ》、異存これなく候事」と上陳《じょうちん》したので、これを受けた三日後の五月七日、太政官は次のように布告した。

従来通称・名乗、両様用来候輩《もちいきたりそうろうともがら》、自今一名タルヘキ事

通称・実名（「名乗」）、一人のもつ個人名はどちらか一つだけにせよ――、というこの布告は、明治初年、通称・実名が同質化した事情によって出されたものである。

この布告の影響は、この前後の『職員録』（『袖珍官員録』）を比較すれば明らかである。官員の名は、布告後も従来の「実名」のままにしたものが過半を占めたが、「鳥尾《とりお》熈光《てるみつ》」が「鳥尾小弥太《こやた》」、「岡本義方《よしかた》」が「岡本健三郎」など、「実名」ではなく元の「通称」を

明治４年12月版

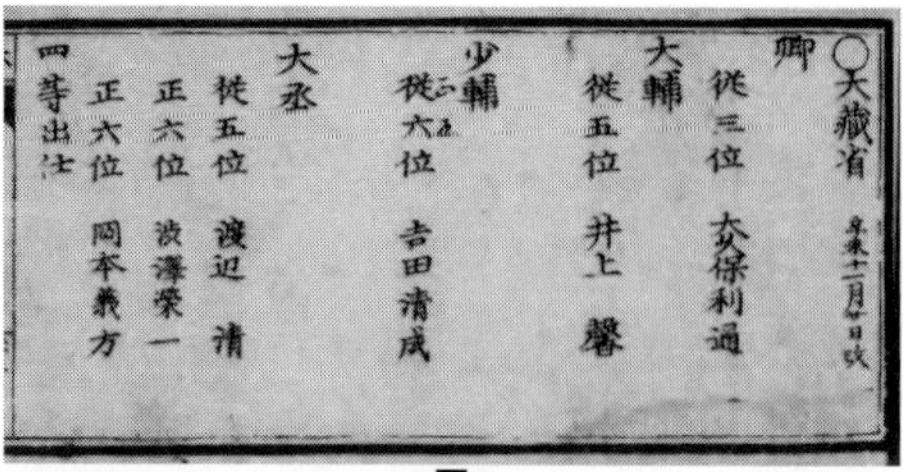

○大蔵省 辛未十二月廿日改
卿 従三位 大久保利通
大輔 従五位 井上馨
少輔 従六位 吉田清成
大丞 従五位 渡辺清
正六位 渋沢栄一
正六位 岡本義方
四等出仕

明治６年１月版

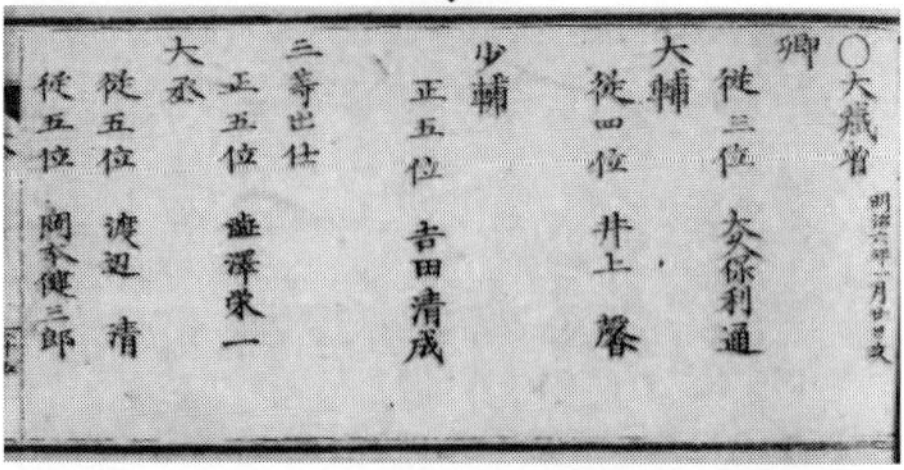

○大蔵省 明治六年一月廿四日改
卿 従三位 大久保利通
大輔 従四位 井上馨
少輔 正五位 吉田清成
三等出仕 正五位 渋沢栄一
大丞 従五位 渡辺清
従五位 岡本健三郎

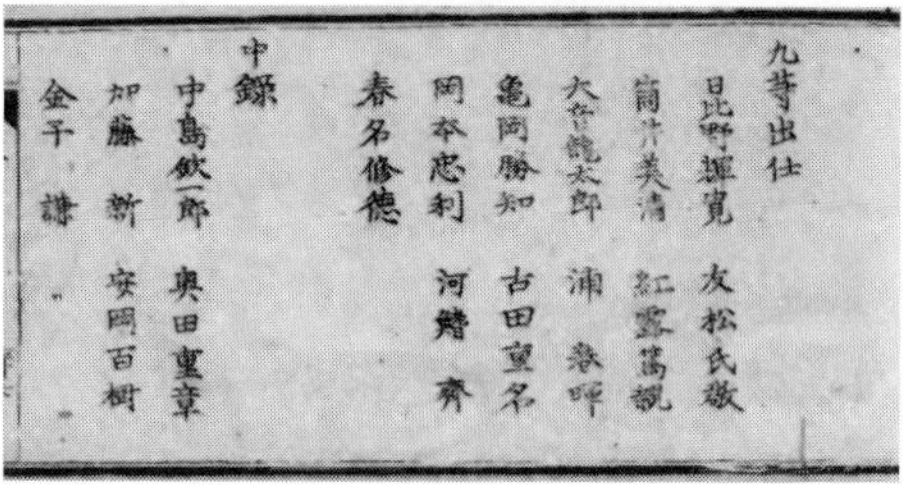

九等出仕
日比野輝寛 友松氏徴
筒井美清 紅露富観
大音龍太郎 浦啓暉
亀岡勝知 古田重名
岡本忠利 河鰭斉
春名修徳
中録
中島欽一郎 奥田重章
加藤新 安岡百樹
金子謙

**写真6-6　苗氏実名から苗字名（氏名）へ**

出典：国立公文書館所蔵『袖珍官員録』（明治４年12月版・明治６年１月版）。大蔵省の一部より抜粋。引き続き旧実名を「名」とした者が多いが、「岡本義方」から「岡本健三郎」のように通称系の「名」に変更した者がいる。写真にみえる中島欽一郎・大音龍太郎のほか、他頁では「喜作」「才吉」「倉之助」「源之進」「市兵衛」「休右衛門」「太郎左衛門」など昔ながらの通称系の「名」が、実名系の「名」に混じって使用されていることが確認できる。

「名」に選択した者が確認できる。どちらを「名」にするかは、各自の自由選択に任されたのである（写真6－6）。

この布告によって「実名」と「通称」とを統合した「名」が新たに誕生した。「後藤象《しょう》二《じ》郎《ろう》」（旧「通称」由来の「名」）と「西郷隆盛《たかもり》」（旧「実名」由来の「名」）とが、同じ「名」として並列できるようになるのは、これ以降である。

明治五年五月七日以前の「象二郎」は「通称」だが、これ以降の「象二郎」は「名」であり、通称でも実名でもない。明治五年五月七日以降の「名」は、通称・実名を統合してこの時初めて成立した、かつてない全く新たな概念であった。

## †消えたものたち

かくして明治初年以来、約五年にわたって繰り広げられた人名の混乱劇は、最後に登場した「名」によって、その幕が下ろされた。

この「名」に苗字（氏）を接続した人名の形が、今に直接つながる「氏名」である。

近代「氏名」は、それ以前の「名前」と「姓名」の一部を受け継ぎながらも、明治五年五月七日に創始されたものなのである。江戸時代以来の「名前」「姓名」、そして新たに生まれた「氏名」との関係は、図表6－5のようになっている。

通称・実名が「名」に統合された結果、「実名」使用者イコール官員ないし「士以上」という構図も崩れた。江戸時代の「名前」にあった社会的地位をも示す役割は、「名」の登場以降、ほぼ消滅したのである。

もっとも「実名」を「名」に選択した者は当初庶民にはほぼ皆無に近く、士族に多い傾向がある。しかし士族でも「通称」を「名」に選択した者が少なくない。また庶民が「実名」のような「名」を称することに制限も皆無であったから、「名」が旧通称系か旧実名系かによって、その族籍や社会的地位を判別することはできない。

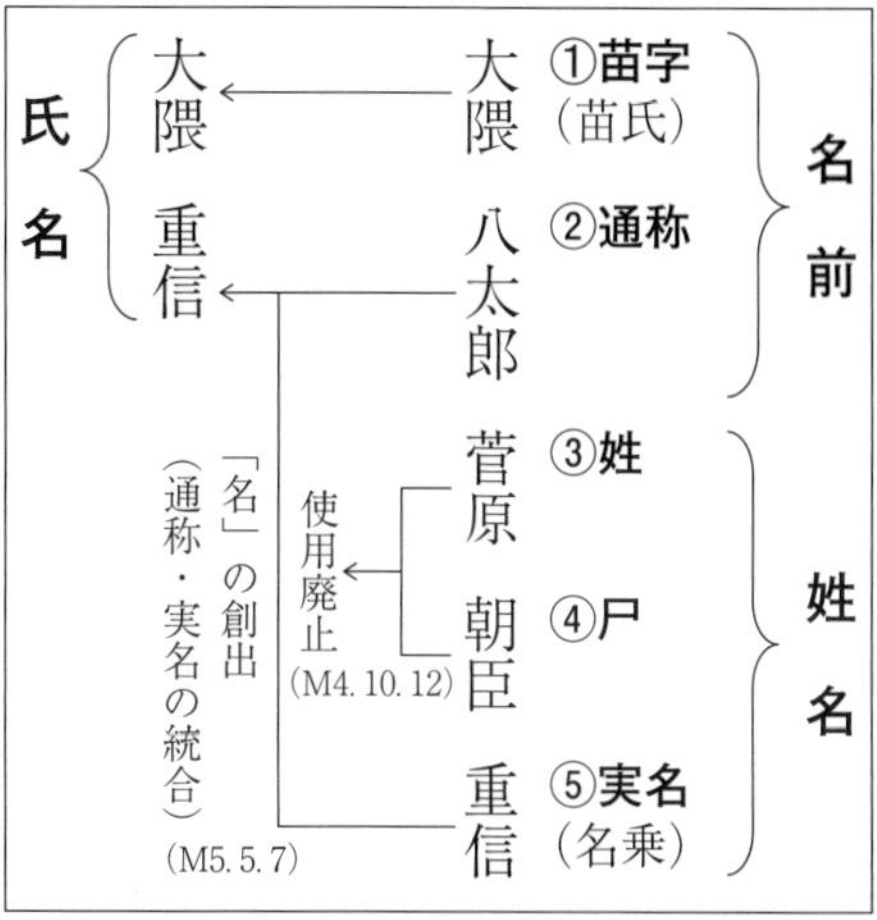


図表6-5　近代氏名の誕生

さらに時代が下ると、実名風・通称風、いずれの「名」も、ただ「親」が名づける「名」の選択肢となり、実名風の「名」に、特別な意味――例えば「士族」であることなど――を明示し得るような役割は、ほとんどなくなっていった。

なお法律上、苗字・苗氏が「氏」という用語に統一されていくのは、明治一一年頃であるとされる（井戸田二〇〇三）。それ以前にも「氏名」という用語は用いられるが、明治五年頃では「苗字名」「苗氏名」という用語が主に使用されている。もっとも現在でも氏名のことを「姓名」といい、また氏のことを「姓」や「苗字」などという。いずれも江戸時代の一般常識に基づく、「名前」時代の表現が生きているといえよう。

ただし朝廷の常識で使用された「称号」や「名字」（実名の意味）という用語は、明治四年頃の公家勢力の退場とともに姿を消し、今や完全に忘れ去られている。

第七章

# 「氏名」と国民管理

「横浜往返蒸気車全図」(明治5年、早稲田大学図書館所蔵)
「名」の誕生した明治5年5月7日は、品川〜横浜(現在の桜木町)間で日本初の鉄道が仮営業を開始した日でもあった。

## 1　苗字の強制

### †平民の「名」

明治五年（一八七二）五月七日をもって、現在の「氏名」という形が成立した。それは明治初年、「復古」「正名」を基調とした政府が引き起こした、官員や華士族らの世界における人名の混乱を収拾した結末であった。

この間、一般庶民の名前は、明治三年の苗字自由化（後述）や旧「官名」の通称利用禁止の余波を被ったものの、官員らのように「姓名」の設定・申告を求められることもなく、江戸時代と同じように、宗門人別帳《しゅうもんにんべつちょう》（明治四年まで作成）や戸籍には、ただ「名前」のみが用いられ、依然として「名前」だけが公的な人名であり続けていた。

本姓はもとより、「名乗」（実名）も人名として用いないのが江戸時代以来の一般常識であった。ゆえに明治五年「通称」「実名」のどちらか「一名」にせよという、官員・華士族を主対象とした布告も、一般庶民には直接関係がない話だったのである。

とはいえ布告の一〇日後である明治五年五月一七日、足柄県《あしがら》は「通称・実名どちらかにせよ」という同月七日の布告について、「平民まで同様の心得にてよろしいか」と政府に問い合わせている。これに対して政府は「そのように心得えてよい」と回答しており、「通称・実名」を統合した「名」という新概念は、平民の名前にも適用されたのである。

つまり「権右衛門《ごんえもん》」さんが「権右衛門」である事実は、明治五年五月七日の前後とも全く変わらない。だがその「権右衛門」はこの布告を境に、江戸時代の「通称」ではなく「名」という新たな概念に置換されたのである。「権右衛門」は「通称」に由来する「名」であっても、もう「通称」そのものではない。「通称」とか「実名」という概念は、明治五年五月七日の「名」の誕生によって、公的には完全に消滅したのである。

## †意味不明な苗字自由令

一般庶民の「名前」に、江戸時代にはなかった変化がもたらされたのは、明治三年九月一九日に布告された、苗字公称の自由化である。

これ以前の明治二年七月、政府は府県に対し、民政指針である「府県奉職規則」を公布した。そこでは庶民の善行者などに対し、褒賞《ほうしょう》として「苗字帯刀《みようじたいとう》」の許可を与える規定などが明文化されている。「苗字」を公称することは、明治政府や地方官が許可を与える特別な身分標識として、江戸時代同様の機能を継承したのである。江戸時代以来の「苗字御免」の価値は、変わることなく続いていた。

苗字の公称は身分標識である——。そんな常識が通用していた最中の明治三年九月一九日、政府は突如「自今《じこん》平民苗氏被差許候事《みょうじさしゆるされ》」という、わずか一一文字の布告文を発した(以下、苗字自由令と呼ぶ)。府県などの地方官はこの突然の布告の意味を理解できず、困惑した。

同月二九日、京都府は露骨な不信感をもって、この意味不明な布告について、政府に次のように問い合わせた。「今回の布告は、平民も苗字を名乗るのが「条理至当《じょうりしとう》」だという判断に基づくものなのか。もしそうなら「平民も以来は苗字を使用せよ」などと布告すべきではないのか。単に「被差許候」では、「本来名乗るべきものではないが、申請があれば別段に審議してから許可する」とも読めてしまい、誤解するのではないか。そもそもこの布告は、一体何が目的なのか」。

これに対して政府は「従前《じゅうぜん》(苗字公称が)禁じられていたから、このたび許したのだ」と、端的過ぎて何もわからない回答を、京都府に返しただけであった。

京都府は一〇月一二日に至り、九月一九日の太政官布告を府下に通達する。しかしその際、京都府は独自に「自今《じこん》平民一般、苗字可相唱候《あいとなうべく》」と補足している。つまり京都府は布告の誤解をおそれて「平民は等しく苗字を名乗れ、ということだぞ」と追加の説明を加えたのであった。そのため京都府下では、以降平民の苗字公称が一般化している。だが地方官により、この布告についての理解や対応が異なったようで、旧官名廃止への対応同様、かなり区々《まちまち》だったらしい。その実情は、後に政府自らも確認することになる。

## †苗字公称価値の消滅

江戸時代の庶民にとって、苗字は自らの人名を構成する必須要素ではない。

それはいちいち使用するものではないが、古くから代々の苗字を設定しているのも普通であったし、所属する村社会での格付けや秩序とも密接な関係があった。江戸時代の公儀は村の慣習や独自の秩序はもちろん、苗字の私的場面での使用には原則介入しない。ただ奉行所などの役所で庶民が自ら苗字を公称することを、公儀や領主の許可を要する特別な格式として設定していた。ゆえに「苗字御免」と呼ばれる苗字公称許可が、特別な価値を有していたのであった。

「上下の区別」を重視する近世社会において、苗字公称は社会的地位を判別する身分標識として必要な役割を果たしていた。ところが苗字自由令は、その特別な価値を、地方行政の現場に対して一切の説明なしに、突如撤廃したのである。

布告の翌月（明治三年一〇月）、奈良県は苗字自由令について、京都府よりも格段に過激な文面で不満を表明している。要約すれば、「苗字公称の自由化は、これまで苗字公称によって識別できた「上下の区別」、すなわち社会の根幹にある秩序を破壊する。「民政」に悪影響を及ぼす。実行すれば大変なことを引き起こすかもしれない。善人も悪人も同じように苗字を公称させて、本当に、それでいいのか?」という内容である。

ちなみにこの奈良県の伺《うかがい》には「布告の「御趣意《ごしゆい》」はわかりませんがね」などと、何の説明もしない政府に対する皮肉じみた一文すら含まれている。政府への「伺」という形式ながら憤懣《ふんまん》を隠しておらず、ほとんど抗議に近いものであった（当時の奈良県知事は、現在「海《かい》江田《えだ》信義《のぶよし》」の名で知られる人物）。

当時、中央政府で民政を担った民部・大蔵省は、地方官から民政の実情を踏まえた上申があっても一向に耳を貸さず、租税増徴を図る強権的態度をとりつづけていた。その結果、明治二年末から同四年初めにかけて、新政に反対する一揆も各地に広がっていたのである。

現場の声を聴かない民部・大蔵省の強権ぶりには政府内部からも批判があり、政治的対立も発生していた。奈良県の感情的な「伺」には、中央、特に民部・大蔵省への強い反感が滲《にじ》んだものともいえよう。

しかし政府は、この奈良県の伺に対しても、「族あれば氏なかるべからざるにつき、一般苗字差許《さしゆる》され候事」という、もはや回答といえない回答で処理している。奈良県の憤懣にも一切反応しておらず、完全に黙殺・無視している。

苗字自由令がもたらしたのは、「苗字御免」という旧幕府によって成立・活用された身分標識を消滅させた、という事実だけである。この布告は、政府による江戸時代の身分格式を整理する一環としてなされた措置であって、それ以外の目的は何ら見出し得ない。

この布告を契機に、政府が全国の一般庶民の人名を「苗字＋通称」に統一し、その強制を図った――という事実もない。この時期の政府は、平民の人名とか苗字なんぞに関心がない。事実この後も完全に放置し、その結果明治八年に至っても、「苗字を名乗るも名乗らないも、各自の勝手」という状態のままになったのである。

## †苗字強制令の背景

苗字自由令は、ただ苗字公称という旧幕府が創設した身分格式の破棄に目的があって、何ら平民側の必要に応じたものではない。これまでどおり何村の権兵衛、孫右衛門、新助、何町の鶴屋《つるや》辰三郎《たつさぶろう》、大工《だいく》助作《すけさく》……、江戸時代以来の「名前」で、平民たちには何ひとつ不都合もなかったのである。

明治五年五月七日、政府は自らが引き起こした、官員・華士族らの人名をめぐる混乱を収拾するため「名」という新たな概念を創出したが、それでも平民の「名」は、政府の関心の埒外《らちがい》であり、実態は何も変わることがなかった。

江戸時代の「苗字」の常識は、既に第一章で述べた通りである。村社会では、庄屋の何兵衛さんは「鈴木」だとか、うちは何兵衛の分家だから苗字は安田だとか、あそこの勘兵衛さんは「小野一統《おのいっとう》」の一軒だとか、隣の亀屋四郎兵衛《しろべえ》さんは山田という苗字で、もと生国《しょうごく》（出身地）は丹波《たんば》だとか……そういう村や地域の同族関係、殊《こと》にそれに基づく社会秩序は、生活上もある程度必須の情報でもある。同族グループの名である苗字の存在は、自他ともに知っているのが普通であった。

だがそれは、いちいち自ら自分の名前（通称）にくっつけて名乗るものでも、毎度毎度呼ぶものでもないのが常識であった。「苗字が名乗れなくて悲しい」とか「苗字を名乗れなくて不便だ」とか、そういう意識は江戸時代の人間には皆無である。くどいようだが、現在の「氏名」と違って、苗字は人名を構成する必要不可欠の要素ではない。それが江戸時代の常識だったのである。

### †僧侶に苗字を

明治五年九月一四日、江戸時代に苗字を必要としなかった僧侶に対しても、政府は苗字を必ず設定するように命じた。この時点の僧侶は教部省《きょうぶしょう》の管轄に属する「僧籍《そうせき》」であり、平民より先んじて苗字の設定・届け出を命じられた。これは随意ではなく強制である。
江戸時代の僧侶は妻帯を認められておらず、真宗系などを除き、公然たる世襲はなかったが、明治五年四月二五日、僧侶の妻帯が許可された。それは僧俗関係なく「国家」のための「国民」の編制を進めるためであった。

苗字設定を強制された僧侶の中には、「釈《しゃく》」「竺《じく》」「浮屠《ふと》」など、僧侶を意味する文字を苗字として届け出る者がいた。明治六年四月九日、教部省はこれらを苗字としては「不都合」と考え、いったん禁じる布告を出したが、同月一四日、政府正院が「別に不都合ではない」として、四月九日の布告を撤回している。

苗字は本来、同族集団で共有し、その関係を示す一族名である。「釈」などでは、その意味で苗字たりえないから、本来の意味ではおかしい。教部省が「不都合」と考えたのはそのためである。だが政府としては苗字が本来の意味——つまり一族名である必要を求めていない。ただ単に個々の「国民」管理・識別の記号としての人名、すなわち「苗字」と「名」の組み合わせを必要としていたのである。

雑な言い方をすれば、僧侶にせよ平民にせよ、苗字が一族名であるか否かなんぞ、どうでもいいのである。〝なんでもいいから、管理識別記号の「苗字」を「名」の上につけろ〟——それが「苗字」を設定せよという指示の、政府の真意であった。「釈」などという苗字設定に対する政府の対応には、この真意が極めて明確に表れているといえよう。

江戸時代の人々は、様々な集団に属し、そのなかで様々な身分格式を帯び、上下の秩序があり、それぞれ集団の構成員としての役割を担《にな》っていた。しかし明治政府は、中央集権の近代国家を形成する上で、日本中の人々を一律に等しく「国家」の構成員たる「国民」とすることを目指し、その管理・把握を進めていったのである。

多くの領主や社会集団が、各自で独自の運営を行い、それらを束ねる公儀（幕府）がある——という近世社会の構造のもとでは、各集団内部、すなわち個々人そのものの管理・把握は、必ずしも厳密に行われる必要はない。だが近代国家は、「国家」が「国民」個人を一元的に管理・把握することを基礎に置く。そのために明治四年には戸籍法を成立させ、同五年には近代戸籍の編製が行われたのである。「苗字」の血縁的な意味とか、それを名乗る正当性とか、そんなものに、「国家」は何の関心もない。「国家」にとっての「氏名」とは、「国民」管理のための道具でしかないのである。

## †苗字強制令の実行

近代国家は「国民」に徴兵の義務を課した。徴兵令は明治五年一一月二八日の徴兵詔《しょう》書《しょ》・徴兵告諭《こくゆ》によって定められ、明治六年一月一〇日に施行された。

むろん人々は、徴兵という新たな負担を忌避した。徴兵逃れが横行した初回の徴兵は、徴兵対象者の実に八〇％が兵役を逃れた。ここに徴兵制度を厳格に実行するため、国民一人一人の「氏名」の管理・把握を徹底する必要性が認識されたのである。

その過程において、依然として苗字を使用していない平民が多いという事実に、政府はようやく関心を抱きはじめる。戸籍を編製しても、そこに苗字を記載せずに済ませている地域すらあったのである。

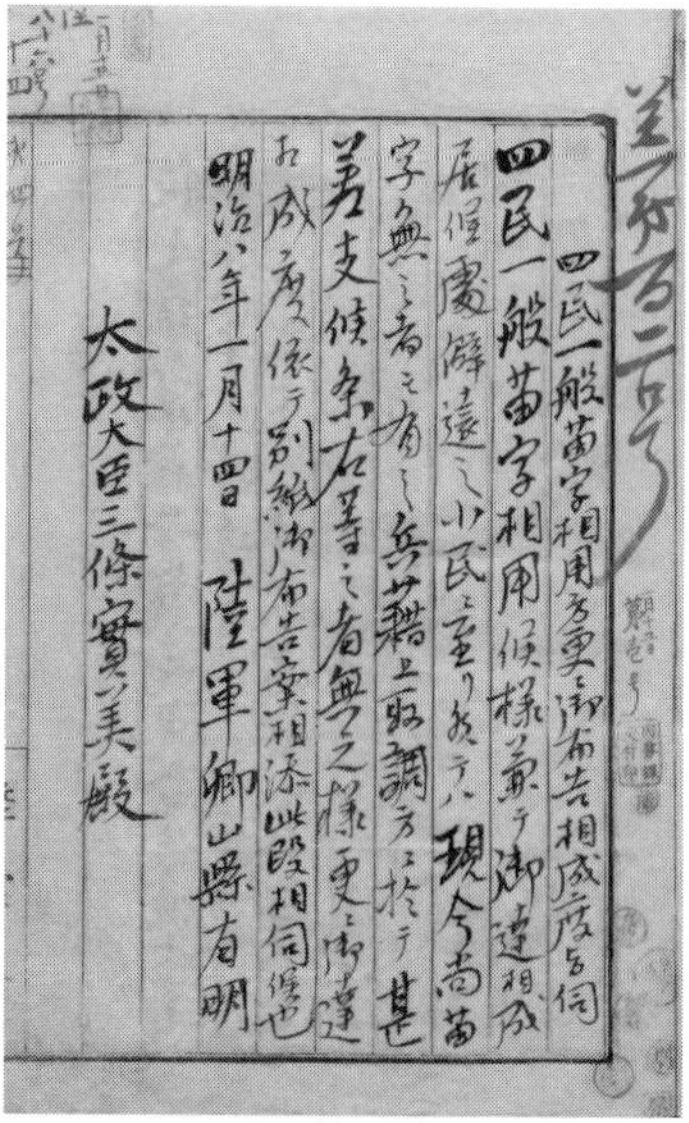
四民一般苗字相用方更ニ御布告相成度旨伺
四民一般苗字相用候様兼テ御達相成
居候處僻遠ノ小民ニ至リ候テハ現今尚苗
字無之者モ有之兵籍上取調方ニ於テ甚
差支候条右等ノ者無之様更ニ御達
相成度依テ別紙御布告案相添此段相伺候也
明治八年一月十四日　陸軍卿山縣有朋
太政大臣三條實美殿

写真 7-1　山県有朋の伺（明治 8 年 1 月 14 日「四民一般苗字相用方更ニ御布告相成度旨伺」）
出典：「公文録」明治 8 年・第 35 巻（国立国会図書館所蔵）

明治八年一月一四日、陸軍卿《りくぐんきょう》山県有朋《やまがたありとも》は、徴兵事務の都合から平民に苗字を必ず名乗らせることが必要だと主張し、太政大臣三条実美に伺《うかがい》を提出する（写真7－1）。山県は苗字強制の必要性を次のように述べている。これは敢えて原文で示す。

四民一般苗字《みょうじ》相用《あいもちい》候様《そうろうよう》、兼《かね》テ御達相成居《おたつしあいなりおり》候処《ところ》、僻遠之《へきえんの》小民《しょうみん》ニ至《いた》リ候《そうらい》テハ、現今尚《なお》苗字無之者《これなきもの》モ有之《これあり》、兵籍上取調方《とりしらべかた》ニ於《おい》テ甚《はなはだ》差支《さしつかえ》候条《じょう》、右等之《みぎとうの》者無之様《ものこれなきよう》、更御達相成度《さらにおたつしあいなりたし》

（以下略）

つまり四民（様々な族籍・職業の全国民）に対し、苗字を名乗るように布告してあるのに（明治三年の苗字自由令を指す）、地方の「小民」には苗字もない（未設定の）ものがいる。苗字がないのは「兵籍上取調方」において甚だ差し支えるのだと、苗字強制を布告すべき理由を、徴兵事務という政府側の都合であることを明確に述べている。

同月二四日、戸籍頭《こせきのかみ》杉浦譲《ゆずる》が左院に報告したところによると、明治三年の苗字自由令以降も、平民は「苗字相用《あいもちい》候《そうろう》も相用《あいもちい》ざるものもこれあり、ゆえに実際取調方に於《おい》ても、素《もと》より右の如《ごと》く勝手に任せこれあり候」という状況であったという。苗字の使用は、全く平民の随意で、府県も苗字を強要せず勝手にさせていた。苗字をいちいち名乗る必要なんてない――そういう江戸時代の常識が生き続けていたのである。

同月二九日、政府はこの現状を「取調に於て不都合」――つまり政府の国民管理の上で不都合だと判断し、山県の提案通り、苗字使用を強制する新たな布告を出すことを決した。

かくして二月一三日、次のような太政官布告が出されたのである（以下、苗字強制令と呼

ぶ）。

平民苗字被差許候旨《みようじさしゆるされそうろうむね》、明治三年九月布告《ふこく》候処《ところ》、自今《じこん》必《かならず》苗字相唱可申《あいとなえもうすべし》、尤《もつとも》祖《そ》先《せん》以《い》来《らい》苗字不分明《ふふんみよう》ノ向《むき》ハ、新《あら》タニ苗字ヲ設《もう》ケ候様可致《ようにいたすべし》、此旨《このむね》布告候事《こと》

つまり「明治三年に苗字公称を自由化しているが、今後は必ず苗字を名乗れ、先祖代々の苗字がわからないのなら、新たに決めて名乗れ」というのである。現在日本人が、氏と名という組み合わせを絶対に使用するようになったのは、この布告が事実上の起点なのである。

だが「なぜ苗字を名乗らないといけないのか」――その理由を、政府は人々に何一つ説明しなかった。

## †隠された「不都合」

山県が提示した苗字強制令の「布告案」を極力原本の通りに提示してみよう（国立公文書館所蔵「公文録」明治八年・第三五巻）。この「布告案」から、政府が何を削除・修正して右の布告を出したか。注目してほしい。

御布告案

平民苗氏〔字〕被差許候儀〔旨〕ハ去ル庚午九月十九日〔明治三年九月〕布告ニ及置候処、①僻遠之小民ニ至リテハ、現今尚無姓之者有之哉相聞、取調方差支候条、自今ハ苗氏〔②必苗字〕相唱可申、尤祖先以来姓氏〔苗字〕不分明之向キハ③該区戸長ゟ申諭、新タニ姓氏〔苗字〕ヲ設候様可致、此旨布告候事

□は掛紙《かけがみ》（上から紙をかぶせたもの）による抹消・変更箇所で、「ゞ」は抹消記号。横の文字は修正後の文面である。「ゟ」は「より」と読む合字《ごうじ》で、江戸時代以来、ごく普通に使用された文字である。①〜③の数字は、筆者が説明上加えたものである。

実際の布告文では「苗氏」「姓氏」という表記揺れが「苗字」に修正・統一されたほか、内容における重要な削除・変更箇所として①〜③がある。

①は苗字強制の理由を「地方にはまだ苗字のない者がいるようだが、政府が国民を管理する上で支障があるから」と明確に述べた重要な文言だが、実際の布告では、この部分が大きく削除された。一般には強制の理由を知らせない判断がなされたことがうかがえる。

②は「必」の一字を加えただけだが、この一字で、今回は明治三年と違い、苗字を「必」ず名乗れという強制命令であることが明確にされた。

③の「地方の各区戸長が、平民各自に苗字を名乗るよう説諭《せつゆ》せよ」、という部分も削除されている。平民の苗字設定は、各戸主が区長・戸長に届け出ることになるが、責任を区戸長に負わせるのは、さすがに荷が重いと考えたのであろう。区戸長に苗字の決定権があるように誤解されることも避けたかったと考えられる。

当時の区戸長の多くは、かつての庄屋や名主《なぬし》などが、ほぼそのまま任命されていた。ゆえに同じ村や町に住む各戸主の代々の苗字も把握していようし、それにそぐわぬ珍奇な申請は、いわれなくても「説諭」して止めたであろう。しかし届け出る苗字が、その人物の従来の血族関係から真に適切か、特に府県や政府の審査を経るわけではない。「新たに」決めろと言うが、「どうやって苗字を決めるのか」ということはなにも指示しなかった。それは政府の関心の埒外だからである。

苗字強制は「兵籍上取調方に於て甚だ差支」があるとか、「取調に於て不都合」という、単に「国家」による「国民」管理の事情でしかなかった。だがそれは布告案の段階で抹消され、苗字強制令の真意は、一般に知らせない形で布告されたのである。

## †苗字の設定

強制令を受けて、自分の苗字をいかに決めたか。今や由来不明となったものも多いが、百姓たちのほとんどは、通常先祖伝来の苗字を用いた。ゆえに農村部に行けば「あの地域は田井中《たいなか》さんが多い」とか「あの村はほぼ全員が藤野さんで、そこからちょっと離れた同郡下の村々にも藤野姓の人が必ずいる」などの状況が、今なお普通に見受けられる。

江戸時代に設定された村域を超え、同地域に同姓が偏在している状況は、中世以来の同族関係を苗字が多少ならず背負っていることを窺《うかが》わせる（ただし鹿児島県では「門名《かどな》」と呼ばれる百姓のグループ名〔主に村内の字《あざ》に由来〕を苗字に新設定した例が多いなど、苗字の設定には地域差がかなり大きい）。

だが村からは離れた都市部の場合、特に裏長屋のような場所に住む人々は、代々の苗字などわからず、新たに自己設定したものも多かった。大阪府下の谷町三丁目のとある長屋（四六軒）では、赤穂義士《あこうぎし》の苗字を籤《くじ》引きで割り振って名乗ったことから、その後、忠臣蔵長屋と呼ばれていたという（「読売新聞」明治一五年三月三日）。

政府としては、僧侶の「釈」という苗字を「不都合」としなかったのと同様、平民の正確な一族名としての苗字や、その血縁的出自・血族関係の把握には関心がない。〝なんでもいいから、管理識別記号の「苗字」を「名」の上につけろ〟というのが真意である。そのため苗字本来の意味からは不適切なものも、咎められずに認められたのである。

## †屋号と苗字と…

この苗字強制令から二カ月後の明治八年四月、敦賀《つるが》県は、市街に居住する工商者が、苗字と屋号を次の①～④のように用いていると、その現状を説明して「これをどうしたらよいのか？」と、対処方法を政府に伺い出ている。

①普段は苗字を用いつつ、屋号も廃せずに使っている者。②普段は屋号を用いて、私用でだけ苗字を称する者。③従来、苗字がなく（未設定）、ただ屋号だけを苗字のように使用してきた者。④屋号も苗字も用いず、大工・鍛冶《かじ》・木挽《こびき》などの職業を苗字のように代々使用している者。

この④は「戸籍上」も「大工職大工誰（名）」と記載されていたという。個人の「名」の上に「大工」とか「鍛冶」と書いて、それが「自然己《おの》が苗字の如く」用いられていた。これは江戸時代の「百姓何兵衛」とか「組頭何右衛門」などというのと同様の用法だが、このときまで支障もなく生き続けていたことがわかる。①～④のうち、苗字を普段遣いする①のみ、苗字自由化後の光景といえるが、②③④は江戸時代においても常態であった。

政府は敦賀県に対し、①②に対しては、人名としては苗字を使用させよ、③④には新たに苗字設定を強制せよとの指示を与えている。なお「職業」の目印として、暖簾《のれん》や看板などに屋号を設定・利用することは一切問題とみなされなかった。ただ国家の管理上、人名である「苗字」と、そうではない「屋号」を混用して、「氏名」に基づく国家管理に支障の出ることを嫌ったのである。

明治八年の苗字強制令に伴い、屋号は「氏名」の「氏」（苗字）の代用には使えなくなったが、屋号加賀屋さんが、「屋」を「谷」や「矢」などの字を変えて加賀谷《かがや》などと苗字を設定して登録する、あるいは屋号大坂屋さんが、苗字もそのまま大坂屋と届け出たり、あるいは大黒屋さんが「屋」を除去した「大黒」を以て苗字とした、といった例などがあるという。

このように屋号を苗字にする方法は、国家の都合でこれまでの「名前」を変えたくなかった人々による、創意工夫の産物といえよう。明治に新設定された苗字も、その頃の歴史を背負っているのである。

## 2　改名制限という新常識

### †江戸時代の改名

江戸時代において、「改名」は頻繁に行われるのが常識であった。それは幼名・成人名・当主名への変更はもちろん、その他個人的事情においても行われた。

しかし近代になると、こうした随時の「改名」は、国家による国民把握・管理の障碍《しようがい》とみなされ、明治五年の「氏名」成立以降、規制が加えられたことから、やがて〝一生涯、最初の名前を変えない〟という新常識が生まれていった。

江戸時代、武家や一般では「通称」の変更を「改名」といい、苗字の変更を「改姓」とか「改苗《かいみよう》」といった。武家の場合は改名を所属する組織の上司に書面で申請するのが普通だが、一般庶民の改名は庄屋や町年寄《ちようとしより》などの村・町役人が本人から申告を受けて、いわば戸籍に当たる宗門人別帳（普通は毎年作成する）に次年度の分から変更するのみであった。むろんきちんと修正されないと偽名になる。だが特に改名申請に際しての書面を提出するわけでもなく、個々の一般庶民の改名はいちいち代官や奉行など、支配側に許可を仰ぐ必要すらなかったのである。

武家を含む一般では、「姓名」、すなわち本姓・実名（名乗）は人名として登録も把握もされていないので、変更届などは当然必要ない。だが朝廷では、「姓名」が人名として公式に登録・把握されているため、その変更に申請・許可を要した。

こちらでは本姓の変更を「改姓」、実名の変更を「改名」という。苗字に当たる称号の変更は「改号」といって区別している。堂上《とうしょう》は改姓・改号はほぼ行わないが、地下《じげ》は頻繁に改号・改姓も行っている。これは地下の場合、前任者とは関係ない百姓・町人との養子縁組や株の売買によって継承されたことによる。

## †名前は変わるもの

地下に限らず、江戸時代の家は、他者に売買される身分の〝椅子〟のような性質を持つ。相続手続きの時だけ、形式的に前任者と同苗《どうみょう》の血縁者（主に従弟《いとこ》など。実際は赤の他人であることが多い）だと称して一応の筋《すじ》を通すが、相続した後、本来の自分の苗字に変更してしまうことも少なくない。

また先祖の苗字に復《ふく》する（戻す）などと称して、「禰寝《ねじめ》」という大変由緒ある苗字を名乗る薩摩藩士が「小松」という苗字に変更した例など、個人的な趣味嗜好や、その他種々の事情によって苗字の変更も行われた。あるいは「米屋七五郎」から「沢屋惣七」などと、屋号も通称も全く違う名前に改名することも多くみうけられる。

天保六年（一八三五）頃まで三《み》河《かわ》二川宿《ふたがわじゅく》の名主《なぬし》であった「市左衛門《いちざえもん》」が、名主役を他人に譲渡して財産を処分し、その後自身は侍《さむらい》奉公などを転々として、嘉永三年（一八五〇）現在、江戸で浪人「鈴木《すずき》啓三郎《けいざぶろう》」として暮らしている――そんな光景は、江戸時代の人の人生では、ごく日常の光景である。別に不思議でも何でもない。

現代人のイメージと違って、江戸時代の身分移動は頻繁に行われた。庶民から武士に、武士が庶民にも転じる。名前は身分にふさわしいものがあるから、身分が変われば「名前」も適宜変わっていく。名は体を表す――。それが江戸時代の常識だからである。

浪人鈴木啓三郎も、最初は二川宿名主市左衛門の悴《せがれ》「千吉《せんきち》」という幼名から始まって、相続により「市左衛門」を襲名、名主役を譲渡後は伝右衛門《でんえもん》と改名、侍奉公を始めてからは木村啓輔《きむらけいすけ》と称し、さらに木村市左衛門→鈴木庫之助《くらのすけ》→鈴木啓三郎《けいざぶろう》と改名している。ここには「名跡《みょうせき》」の取得による改名も含まれるかもしれないが、ほとんどは趣味的なものであろう。全く気軽に変えてしまうのである。

彼の場合、いささか「冒険」した人生とはいえようが、改名遍歴自体は全く違法行為でもなんでもなく、すべてその時々における彼の本名である。「名前は一生涯に一つだけ」が定着した現代の常識に立てば奇妙にみえるが、改名は江戸時代の日常だったのである。

### †名跡としての名前

名前が変わる事情は様々だが、なかでも大きな理由の一つに、「名前」そのものが職業や権利と一体となって売買される「株」「名跡」でもあるという、江戸時代独自の事情も関係している。

ごく単純化していえば、例えば米屋の「松屋作兵衛」が、米屋の職をやめて他者に譲渡したとする。仮にその他者を太郎右衛門としよう。いわば米屋同業組合である「仲間」が、仲間の構成員の名前・人数を管理しているので（定数が存在する場合も多い）、やめた「松屋作兵衛」の営業権としての「株」は、譲渡先がなければ、仲間が管理する空席（空き株）となる。この空席を新たに太郎右衛門が埋めることになるが、既に「松屋作兵衛」という名前に一定の顧客があり、また信用が生じている場合、新たに米屋になる太郎右衛門は、先代の「松屋作兵衛」という名前に改名して営業する——ということも少なくなかった。

名前と権利が一体化した「株」「名跡」化は、こうした商業に限らない。百姓でも武士でも、「名前」が一体となって他者に譲渡・継承され、他者が、前任者と同名に改名して継承することも多い（養子縁組という建前を用いる場合もある）。

「名前」は個人の名前である。だが江戸時代の名前は、こうした「名跡」としての機能もあわせもっている。ちなみにこの状況は、百姓忠右衛門が百姓六右衛門の株を取得した場合、忠右衛門から六右衛門に改名せず、忠右衛門のまま六右衛門を兼ねる、すなわち両方の名前を同時に保持して使い分けることさえも生じた。

あるいは異なる身分・所属関係を一人で二つ以上跨《また》ぐ（変更ではなく同時に保持する）こと

もある。例えば嘉永五年（一八五二）、江戸の天徳寺門前町の借家に住む漬物売《つけものうり》の「文蔵《ぶんぞう》」は、同時に「崎山仁兵衛《さきやまにへえ》」という異なる名前で紀州藩（むろん江戸屋敷であろう）に中間《ちゅうげん》として務めていた。

忠右衛門や文蔵のように、一人で二つの身分と名前を同時に保持する状態は「壱人両名《いちにんりょうめい》」と呼ばれる（改名ではなく、どちらも保持するのが特徴）。領主などの支配側がその使い分けを公認している、いわば合法のものと、表向きは非公認（非合法）であるものと、二種類の壱人両名が併存していた。

## †同時に複数の本名

江戸時代、身分の移動はもちろん、個人が異なる業種の仕事を複数兼業すること（いわゆる複業）も、ごく普通に存在している。農業に従事しつつ商業も営む、あるいは農商業に従事しながら侍としての役も兼務するなど、実に様々であった。ただしその各活動に、名跡や身分格式、そして「支配」関係などの事情が作用するため、時として壱人両名、あるいは二つ以上の「名前」を同時に保持して使い分けることが、必要となる場合があったのである。

そのような場合、本人はどれか一つの名前だけを絶対的な〝本名《ほんみょう》〟として設定しているのではない。町では「文蔵」が本名でも、紀州藩江戸屋敷では「崎山仁兵衛」が本名である。それはどちらも本名で、いわば本名を同時に複数持っているのが実態である。

もちろん支配側非公認で存在する壱人両名の方は、表向きは二人の別人として扱われる。支配側公認のもとで存在する場合でも、町側は「文蔵」が「崎山仁兵衛」でもあるとみなし、紀州藩側は「崎山仁兵衛」が「文蔵」でもある、とみなした。本人も同時に保有する二つの名前の主・副の位置づけ――どちらの名前が〝本体〟か――は、その相手に合わせて変える。このような作法・習慣により、いわば二重身分状態を問題なく成り立たせていた。

現代社会でも、ペンネームや芸名など本名以外の名を使う場合がある。だが「どれも本名」などという理屈は通らない。近代以降の「氏名」の世界では、本名は絶対に一つだけで、それ以外は全て非本名である。コンビニで働く「山田太郎」さんが、図書館でも仕事をしていて、そちらでは「鈴木義信」と名乗って使い分ける――。そんな行為が必要とされることもない。人名の意味や社会の仕組みが、江戸時代とは異なるからである。

### †壱人両名の世界

近代以降の人々は「国家」に属する「国民」である。戸籍に登録された一つの「氏名」

だけが、唯一絶対の本名として機能する。ゆえに本名「山田太郎」が「鈴木義信」という芸名で活動しても、国は両者を全くの別人として、戸籍上二重にカウントしたりはしない。「鈴木義信」は「山田太郎」の芸名である――。それが普段は秘密のことでも、「鈴木義信」として得た収入は当然「山田太郎」が納税の義務を負う。どんな別名を使っても、「国家」は個人の諸活動を唯一絶対の本名をよりどころとして、一元的に把握しようとする。

江戸時代には、全ての人々を等しく「国民」として、個人の諸活動を常に一元的に管理する仕組みはない。人には士・庶の別があり、それぞれが各集団に属し、その所属する構成員としての役を果たす。個人の「名前」は各集団で把握されて、そこで完結している。ゆえにA村の百姓元三郎《もとさぶろう》とB町の紅屋《べにや》清助《せいすけ》が、実在する二人の人間なのか、実は一人で二つの名義を持つ同一人物なのか。支配側は通常それを知り得ないし、また知る必要もない。

いわば戸籍にあたる宗門人別帳《しゅうもんにんべつちょう》での「名前」の把握も、各集団別に行われている。幕府がそれを一括管理するわけでもないから、一人が二人の別人とカウントされる二重戸籍状態もかなり存在した。支配が集団ごとに行われる社会では、それぞれの役割が支障なく果たされている限り、こうした重複に目を光らせる必要もない。

人間には唯一絶対の〝本名〟がある――という前提は、「氏名」成立以降、さらにはこの後説明する「改名」禁止以降の常識なのである。

江戸時代の人も、基本的に「名前」は一人一つである。だが同時に複数の本名を持つことがあった。それは身分格式と関係する「名前」の用途、「名跡」としての性質、そして近代以降とは異なる「支配」の構造が、大きく関わって発生していた現象なのである。

なお、人が複数の生業を持つこと自体は、いつの時代もむしろ自然のことであろう。ここで重要なことは「武士でもあり百姓でもある」などという存在そのものではない。「その際どうして一つの名前に統合せずに、わざわざ複数の名前を使い分けて活動するのか」――そのあり方に、近代以降とは異なる、江戸時代の社会の特質がある。

江戸時代における壱人両名は、江戸時代の社会構造ならではの存在である。それは唯一絶対の本名を前提とする現代人が、ペンネームや芸名、あるいはネット上のアカウント名などを用い、副業・複業を営むことと同様に扱える話ではない。「異なる名前を複数同時に使用する」ことの目的や背景が、江戸時代と近代以降とでは、全く異なるからである。

ゆえに「国家」による「国民」管理が必要とされた明治初年、江戸時代以来の壱人両名は、不都合な不正行為として消されていったのであるが――、その詳細は、拙著『壱人両名――江戸日本の知られざる二重身分』を参照されたい。

## †改名制限の開始

やや話がそれた。「改名」の話へと戻ろう。

明治初年、政府は公卿・諸侯その他や官員らの人名を把握するようになるが、彼らは従来の慣習通り、適宜自分の都合で改名した。彼らの改名は、逐一個別の届け出とその許可により成立するから、当然政府の事務が増加し、支障をきたすようになった。

この問題は早くも明治二年二月一八日、軍務官が指摘している。軍務官は、諸侯や中下大夫らが任叙（叙位や「大和守」などへの「任官」で名前が変わる）・改名（通称ほか名乗の変更も含む）した場合、その改名を広く告知する布告を出してほしいと提案した。改名したという情報が共有されない点に、事務手続き上の問題があったことがうかがえるが、政府はこれに対し、「後で回答する」と述べて、具体的措置を講じなかった。

ちなみにこの時、軍務官の実務を取り仕切る軍務官判事の一人に、あの森金之丞《きんのじょう》（森有礼）がいた。森が「通称・実名と云ふ二つ」をなくして一つにせよ、官名を名前にするのをやめろ、などと公議所に議案を出したのは、この二カ月ほど後の四月七日である。軍務官の提案が実現しなかったことは、森の議案提出と無関係ではあるまい。

その後、政府の人名把握は、「姓名」の利用にともない一層混乱に拍車がかかっていくが、そんななかでも、官員や華士族・非役有位者たちは、適宜「改名」（通称・実名）、「改姓」（苗字・本姓）を政府に届け出ていた。明治四年七月に三院制が設けられると、これもようやく規制されはじめる。

明治四年一〇月一三日、東京府は華士族の改名が、家禄《かろく》の給付などの事務手続きを煩雑《はんざつ》にしていると指摘した。改名を華士族の本籍地に届け出る者と、勤務する省庁先に届け出る者がいるため、両方で改名情報を共有する手続きが必要だと提案したのである。

これに対し政府は「近来頻《きんらいしきり》に改姓名《かいせいめい》願い出《いで》、名簿帳に於《おい》て甚《はなは》だ紛雑致《ふんざついた》し、且《か》つ多事《たじ》の折《おり》柄《がら》手数《てかず》も相掛《あいかか》」ると述べており、政府の事務に支障をきたす事情から、改名を規制すべきと判断した。

かくして一〇月一八日、政府は「今後、官員が余儀なき次第があって苗字・通称・実名を変更することなどの申請は、すべてその管轄地方官に願出て許可を受け、その地方官から、本人が在職している官庁に届出るように」と命じた。

この段階では華士族・官員を対象にしており、平民は対象外である。かつ①禁止された国名・百官名からの改名、②特に由緒などがあって余儀なきものの改名は認める方針であって、改名そのものの禁止ではない。だが江戸時代以来の「改名」に対し、この時初めて制限が加わったのである。

この提案の際、東京府は「四民とも、改名することは「戸籍面錯乱《さくらん》」を生じやすい」と指摘し、布告の審議段階で、左院も「四民の改名を禁ずる事に別段異存はない」と述べている。戸籍や政府の事務を煩雑にする、管理を混乱させるという理由のもと、将来的には全国民の「改名」を禁止する方針も既に決めていたのである。

**†改名禁止令**

明治五年八月二四日、政府は次のような太政官布告によって、あらゆる改名（苗字・名・屋号の改称）を全面的に禁止した。「通称・実名」を統合した「名」の誕生から、わずか三カ月余り後のことである。

> 華族ヨリ平民ニ至ル迄《まで》、自今《じこん》苗字・名 並《ならびに》 屋号共《とも》、改称不相成候事《あいならず》
> 但《ただし》、同苗同名ニテ無余儀差支有之者《よぎなくさしつかえこれあるもの》ハ、管轄庁へ可願出事《ねがいいづべきこと》

つまり華族から平民までの全国民に対し、苗字・名、さらに屋号まで、原則「改称」を全面的に禁止すると命じたのである。この時点では但書にある「同苗同名ニテ無余儀差支有之者」（同姓同名によりやむをえない支障がある者）に限り、改称が認められる可能性が残っ

ただけであった。

この太政官布告は、同年七月二〇日、大蔵大輔井上馨《おおくらのたいふいのうえかおる》から「臣民《しんみん》一般」が苗字や屋号を改称すると政府の「諸般取調方《とりしらべかた》等に差支《さしつかえ》、不都合」だから禁止すべきだ」との提案をうけて発せられたものである。これまでにみた苗字の強制や「改名」制限と同じように、国家による国民管理の都合によるものであった。

人名は「苗字」と「名」からなる「氏名」で、それを一生涯変えないという、現代氏名の二つの大前提——今の私たちの常識の大前提は、この時に出現したのである。

氏名の改名禁止は、「戸籍」制度に基づき、「国民」の「名」を管理する巨大な国家が登場した時、その管理上の都合から行われた。「改名」が行われれば、政府の事務が増え、根幹にある「戸籍面錯乱」も生じ得る。だから禁止する——というのである。

## †改名規制の緩和

改名禁止は、政府の「国民」管理の都合でしかない。ゆえに江戸時代における様々な理由による「改名」習俗の実情・常識を無視していたため、さすがに明治八年頃から一部緩和されていった。

明治九年一月二七日には、禁止令の但書を「同苗同名等無余儀差支有之者」と改正して、改名が許可される対象を「同苗同名」などの支障がある者にまで拡大することを明文化した（禁止令但書の「ニテ」を「等」に変更）。さらに明治一三年には「営業の都合」と「由緒等」によって改名を願い出た場合、「其者身家《そのものしんか》の都合、止《や》むを得ざる差支《さしつかえ》あるものと認むるとき」には許可するとの判断も示されるようになる（改名規制緩和の経緯は、井戸田博史氏による詳細な研究がある〔井戸田二〇〇三〕）。

しかし改名禁止の原則はその後も変わることなく、「止むを得ざる差支あるもの」とみなされない幼名・成人名・隠居名など、誰もが人生の節目ごとに改名する習俗は、これを期に行われなくなった。改名には面倒な行政手続きも必要となったことで、江戸時代のような気軽な「改名」が、もはや制度上困難になったからである。

現行の戸籍法（昭和二二年法律二二四号）でも、改名は家庭裁判所の審判によって「正当な事由」があるとされた場合に限られている。日本人の人名は「氏名」（苗字＋名）で、それは原則改名できない、改名せずに一生を終える――。それは明治五年の改名規制を起点とする政府の国民管理の都合で発生した、かつてはなかった〝常識〟なのである。

### †名は体を表さない

江戸時代には、その人の地位や職業にふさわしい「名前」があった。その意識は、近代

「氏名」成立後もなおしばらくは残存し、改名規制緩和後は、この意識に基づく「改名」も許可されている。

例えば旧実名系の名（例えば正義《まさよし》とか貞信《さだのぶ》とか）を設定した士族が、商売を営む上で、もとの通称風の名（何兵衛とか何治郎とか）に改名したいという願いは許可された（明治一〇年・茨城県）。あるいは実名由来の名を持つ士族の子弟が、平民の養子となって農商業に従事する場合、農商業従事者としてふさわしい名前に改名することも許可されている（明治一五年・宮城県）。

これらは商売人や農家の主人が、仰々しい武士風の名前ではふさわしくない、という認識がある。後者の事例では改名の理由として、「文字衆庶解《しゆうしよげ》し難《がた》く、取引上さし支える」――つまり、実名系の名は庶民の世界ではなじみが薄く、大多数の庶民は読めない。そんな読めない名前では、自分も相手も困ってしまう――、と説明している。

また「何右衛門」と称する者が、医師となって生計を営む場合、何右衛門という名前では「職業上の他の信用を失する」との理由で「何庵とか医師適当の名」に改名することも許されている（明治一六年・静岡県）。これもまた、〝医者には医者らしい名前〟を求める、江戸時代に存在した意識が背景にある。

盲目で按摩《あんま》を営む者は、江戸時代には当道座《とうどうざ》と呼ばれる組織に属して座頭《ざとう》と呼ばれた

（上位の者を勾当《こうとう》・検校《けんぎょう》という）。彼らは「竹《たけ》の一《いち》」「太一《たいち》」「すが一」などと、「〜イチ」という名を名乗るのが通例であった。近代に当道座が廃された後も、按摩は按摩らしい「なにイチ」がふさわしいとの認識があったらしく、本人の出願で師匠からもらった名前への改名が許可されている（明治一五年・栃木県）。これらは「営業上の理由」による改名許可だが、名が体を表していた江戸時代の名残がある。

しかしこうした意識も、時代が下るにつれて薄れていった。「改名」の手続きは江戸時代と違って多少ならず煩瑣《はんさ》であるし、場合によっては許可されないことも想定せねばならない。ゆえに人々は、最初から将来の改名を前提としない名前を付けるようになった。「人の名前は、一生涯で一つだけ」という前提はこうして定着し、近代日本では常識となっていった。

なお、出家して僧侶になった場合、僧侶らしい名前に改名することも、改名制限緩和以降は許可されている。これは現代日本でも改名の「正当な事由」として、認められうるものの一つとなっている。

だが現代の「名」には、江戸時代の「名前」のような、その人の地位や職業を表すという役割は基本的になくなっている。

その意味において、名は体を表さない――。それが現代における「氏名」の常識である。

# エピローグ――人名のゆくえ

## †本書のまとめ

本書は江戸時代における人名の常識を理解した上で、明治初年、現代に直接つながる「氏名」という人名の形とその常識とが、どのようにできあがったのかを追ってきた。

江戸時代、「名前」と「姓名」は、全く別個の用途のもとで併存していた。ただしそこには、武家を主体とする一般常識と、朝廷社会における常識という異なる二つの常識があり、両者には「名前」と「姓名」の位置づけや認識に齟齬があった。とりわけ「通称」に用いられる「官名」やそれに類似・由来する「通称」について、両者の間には、とうてい埋めようもない大きな溝も横たわっていた。

ただし「名前」が日常的な人名として使用されている事実と、それが社会的地位をも表示するという役割は、いずれの常識でも受容されていたのである。

しかるに明治初年、朝廷勢力を戴く新政府が発足すると、少数派である朝廷の常識が優位に立った。彼らは「王政復古」という夢想を実現すべく、彼らの常識に基づく社会の再編を進めていった。そこでの「官名」の名実一致をめざした官制改革と、「姓名」を人名として使用しようという動向のもとで、人名のあり方は大きく動揺した。「官名」の「通称」としての利用は破綻し、「実名《じつみょう》」が「通称」にも使用される状況が生じた。

少数派の朝廷の常識が、それとは異なる大多数派である武家や一般の人々に押し付けられたとき、人名をめぐる両者間の認識の齟齬が表面化し、様々な混乱劇が引き起こされてしまったのである。

その混乱劇は、「復古」をめざした勢力が政府首脳部から退場させられたことによって急速に終結に向かった。混乱を収拾するために、「姓名」の人名使用が廃止され、さらに通称・実名を統合した「名」という新概念が創出された。かくして今につながる「氏名」という、新たな人名の形が誕生したのである。

その大きな変化は、慶応三年（一八六七）末から明治五年（一八七二）五月まで、わずか五年余りの間の出来事であった。もっとも一般庶民は、「氏名」の誕生そのものよりも、その後の近代「国家」が、「国民」管理の目的から「氏名」を利用したことで劇的な変化を蒙《こうむ》った。明治五年八月の改名禁止令（のち一部緩和）を画期に、江戸時代の「名前」で行われていた「改名」習俗は破壊され、さらに明治八年二月の苗字強制令によって、全国民に「氏名」が強制されるに至ったからである（三〇一頁〜年表）。

本書をここまで読んだ方には、「名前」「姓名」「氏名」の違い、江戸時代から明治初期における「氏名」誕生までの複雑な事情――。これらは十分、理解できたことと思う。

## †人名のちゃんぽん状態

しかし「氏名」成立の経緯は次第に忘れられ、さらには様々に歪められ、誤解されていった。明治五年の通称・実名の統合を「江戸時代の名前が複雑だったから、〝明治維新〟で新政府が整理して便利にした」とか、苗字の強制を「明治政府によって苗字を名乗る自由を得た、封建社会から「解放」された」など――なんらかの政治的目的や思想的影響のもと、そんな妄想が語られたこともあり、今なおそれを信じさせられている人も多い。

現在の歴史の教科書を開けば、幕府老中の「松平定信《まつだいらさだのぶ》」「水野《みずの》忠邦《ただくに》」などという人名が多く登場する。しかしこれらは「苗字＋実名」で、老中在職時には「松平越中守《えっちゅうのかみ》」「水野越前守《えちぜんのかみ》」というのが彼らの「名前」であった。「松平定信」とか「水野忠邦」とは当時誰も呼んではいないし、彼ら自身も称していない。

教科書に載っている「織田《おだ》信長《のぶなが》」とか「井伊《いい》直弼《なおすけ》」などという「苗字＋実名」は、江戸時代によく読まれた『日本王代一覧《おうだいいちらん》』や『日本外史《にほんがいし》』などの歴史書でも用いられている人名表記である。前近代の人間は「改名」により「名前」（官名や通称）が変わる。ゆえに「三好筑前守長慶《みよしちくぜんのかみながよし》」などの「名前＋名乗（実名）」の省略形として、「三好長慶」といった表記が叙述の都合上、使用されたのである。

　教科書ではこの歴史叙述上の人名表記のなかに、「大塩平八郎《おおしおへいはちろう》」「江川太郎左衛門《えがわたろうざえもん》」などの「苗字＋通称」、つまり当時呼ばれた「名前」での表記も混在させている。よくみると間宮林蔵《まみやりんぞう》（実名は倫宗《ともむね》）と伊能忠敬《いのうただたか》（通称は勘解由《かげゆ》）とか、同時代の人物でも人名表記のルールが不統一である。「伊能忠敬」は有名だが、当時彼が呼ばれた「伊能勘解由」という「名前」は、今やほとんど知られていない。間宮の場合はその逆で、通称の間宮林蔵の名前で知られている。

　教科書はこうした事情も考慮して、人口に膾炙《かいしゃ》した呼称で掲載するという、ある意味、ごく適切な判断をしているのである。

　しかし同じ教科書のなかで、古代の章節には「藤原道長《ふじわらのみちなが》」（本姓＋実名）、近代の章節では「伊藤博文」（氏＋名）という人名表記もなされる。教科書に登場する「歴史上の人物」の人名は、すべて同じ「氏・名」のように列記されるが、それは「姓名」であったり「名前」であったり「氏名」であったり、歴史叙述上の便宜的「苗字＋実名」の表記であったり、実はバラバラなのである。いわば人名の「ちゃんぽん」状態がまかり通っている。

## †忘れられた常識

それはやむを得ぬことでもある。

日本の人名は、歴史上「名前」「姓名」、そして明治五年以降の「氏名」という三種類が存在するが、そのどれかに表記を統一することができない。藤原道長とか源《みなもとの》頼朝《よりとも》（本姓＋実名）の時代、称号・苗字は、まだ人名として発生・定着していない。逆に「織田信長」の時代には「姓名」の実用が失われている。無理に姓名で表記を統一すると、当時の「名前」からは程遠い呼び方になってしまう。なおかつ「名前」は官名の通称利用や改名習俗によって一定しないから、歴史叙述上の「苗字＋実名」という表記方法も、やはり便宜上用いざるをえない。

また著名な人物などを教科書に載せる場合、「名前」が有名でもその「実名」は不明、あるいはあまり知られていない人物も多い。その場合は歴史叙述においても、当時の「名前」（苗字＋通称）で表記されたりするわけである。

こうした事情を理解していないと「昔も今も、人の名前は「氏＋名」の組み合わせだ」という誤解を生んでしまう。

江戸時代においても、中世や古代とは異なる人名の常識があった。けれども苗字・通称・本姓・実名などの人名部位の分類自体は、それ以前とも変わっていなかった。

そのため江戸時代の人間は、「織田信長」という呼び方が、彼が生前使用した「名前」ではなく、歴史叙述上の便宜的表記だということを百も承知していた。ところが現代人は明治五年以降の「氏名」の常識によって、これらの人名を見てしまう。「織田信長」が現在の「氏名」と同じように、日常的な人の名だったとすら誤解してしまうのである。

さらには「人の「名」は生涯を通じて一つだけで、それは親が名づけるかけがえのないもの」という常識を、近代以前の人物にまで及ぼして、「徳川家康さんの親御さんは、どうしてイエヤスって名前を付けたのだろう」などと、おかしな疑問まで抱いてしまう。

現在の「氏名」が、近代以前の人名とどのように違うのか——。その事情はなかなか複雑で、学校の授業ではほとんど説明されることがない。だが日本の歴史を理解する上で、それは本来、かなり重要なことのはずなのである。

## †人名は社会を映す

人名には、その時代の社会状況が反映されてきた。

世が乱れた戦国時代、「官名」の僭称が広がり、人の通称はその影響を大きく受けた。江戸時代に「正式な官名」の僭称は禁止されていったが、擬似官名や何右衛門などに、僭称の名残を留めることになった。

明治初年の「王政復古」は、「官名」の名実一致を目指し、「姓名」の人名利用を図った。後者の目論見は、いわば最期に一瞬の輝きを見せたあと、実用性や一般常識との衝突によって消滅した。しかしそれも「実名」を日常的な「名」の世界へと引き戻すという影響を後世に残したのである。

「氏名」への変化は、人名の歴史の中でも、あまりに急激で特異な事情であったといってよい。それは風習の自然な変化ではなく、上から政治的・強制的に行われたのだから――。

だが私たちが今「氏名」は政府の強制だから、もとの「名前」や「姓名」に戻せ――などといったら、それは「正名」「復古」という理想を振りかざし、人名をさんざん混乱させた人々と、結局同じことをすることになるだろう。今や氏名という形は一般に広く定着し、その形そのものに、多くの人は不便を感じていない。むしろ「氏名」に愛着すらも抱いている。そんな〝正論〟が無用な混乱をもたらすだけの、実にくだらない発想であることはいうまでもない。

過去と現在とを比較すれば、どんなものにも差異がある。過去を〝正しい〟基準とすれば、現在はすべて「あやまり」である。しかしその〝正しい〟基準とした過去――例えば人名の世界では古代の「姓名」――というものにしても、より太古の昔にさかのぼれば、それは存在すらしないではないか。現在の〝正しさ〟も、いずれ未来には「あやまり」ともいわれよう。

現在・過去・未来の時代を超えた、人名の〝正しい形〟など存在しない。人名は、その時代の社会に応じて変化していく。過去の人名と比較してあれこれ非難してもしかたがない。かの伊勢貞丈のひそみにならっていえば、「世の風俗に随《したが》うべし」――なのである。

### †女性の「氏名」

本書では主題の関係上、女性名を扱わなかったが、最後に少しだけ述べておきたい。「氏名」成立以降、女性名の捉え方や用途も大きく変わったからである。

江戸時代は社会構造上、当主以外の人物は、当主を介して社会集団に帰属している。そのため当主の息子が「何々村百姓権兵衛《ごんべえ》悴《せがれ》　甚太郎」などと呼ばれたのと全く同様に、女性も「百姓儀右衛門《ぎえもん》女房《にょうぼう》　しけ(げ)」、「大和屋《やまとや》宇蔵《うぞう》同家母　まさ」、「諏訪《すわ》宇右衛門《うえもん》娘《むすめ》　きた」、「中村善太夫《ぜんだゆう》後家《ごけ》　らく」などと呼ばれた。一般女性名に通称・実名の別はないが、強いていえば実名に近い。そのため通例は「儀右衛門女房」などが通称（名前）に近い用途でも用いられた。むろんこの場合、実名で呼ばないのは、相手に対する敬意や遠慮によるものである。

庶民の場合、夫や父の死後、中継ぎ的に母・妻・娘が女当主になる、あるいは町方では家屋の多数所有する場合に、当主以外の家族（女性含む）の名義を使用して所有する例がかなりある。その場合の女性は「百姓ちゑ」などと称する場合もみられるが、町家では既婚なら夫、未婚なら父など前当主の屋号を名前に冠して「住吉屋ふち」などと表記していた。ただし苗字を接続して〝諏訪きた〟などと表記することは、江戸時代の公文書上ではまずみうけられない。

江戸時代の女流文雅人《じょりゅうぶんがじん》は、人名録などで「江田氏女《えだしのむすめ》」（名は「里子」）、「高畑氏室《たかはたしのしつ》」（名は「登美子」）、「田中氏母《たなかしのはは》」（名は「柳子」）などと表記されるが（文政五年版『平安人物志《へいあんじんぶつし》』）、こちらも父・夫・息子など当主との関係を苗字で記載したもので「婚姻により苗字が変わる・変わらない」という観点はそもそもない（ちなみにこの「〜子」は、「さと」とか「とみ」などの女性名に他人が付加する修飾文字で、本人が日常使用する人名の一部ではない）。

近代になると、社会集団・当主との関係を必ずしも介さず、個々の「国民」として把握・管理が進む。この変化により、女性個人にも「氏＋名」の組み合わせが必要となった。ここにおいて、その「氏」は実家のものか夫のものか、どちらを使用するのかという疑問が初めて生じたのである。

明治八年五月九日、政府は石川県からの伺に対して「婦女、人に嫁《か》するも仍《な》ほ所生《しょせい》の氏を用ふべき事」と指令し、女性は結婚後も実家の苗字を使用する、つまり夫婦別姓を基本方針とした。ただし夫の死後、その家を妻（後家）が相続して戸主になった場合には、後家が夫の苗字を襲《おそ》って使用した。これは江戸時代の女当主（主に後家・娘）による屋号共有に似た発想といえる。

もっともこうした政府方針に対して、現実には夫婦同姓を使用する実態もあったとされ、賛否の議論があったが、明治三一年の民法によって戸主とその家族は全て同姓と定められたことで決着した。これが現在の夫婦同姓の起点となっている。

夫婦は同姓か別姓か――という関心は、そもそも「氏名」成立とそれによる国家による国民管理が行われるまで存在すらしなかった、極めて〝近代〟的問題なのである。

## †氏名のゆくえ

「人の名は生涯を通じて一つ」という状況は、改名禁止令以降、やむをえずそうなっていったものだが、次第に「名前は親が思いを込めて決めたかけがえのないもの」という認識へと発展し、それが今や常識として定着している。現在の「名」は、名づけの「権利」を意識した「親」という個人の趣味、素養、境遇が直接反映されるものになっている。明治初年、誰も予想だにしなかった状況である。

かつて「名」は江戸時代同様、その生まれた「家」のほか村や町など、所属する社会集団とも密接な関係を持ち続けていた。先祖の「名」との関係が意識されたり、周囲に合わせた何三郎とか何兵衛とかいう、集団の中で悪目立ちしない、人と同じような標準的な名前を用いるのが普通であり続けた。

実際、戦前(昭和二〇年〔一九四五〕以前)の農村部の人名を見ると、何三郎とか何右衛門などという、昔ながらの通称由来の、当時の常識における「普通」の名ばかりである。集団の中で円滑に暮らすため、社会の秩序を乱さないために、周囲の人と同じような名前を選ぶ意識は、当然その後も残っていた。

もっとも家族や社会の構造は、近現代において次第に様変わりし、人々は良くも悪くも、家や社会の「規制」を受けなくなっていった。明治安田生命が毎年実施している「名前ランキング」(一〇位まで)をみると、明治四五年には「正一、清、正雄、正」などが上位となり、昭和初期には「清・勇・実」などの一字三音が人気を占めている。昭和一八年には「勝利」という、実名風の「名」もランキングに出現した。この時期は「勝・勇・進・勲」などの字がランキング上位となっているが、むろん戦争中という事情が反映されている。

清や正雄などの一字三音ないし二字三音の名は、江戸時代の陪臣や明治初期の士族たちが多用した通称と同じである。しかしそんなことは、恐らく名づけの「親」たちは誰も意識してはいないだろう。「名」は「親」のネーミングセンスの問題となり、その「親」の選択に社会的な事情が反映されるものに変化したことがみてとれる。

現代日本では、かつての「普通」から逸脱した「名」は一層増加傾向にある。それは「個」とか「多様性」の尊重を標榜する、現代社会の傾向を反映したものでもあろう。

しかし成長した子供自身が、親のつけた個性豊かな「名」に不満を持ち、「改名」する事態も発生している。そこには集団の中で求められる「普通」という社会性と、行き過ぎた「個」「多様性」の主張との相剋という、現代社会の問題が人名の世界でも表面化している――そんな風にもみえてくる。

人名とそれをとりまく常識は、今後どんな形に、どんな理由で、どれほどの時間で変わっていくのか――それは誰にもわからない。

だが人名は社会を映す。これからもその事実は、変わることはないであろう。

# 明治初年人名の変遷と主な関係事項年表

| 変遷経過 | 年 | 月 | 日 | 事項 |
| --- | --- | --- | --- | --- |
| I<br>旧官名の整理・廃止<br>新官名の設定 | 慶応3 | 12 | 9 | 王政復古の大号令。三職制。 |
| | 慶応4<br>（明治元） | 1 | 17 | 七科制。 |
| | | 2 | 3 | 八局制。 |
| | | 4 | 13 | 諸侯らに俗名実名の明細書提出を指示。 |
| | | 閏4 | 21 | 政体書七官制。官等の設定。 |
| | | | 22 | 三等官以上の徴士を叙位す。 |
| | | 10 | 23 | 諸侯らに明細書の再提出を指示。 |
| | | 11 | 8 | 五等官以下に在勤中官位返上を命ず。 |
| | | | 19 | 諸侯が国名・所名を苗字に利用することを禁止。 |
| | 明治2 | 1 | 5 | 下大夫以下の官位を全て停止。 |
| | | 5 | 8 | 三門跡による職人受領の禁止。 |
| | | 7 | 8 | 職員令（二官六省制）。官位改正、従来百官の廃止。 |
| | | | | **◎旧官名の廃止・新「官名」の誕生。** |
| | | | | **◎位階の再編・非役有位者に位階の通称利用を指示。** |

人名の統廃合

- 苗字
- 通称
  - 正式官名：（旧）×　—（新）
  - 擬似官名
  - 一般通称
- 姓尸
- 実名

| 時期 | 年 | 月 | 日 | 事項 |
| --- | --- | --- | --- | --- |
| | | | | **◎百官名・国名の通称利用に波及。** |
| | | | | **◎「実名」の「通称」利用を惹起。** |
| Ⅱ 姓名の人名使用 官名の通称利用廃止 | | 8 | 3 | 判任官以下の姓名の調査・提出を指示。 |
| | | 11 | 29 | 府県に判任以下の職員任命の際、姓名上申を指示。 |
| | 明治3 | 2 | 晦 | 府県に職員録（姓名使用）の作成・提出を指示。 |
| | | 9 | 19 | 平民の苗字公称を自由化（苗字自由令）。 |
| | | 10 | 17 | 藩職員名簿（姓名使用）の毎年作成・提出を指示。 |
| | | 11 | 19 | 旧官人・元諸大夫・侍、元中大夫等の位階を廃し、国名・旧官名の通称利用を禁ず。 |
| | | | | **◎官名・国名の通称利用を明確に禁止。** |
| | | 12 | 22 | 在官者と非役有位者の署名式を定める。 |
| | | | | **◎官名の通称利用（苗字＋官名）の否定。** |
| | | | | **◎官名（位階）＋苗字＋実名表記の決定。** |
| Ⅲ 姓名使用廃止 苗氏実名の正式使用 | 明治4 | 4 | 4 | 戸籍法を制定（翌5年施行。壬申戸籍）。 |
| | | 5 | 14 | 神官の位階をすべて停止。 |
| | | 7 | 14 | 廃藩置県の詔書。 |
| | | | 29 | 三院制。 |
| | | 8 | 10 | 官制等級を改定、位階と官の関係を解消。 |
| | | 10 | 12 | 公用文書から姓尸を廃止、苗字実名のみの使用を布告。 |
| | | | | **◎本姓の公式使用廃止。苗字＋実名を正式化。** |
| | | | 18 | 諸官員の苗字・通称・実名改名申請手続きを規定。 |
| Ⅳ 成立 一名化 | 明治5 | 5 | 7 | 通称・名乗両様使用者、自今一名たらしむ。 |
| | | | | **◎通称・実名を「名」として統合。** |
| | | 8 | 24 | 改名禁止令（のち明治8年頃より一部緩和）。 |

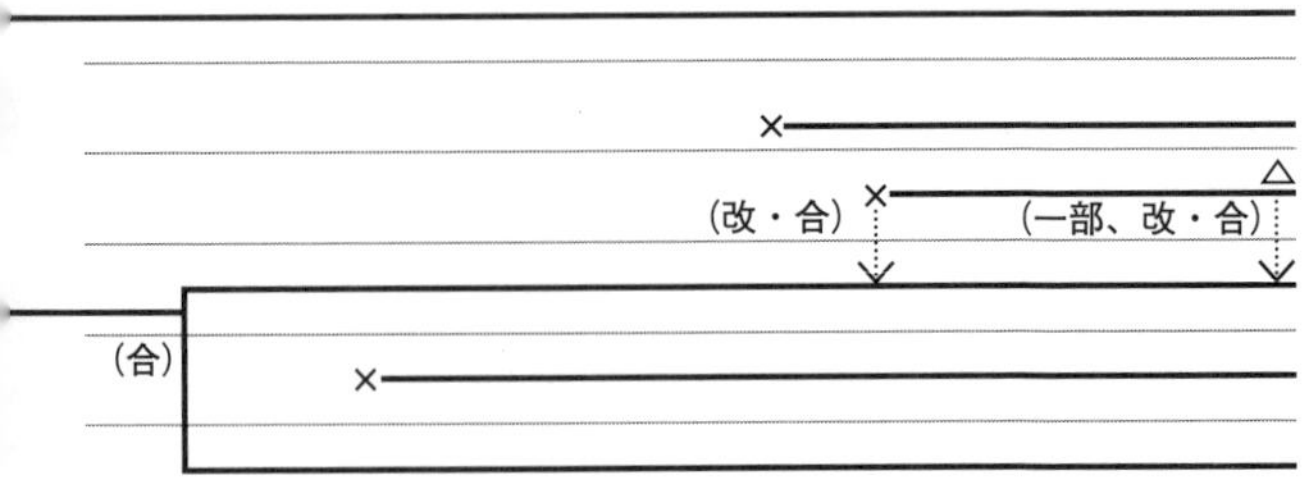

| 名人 氏一 | | | |
|---|---|---|---|
| 明治8 | 9 | 14 | 僧侶への苗字強制令。 |
| | 2 | 13 | 平民への苗字使用強制（苗字強制令）。 |
| | | | 苗字（氏・姓）← |
| | | | 名← |

註：官名欄の（旧）（新）は明治2年職員令以前を（旧）、以後のものを（新）とした。×は廃止または人名要素としての終焉。△は一部への影響。（合）は合併。（改・合）は、一般通称に改名・統廃合されたことを意味する。

# あとがき

江戸時代の人名には、現代のそれとは多くの違いがある。江戸時代の「名前」とは具体的にどんなものであったのか。いつ現在の「氏名」という形になったのか――。本書はそんな身近な歴史的疑問に答える目的から執筆したものである。

本書は近年発表した拙稿「近世「名前」の終焉と近代「氏名」の成立――官位の通称利用の破綻とその影響」（『明治維新史研究』第一六号、二〇一九年）という学術論文を土台としているが、特に本書の執筆にあたっては、近世と近代とで大きく異なる人名の「常識」に焦点を当てる形で、「氏名」誕生までの歴史的経緯を一般書として整理してみた。

明治初年の「御一新」によって、それまでの日常が突如破壊され、多くの人々は否応なく変化を迫られた。人名もその潮流の中で大きく変えられた一つであるが、この変化を主題として詳しく説明した書籍はみかけない。そこには様々な事情があろうが、前提となる江戸時代の人名が、今日の価値観では〝複雑〟でわかりにくいことも理由の一つである。

本書はその〝複雑〟さも含め、極力煩を省いて説明したつもりである。それでもなお難しい部分が多々あると思うが、概要をつかんでもらえたなら幸いである。

本書で明らかになった「氏名」の正体は、おそらく多くの読者にとって意外なものであったろうと思う。近世近代移行期における人名の変化を通して、〝昔から何も変わらない伝統・文化〟という幻想・思い込み、現代人の「常識」を前提・基準にして過去の事象を見つめる危うさ――。こうした歴史学において重要な、しかし一般には見過ごされがちな点にも気付いてもらえれば、これまたありがたい限りである。

なお本書で言及したこと以外にも、江戸時代の人名には、現代では考えられない身分格式にかかわる書式や作法が多く存在する。本書は一般書という性質や紙幅の制約上、本筋の理解に直接関係しないそうした事項の多くを割愛した。また官名には複数の読み方が通用しているものもあるが、本書ではおおむね一つに絞って説明した。識者にはご寛恕を乞う次第である。近世の人名についてはまだ多くの研究課題もある。引き続き研究を進めていきたいと考えている。

本書の執筆は、ちくま新書編集部山本拓氏から適切なご指摘をいただき、編集・校正その他万端にわたり大変お世話になった。また松田敬之先生からは、貴重な史料をご教示・ご提供をいただいた。末筆ながら付記して謝意を表したい。

令和三年正月

尾脇秀和

# 参考文献

本書は近世の版本や古記録・古文書類などの史料のほか、国立公文書館所蔵の明治初年の行政文書類も多用しているが、ここでは刊行された書籍・論文のうち、主要な参考文献を挙げるにとどめた。


青山忠正『高杉晋作と奇兵隊』（吉川弘文館、二〇〇七年）
青山忠正『明治維新（日本近世の歴史6）』（吉川弘文館、二〇一二年）
阿部善雄「大名の叙位をめぐる文書」（『古文書研究』三号、一九七〇年）
石井良助編『御仕置例類集（全一五冊）』（名著出版、一九七一～一九七四年）
石井良助『印判の歴史』（明石書店、一九九一年）
石井良助・服藤弘司編『幕末御触書集成』（岩波書店、一九九二～一九九七年）
石井良助・服藤弘司・本間修平編『幕制彙纂・寺社公聴裁許律（問答集7）』（創文社、二〇〇四年）
石井良助・服藤弘司・本間修平編『諸心得留・諸心得問合挨拶留・諸向聞合書・諸向問合御附札済之写（問答集8）』（創文社、二〇〇六年）

石村貞吉『有職故実　上・下』（講談社、一九八七年）
伊勢貞丈・島田勇雄校注『貞丈雑記（全四巻）』（平凡社、一九八五〜一九八六年）
伊藤東涯著、礪波護・森華校訂『制度通　2』（平凡社、二〇〇六年）
井戸田博史『「家」に探る苗字となまえ』（雄山閣、一九八六年）
井戸田博史『氏と名と族称――その法史学的研究』（法律文化社、二〇〇三年）
今西祐一郎校注『和歌職原鈔』（平凡社、二〇〇七年）
上野和男・森謙二編『名前と社会――名づけの家族史〔新装版〕』（早稲田大学出版部、二〇〇六年）
上野秀治「徳川時代の武家の官位」（『歴史公論』一〇六号、一九八四年）
遠藤珠紀『中世朝廷の官司制度』（吉川弘文館、二〇一一年）
『燕石十種　第3巻』（中央公論社、一九七九年）
大藤修『近世農民と家・村・国家』（吉川弘文館、一九九六年）
大藤修『日本人の姓・苗字・名前』（吉川弘文館、二〇一二年）
荻生徂徠著・平石直昭校注『政談　服部本』（平凡社、二〇一一年）
奥富敬之『日本人の名前の歴史』（新人物往来社、一九九九年）
奥富敬之『名字の歴史学』（角川書店、二〇〇四年）
刑部芳則『公家たちの幕末維新――ペリー来航から華族誕生へ』（中央公論社、二〇一八年）
尾脇秀和『近世京都近郊の村と百姓』（思文閣出版、二〇一四年）

尾脇秀和「京都町人の武家家来化とその手続・継承・実態――桔梗屋喜右衛門から寺田喜右衛門・喜三郎へ」(『古文書研究』八八号、二〇一九年)
尾脇秀和「近世「名前」の終焉と近代「氏名」の成立――官位の通称利用の破綻とその影響」(『明治維新史研究』第一六号、二〇一九年)
尾脇秀和『壱人両名――江戸日本の知られざる二重身分』(NHK出版、二〇一九年)
尾脇秀和『近世社会と壱人両名――身分・支配・秩序の特質と構造』(吉川弘文館、二〇二〇年)
喜田川守貞著・宇佐美英機校訂『近世風俗志 一』(岩波書店、一九九六年)
木下聡『中世武家官位の研究』(吉川弘文館、二〇一一年)
久住真也『王政復古――天皇と将軍の明治維新』(講談社、二〇一八年)
坂田聡『苗字と名前の歴史』(吉川弘文館、二〇〇六年)
下橋敬長『幕末の宮廷』(平凡社、一九七九年)
島田勇雄・樋口元巳編『大諸礼集 小笠原流礼法伝書(1~2)』(平凡社、一九九三年)
『新訂 寛政重修諸家譜(全二六巻)』(続群書類従完成会、一九六四~一九六七年)
新見吉治『旗本』(吉川弘文館、一九六七年)
千田稔『維新政権の秩禄処分――天皇制と廃藩置県』(開明書院、一九七九年)
高木侃「近世の名前――上野国の事例」(上野和男・森謙二編『名前と社会〔新装版〕』、早稲田大学出版部、二〇〇六年)
高梨公之『名前のはなし』(東京書籍、一九八一年)

高埜利彦『近世の朝廷と宗教』(吉川弘文館、二〇一四年)
千葉真由美『近世百姓の印と村社会』(岩田書院、二〇一二年)
鶴田啓「近世大名の官位叙任過程」(『日本歴史』五七七号、一九九六年)
戸石七生『むらと家を守った江戸時代の人びと』(農山漁村文化協会、二〇一七年)
東京大学史料編纂所『大日本近世史料　柳営補任(全八巻)』(東京大学出版会、一九六三年)
豊田武『苗字の歴史』(中央公論社、一九七一年)
西川如見著、飯島忠夫・西川忠幸校訂『町人嚢・百姓嚢・長崎夜話草』(岩波書店、一九四二年)
箱石大「幕末期武家官位制の改変」(『日本歴史』五七七号、一九九六年)
橋本政宣『近世武家官位の研究』(続群書類従完成会、一九九九年)
橋本政宣編『公家事典』(吉川弘文館、二〇一〇年)
『百官履歴(上・下)』(日本史籍協会、一九二八年)
平井誠二「『下橋敬長談話筆記』――翻刻と解題(一)〜(三)」(『大倉山論集』第四六〜四八輯、二〇〇〇〜二〇〇二年)
深井雅海『江戸城――本丸御殿と幕府政治』(中央公論新社、二〇〇八年)
深谷博治『新訂華士族秩禄処分の研究』(吉川弘文館、一九七三年)
藤井讓治『幕藩領主の権力構造』(岩波書店、二〇〇二年)
藤實久美子『江戸の武家名鑑――武鑑と出版競争』(吉川弘文館、二〇〇八年)
藤田覚「近世武家官位の叙任手続きについて――諸大夫成の場合」(『日本歴史』五八六号、一九九

九七年)
藤田覚『近世政治史と天皇』(吉川弘文館、一九九九年)
堀田幸義『近世武家の「個」と社会——身分格式と名前に見る社会像』(刀水書房、二〇〇七年)
堀新「近世武家官位試論」(『歴史学研究』七〇三号、一九九七年)
堀新「近世武家官位の成立と展開——大名の官位を中心に」(山本博文編『新しい近世史1 国家と秩序』新人物往来社、一九九六年)
正宗敦夫編纂校訂『地下家伝』(自治日報社、一九六八年)
松尾正人『廃藩置県——近代統一国家への苦悶』(中央公論社、一九八六年)
松尾正人『維新政権』(吉川弘文館、一九九五年)
松田敬之『次男坊たちの江戸時代——公家社会の〈厄介者〉』(吉川弘文館、二〇〇八年)
村上直・荒川秀俊編『江戸幕府代官史料——県令集覧』(吉川弘文館、一九七五年)
村上直・馬場憲一編『江戸幕府勘定所史料——会計便覧』(吉川弘文館、一九八六年)
森銑三ほか編『随筆百花苑　第七巻』(中央公論社、一九八〇年)
安田富貴子『古浄瑠璃——太夫の受領とその時代』(八木書店、一九九八年)
山県大弐著、川浦玄智訳注『柳子新論』(岩波書店、一九四三年)
山口和夫『近世日本政治史と朝廷』(吉川弘文館、二〇一七年)
吉野作造編『明治文化全集　第四巻　憲政篇』(日本評論社、一九二八年)
和田英松『新訂　官職要解』(講談社、一九八三年)

ちくま新書
1567

氏名《しめい》の誕生《たんじょう》
——江戸《えど》時代《じだい》の名前《なまえ》はなぜ消《き》えたのか

二〇二一年四月一〇日　第一刷発行

著　者　尾脇秀和（おわき・ひでかず）

発行者　喜入冬子

発行所　株式会社 筑摩書房
東京都台東区蔵前二-五-三　郵便番号一一一-八七五五
電話番号〇三-五六八七-二六〇一（代表）

装幀者　間村俊一

印刷・製本　株式会社 精興社


ISBN978-4-480-07376-1 C0221

ちくま新書

1379
都市空間の明治維新
――江戸から東京への大転換
松山恵
江戸が東京になったとき、どのような変化が起こったのか？　皇居改造、煉瓦街計画、武家地の転用など空間の変容を考察し、その町に暮らした人々の痕跡をたどる。

650
未完の明治維新
坂野潤治
明治維新は〈富国・強兵・立憲主義・議会論〉の四つの目標が交錯した「武士の革命」だった。それは、どう実現されたのだろうか。史料で読みとく明治維新の新たな実像。

1529
村の日本近代史
荒木田岳
日本の村の近代化の起源は、秀吉による村の再編にあった。戦国末期から、江戸時代、明治時代までの村の近代化の過程を、従来の歴史学とは全く異なる視点で描く。

1309
勘定奉行の江戸時代
藤田覚
家格によらず能力と実績でトップに立てた勘定所。財政を支える奉行のアイデアとは。年貢増徴策、新財源探し、禁断の貨幣改鋳、財政積極派と緊縮派の対立……。

1469
近世史講義
――女性の力を問いなおす
高埜利彦編
第一線の実証史学研究者が最新研究に基づき江戸時代の実像に迫る。特に女性が持った力と果たした役割を多角的に検証。通史としても読める全く新しい形の入門書。

1319
明治史講義【人物篇】
筒井清忠編
西郷・大久保から乃木希典まで明治史のキーパーソン22人を、気鋭の専門研究者が最新の知見をもとに徹底分析。確かな実証に基づく、信頼できる人物評伝集の決定版。

1318
明治史講義【テーマ篇】
小林和幸編
信頼できる研究を積み重ねる実証史家の知を結集。20のテーマで明治史研究の論点を整理し、変革と跳躍の時代を最新の観点から描き直す。まったく新しい近代史入門。

1257
武士道の精神史
笠谷和比古
侍としての勇猛な行動を規定した「武士道」だが、徳川時代に内面的な倫理観へと変容し、一般庶民の生活にまで広く影響を及ぼした。その豊かな実態の歴史に迫る。

1290
流罪の日本史
渡邊大門
地位も名誉も財産も剝奪された罪人は、縁もゆかりもない遠隔地でどのように生き延びたのか。彼らの罪とは。事件の背後にあった、闘争と策謀の壮絶なドラマとは。

1293
西郷隆盛
――手紙で読むその実像
川道麟太郎
西郷の手紙を丹念に読み解くと、多くの歴史家がその人物像を誤って描いてきたことがわかる。徹底した考証に基づき生涯を再構成する、既成の西郷論への挑戦の書。

1294
大坂　民衆の近世史
――老いと病・生業・下層社会
塚田孝
江戸時代に大坂の庶民に与えられた「褒賞」の記録を読みとくと、今は忘れられた市井の人々のドラマが見えてくる。大坂の町と庶民の暮らしがよくわかる一冊。

1306
やりなおし高校日本史
野澤道生
「1192つくろう鎌倉幕府」はもう使えない！　新たな解釈により昔習った日本史は変化を遂げているのだ。ヤマト政権の時代から大正・昭和まで一気に学びなおす。

1369
武士の起源を解きあかす
――混血する古代、創発される中世
桃崎有一郎
武士はどこでどうやって誕生したのか。日本を長期間統治した彼らのはじまりは「諸説ある」として不明とされていた。古代と中世をまたぎ、日本史最大級の謎に挑む。

1378
中世史講義
――院政期から戦国時代まで
高橋典幸編
五味文彦編
日本史の先端研究者の知を結集。政治・経済・外交・社会・文化など十五の重要ポイントを押さえるかたちで中世史を俯瞰する。最新の論点が理解できる、待望の通史。

1552
ウィリアム・アダムス
――家康に愛された男・三浦按針
フレデリック・クレインス
徳川家康の英国人側近、三浦按針となったウィリアム・アダムス。その波乱に満ちた生涯から、大航海時代の欧州勢力図と禁教・鎖国間際の江戸時代日本を活写する。

1555
女帝の古代王権史
義江明子
古代天皇継承は女系と男系の双方を含む「双系」的なものだった。卑弥呼、推古、持統らに焦点を当て古代王権史を一望。男系の万世一系という天皇像を書き換える。

1561
血の日本思想史
――穢れから生命力の象徴へ
西田知己
古来、穢れを表し、死の象徴だった「血」が、なぜ江戸時代に家族のつながりを表すものへと転換したのか。日本人の「血」へのまなざしと生命観の変遷をたどる。

1144
地図から読む江戸時代
上杉和央
空間をどう認識するかは時代によって異なる。その違いを象徴するのが「地図」だ。古地図を読み解き、日本の形を作った時代精神を探る歴史地理学の書。図版資料満載。

1219
江戸の都市力
――地形と経済で読みとく
鈴木浩三
天下普請、参勤交代、水運網整備、地理的利点、統治システム、所得の再分配……地形と経済の観点を中心として、未曾有の大都市に発展した江戸の秘密を探る！

1359
大坂城全史
――歴史と構造の謎を解く
中村博司
豊臣秀吉、徳川家康・秀忠など、長きにわたり権力者たちの興亡の舞台となった大坂城を、最新の研究成果に基づき読み解く、通説を刷新する決定版通史！

895
伊勢神宮の謎を解く
――アマテラスと天皇の「発明」
武澤秀一
伊勢神宮をめぐる最大の謎は、誕生にいたる壮大なプロセスにある。そこにはなぜ、二つの御神体が共存するのか？神社の起源にまで立ち返りあざやかに解き明かす。

ちくま新書

957 宮中からみる日本近代史　茶谷誠一
戦前の「宮中」は国家の運営について大きな力を持っていた。各国家機関の思惑から織りなされる政策決定を見直し、大日本帝国のシステムと軌跡を明快に示す。

1096 幕末史　佐々木克
日本が大きく揺らいだ激動の幕末。そのとき何が起き、何が変わったのか。黒船来航から明治維新まで、日本の生まれ変わる軌跡をダイナミックに一望する決定版。

1161 皇室一五〇年史　浅見雅男　岩井克己
歴代天皇を悩ませていたのは何だったのか。皇位継承、宮家消滅、結婚トラブル、財政問題——様々な確執やスキャンダルを交え、近現代の皇室の真の姿を描き出す。

1224 皇族と天皇　浅見雅男
日本の歴史の中でも特異な存在だった明治以降の皇族。彼らはいかなる事件を引き起こし、天皇を悩ませてきたか。近現代の皇族と天皇の歩みを解明する通史決定版。

692 江戸の教育力　高橋敏
江戸の教育は社会に出て困らないための、「一人前」になるための教育だった！　文字教育と非文字教育が一体化した寺子屋教育の実像を第一人者が掘り起こす。

1198 天文学者たちの江戸時代——暦・宇宙観の大転換　嘉数次人
日本独自の暦を初めて作った渋川春海を嚆矢とする「江戸の天文学者」たち。先行する海外の知と格闘し、暦・宇宙の研究に情熱を燃やした彼らの思索をたどる。

1244 江戸東京の聖地を歩く　岡本亮輔
歴史と文化が物語を積み重ね、聖地を次々に生み出してきた江戸東京。神社仏閣から慰霊碑、墓、塔、スカイツリーまで、気鋭の宗教学者が聖地を自在に訪ね歩く。